明史

清　張廷玉等撰

第一六册

卷一七八至卷一八九（傳）

中華書局

明史卷一百七十八

列傳第六十六

項忠　韓雍　余子俊 阮勤　朱英　秦紘

項忠，字藎臣，嘉興人。正統七年進士。授刑部主事，進員外郎。從英宗陷於瓦剌，令飼馬，乘間挾二馬南奔。馬疲，棄之，徒跣行七晝夜，始達宣府。景泰中，由郎中遷廣東副使。按行高州，諜報賊擄男女數百剽村落。忠曰：「賊無擄家理，必被掠良民也。」戒諸將毋妄殺。已，訊所俘獲，果然，盡釋之。從征瀧水猺有功，增俸一秩。

天順初，歷陝西按察使。母憂歸，部民詣闕乞留，詔起復。時陝西連歲災傷，忠發廩振，且請輕罪納米，民賴以濟。

七年以大理卿召，民乞留如前，遂改右副都御史，巡撫其地。洮、岷羌叛，忠疏言：「羌志在劫掠，盡誅則傷仁，遽撫則不威，請聽臣便宜從事。」報可。乃發兵據險，揚聲進討，衆盡降。西安水泉鹵不可飲，爲開龍首渠及阜河，引水入城。又疏鄭、白二渠，溉涇陽、三原、醴泉、高陵、臨潼五縣田七萬餘頃，民祠祀之。

陝西數苦兵。成化元年上言：「三邊大將遇敵逗留，雖云才怯，亦由權輕。士卒畏敵不畏將，是以戰無成功，宜許以軍法從事。廟堂舉將才，踰年不聞有一人應詔。陝西風土强勁，古多名將，豈無其人，但格於不能答策耳。今天下學校生徒善答策者百不一二，奈何責之武人。」帝善其言，而所司守故事不能用。

毛里孩寇延綏，詔忠偕彰武伯楊信禦之，無功。明年，信議大舉搜河套，敕忠提督軍務。忠方赴延綏，而寇復陷開城，深入靜寧、隆德六州縣，大掠而去。兵部劾忠，帝特宥之，搜套師亦不出。又明年，召理院事。

四年，滿俊反。滿俊者，亦名滿四。其祖巴丹，自明初率所部歸附，世以千戶畜牧爲雄長。仍故俗，無科徭。其地在開城縣之固原里，接邊境。俊獷悍，素藏匿姦盜，出邊抄掠。會有獄連俊，有司跡逋至其家，多要求。俊怒，遂激衆爲亂。守臣遣俊姪指揮璹往捕。俊殺其從者，劫璹叛，入據石城。石城，卽唐吐番石堡。城稱險固，非數萬人不能克者也。山上有城砦，四面峭壁，中鑿五石井以貯水，惟一徑可緣而上。俊自稱招賢王，有衆四千。都指揮邢端等禦之，敗績。不再月，衆至二萬，關中震動。乃命忠總督軍務，與監督軍務太監劉祥、總兵官都督劉玉帥京營及陝西四鎮兵討之。師未行，而巡撫陳价等先以兵三萬進討，復大敗。賊因官軍器甲，勢益張。朝議欲益兵。忠慮京軍脆弱不足恃，且更遣大將撓事權，因上言：「臣等調兵三萬三千餘人，足以滅賊。今秋深草寒，若更調他軍，恐往復需時，賊得遠遁。且邊兵不能久留，益兵非便。」大學士彭時、商輅主其議，京軍得毋遣。

忠遂與巡撫都御史馬文升分軍七道，抵石城下，與戰，斬獲多。伏羌伯毛忠乘勝奪其西北山，幾破，忽中流矢死。玉亦被圍。諸軍欲退，忠斬一千戶以徇。衆力戰，玉得出，乃列圍困之。適有星孛於台斗，中朝多言占在秦分，師不利。忠曰：「李晟討朱泚，熒惑守歲，此何害。」日遣兵薄城下，焚芻草，絕汲道。賊窘欲降，邀忠與文升相見。忠偕劉玉單騎赴之，文升亦從數十騎至，呼俊、璹諭以速降。賊遙望羅拜，忠直前挾璹以歸。俊氣沮，猶豫不出。忠命縛木爲橋，人負土囊塡濠塹，擊以銅礮，死者益衆。賊倚愛將楊虎貍爲謀主，夜出汲被擒。忠貰其死，諭以購賊賞格，示之金，且賜金帶鉤，縱歸，使誘俊出戰，伏兵擒焉。急擊下石城，盡獲餘寇。毁其城，鑿石紀功。增一衞於固原西北西安廢城，留兵戍之而還。

初，石城未下，天甚寒，士卒頗困。忠慮賊奔突，乘凍渡河與套寇合，日夜治攻具，身當矢石不少避，大小三百餘戰。彭時、商輅知忠能辨賊，不從中制，卒用殄賊。論功，進右都御史，與林聰協掌院事。

白圭既平劉通，荆、襄間流民屯結如故。通黨李鬍子者名原，僞稱平王，與小王洪、王彪等掠南漳、房、內鄉、渭南諸縣。流民附賊者至百萬。六年冬，詔忠總督軍務，與湖廣總兵官李震討之。忠乃奏調永順、保靖土兵。而先分軍列要害，多設旗幟鉦鼓，遣人入山招諭。流民歸者四十餘萬，彪亦就擒。時白圭爲兵部，遣錦衣百戶吳綬贊參將王信軍。綬欲攘功，不利賊瓦解。縱流言，圭信之，止土兵毋調。忠疏爭，且劾綬罪，帝爲召綬還，而聽調土兵如故。合二十五萬，分八道逼之，流民歸者又數萬。賊潛伏山砦，伺間出劫。忠命副使余洵、都指揮李振擊之，遇於竹山。乘溪漲半渡截擊，擒李原、小王洪等，賊多溺死。忠移軍竹山，捕餘孽。復招流民五十萬，斬首六百四十，俘八百有奇，家口三萬餘人。戶選一丁，戍湖廣邊衞，餘令歸籍給田。疏陳善後十事，悉允行。

忠之下令逐流民也，有司一切驅逼。不前，卽殺之。民有自洪武中占籍者，亦在遣中。戍者舟行多疫死。給事中梁璟因星變求言，劾忠妄殺。白圭亦言流民既成業者，宜隨所在著籍，又駁忠所上功次互異。帝皆不聽。進忠左都御史，廕子綬錦衣千戶，諸將錄功有差。

忠上疏言：「臣先後招撫流民復業者九十三萬餘人，賊黨遁入深山，又招諭解散自歸者五十萬人。俘獲百人，皆首惡耳。今言皆良家子，則前此屢奏猖獗難禦者，伊誰也？賊黨罪固當死，正因不忍濫誅，故令丁壯謫發遣戍。其久附籍者，或乃占山四十餘里，招聚無賴千人，爭鬭劫殺。若此者，可以久居故不遣乎？臣揭榜曉賊，謂已殺數千，蓋張虛勢怵之，非實事也。且圭固嘗身任其事，今日之事又圭所遣。先時，中外議者謂荆、襄之患何日得寧。今幸平靖，而流言沸騰，以臣爲口實。昔馬援薏苡蒙謗，鄧艾檻車被徵。功不見錄，身更不保。臣幸際聖明，願賜骸骨，勿使臣爲馬、鄧之續。」帝溫詔答之。

八年召還，與李賓協掌院事。後二年拜刑部尚書，尋代圭爲兵部。

汪直開西廠，恣横，忠屢遭侮不能堪。會大學士商輅等劾直，忠亦倡九卿劾之。奏留中，而西廠遂罷，直深恨之。未幾，西廠復設，直以吳綬爲腹心，綬挾前憾，伺忠益急。忠不自安，乞歸治病。未行，而綬嗾偵事者誣忠罪。給事中郭鏜、御史馮貫等復交章劾忠，事連其子經、太監黄賜、興寧伯李震、彰武伯楊信等。詔法司會錦衣衞廷鞫，忠抗辯不少屈。然衆知出直意，無敢爲之白者，竟斥爲民，賜與震等亦得罪。直敗，復官，致仕。家居二十六年，至弘治十五年乃卒，年八十二。贈太子太保，諡襄毅。

忠倜儻多大略，練戎務，彊直不阿，敏於政事，故所在著稱。

子經，經子錫，錫子治元，皆舉進士。經，江西參政。錫，南京光祿寺卿。治元，員外郎。

韓雍，字永熙，長洲人。正統七年進士。授御史。負氣果敢，以才略稱。錄囚南畿。碭山教諭某笞膳夫，膳夫逃匿，父訴教諭殺其子，取他尸支解以證。既誣服，雍蹤跡得之，白其冤。出巡河道。已，巡按江西，黜貪墨吏五十七人。廬陵、太和盜起，捕誅之。

十三年冬，處州賊葉宗留自福建轉犯江西。官軍不利，都督僉事陳榮、指揮劉眞遇伏死。詔雍及鎭守侍郎楊寧督軍民協守。會福建巡按御史汪澄牒隣境會討賊鄧茂七，俄以賊議降，止兵。雍曰：「賊果降，退未晚也。」趨進，賊已叛，澄坐得罪死。人以是服雍識。景泰二年擢廣東副使。大學士陳循薦爲右僉都御史，代楊寧巡撫江西。歲饑，奏免秋糧。劾奏寧王不法事，王府官皆得罪。時雍年甫三十，赫然有才望，所規畫措置，咸可爲後法。

天順初，罷天下巡撫官，改山西副使。寧王以前憾劾其擅乘肩輿諸事，下獄，奪官。起大理少卿。尋復爲右僉都御史，佐寇深理院事。石亨旣誅，錦衣指揮劉敬坐飯亨直房，用朋黨律論死。雍言：「律重朋黨，謂阿比亂朝政也。以一飯當之，豈律意。且亨盛時，大臣朝夕趨門，不坐，獨坐敬何也？」深歎服，出之。母憂，起復。四年，巡撫宣府、大同。七年議事入覲，帝壯其貌，留爲兵部右侍郎。

憲宗立，坐學士錢溥累，貶浙江左參政。廣西瑤、僮流剽廣東，殘破郡邑殆徧。成化元年正月大發兵，拜都督趙輔爲總兵官，以太監盧永、陳瑄監其軍。兵部尚書王竑曰：「韓雍才氣無雙，平賊非雍莫可。」乃改雍左僉都御史，贊理軍務。

雍馳至南京，集諸將議方略。先是，編修丘濬上書大學士李賢，言賊在廣東者宜驅，在廣西者宜困。欲宿兵大藤峽，扼其出入，蹂其禾稼，期一二年盡賊。賢善之，獻於朝，詔錄示諸將。諸將主其說，請令遊擊將軍和勇率番騎趨廣東，而大軍直趨廣西，分兵撲滅。雍曰：「賊已蔓延數千里，而所至與戰，是自敝也。當全師直搗大藤峽。南可援高、肇、雷、廉，東可應南、韶，西可取柳、慶，北可斷陽峒諸路。首尾相應，攻其腹心，巢穴既傾，餘迎刃解耳。舍此不圖，而分兵四出，賊益奔突，郡邑益殘，所謂救火而噓之也。」衆曰「善」。輔亦知雍才足辦賊，軍謀一聽雍。

雍等遂倍道趨全州。陽峒苗掠興安，擊破之。至桂林，斬失機指揮李英等四人以徇。按地圖與諸將議曰：「賊以修仁、荔浦爲羽翼，當先收二縣以孤賊勢。」乃督兵十六萬人，分五道，先破修仁賊，窮追至力山。擒千二百餘人，斬首七千三百級。荔浦亦定。

十月至潯州，延問父老，皆曰：「峽，天險，不可攻，宜以計困。」雍曰：「峽延廣六百餘里，安能使困。兵分則力弱，師老則財匱，賊何時得平。吾計決矣。」遂長驅至峽口。儒生、里老數十人伏道左，願爲鄉導。雍見卽罵曰：「賊敢紿我！」叱左右縛斬之，左右皆愕。既縛，而袂中利刃出。推問，果賊也。悉支解刳腸胃，分挂林箐中，纍纍相屬。賊大驚曰：「韓公天神也。」

雍令總兵官歐信等爲五哨，自象州、武宣攻其北；身與輔督都指揮白全等爲八哨，自桂平、平南攻其南；參將孫震等爲二哨，從水路入；而別分兵守諸隘口。賊魁侯大狗等大懼，先移其累重於桂州橫石塘，而立柵南山，多置滾木、礧石、鏢鎗、藥弩拒官軍。

十二月朔，雍等督諸軍水陸並進，擁團牌登山，殊死戰。連破石門、林峒、沙田、古營諸巢，〔一〕焚其室廬積聚，賊皆奔潰。伐木開道，直抵橫石塘及九層樓諸山。賊復立柵數重，憑高以拒。官軍誘賊發矢石，度且盡，雍躬督諸軍緣木攀藤上。別遣壯士從間道先登，據山頂舉礮。賊不能支，遂大敗。先後破賊三百二十四砦，生擒大狗及其黨七百八十人，斬首三千二百有奇，墜溺死者不可勝計。峽有大藤如虹，橫亙兩厓間，雍斧斷之，改名斷藤峽，勒石紀功而還。分兵擊餘黨，鬱林、陽江、洛容、博白次第皆定。

帝大喜，賜敕嘉勞，召輔等還，遷雍左副都御史，提督兩廣軍務。雍乃散遣諸軍，以省饋餉，而遺孽侯鄭昂等遂乘虛陷潯州及洛容、北流二縣。雍被劾引罪，帝宥之。雍益發兵撲討。時諸賊所在蜂起，思恩、潯、賓、柳城悉被擾掠。流劫至廣東，欽、化二州皆應時破殄。

四年春，雍以兩廣地大事殷，請東西各設巡撫，帝可之。命陳濂撫廣東，張鵬撫廣西，而雍專理軍事。尋以憂歸。明年，兩廣盜復起，僉事陶魯言：「兩廣地勢錯互，當如臂指相使，不可離析。近賊犯廣西，臣與廣東三司議調兵，匝月未決，盜賊無所憚。乞仍命大臣總督便。」會僉事林錦、巡按御史龔晟亦以爲請。乃罷兩巡撫，而起復雍右都御史，總督如故。又明年正月，雍疏辭新命，乞終制，不許。雍抵任，遣參將張壽、遊擊馮昇等分道討賊，忻州八砦蠻及諸山猺、僮掠州縣者，皆摧破之。蠻民素讋雍威，寇盜寖息。

九年，柳、潯諸蠻復叛，參將楊廣等俘斬九百人。方更進，而賊破懷集縣。兵部劾雍奏報不實。廣西鎭守中官黃沁素憾雍抑己，因訐雍，且言其貪欲縱酒，濫賞妄費。帝遣給事中張謙等往勘，而廣西布政使何宜、副使張斆銜雍素輕己，共醞釀其罪。謙還奏，事虛實交半，竟命致仕去。

雍洞達閫爽，重信義。撫江西時，請追謚文天祥、謝枋得。詔謚天祥忠烈，枋得文節。有雄略，善斷，動中事機。臨戰，率躬親矢石，不目瞬。自奉尊嚴，三司皆長跪白事。軍門設銅鼓數十，儀節詳密。裨將以下，繩枘無所假。兩地鎭守宦官素驕恣，亦惕息無敢肆。疾惡嚴，坦中不爲崖岸，揮斥財帛不少惜。故雖令行禁止，民得安堵，而謗議亦易起。爲中官所齮齕，公論皆不平。兩廣人念雍功，尤惜其去，爲立祠祀焉。家居五年卒，年五十七。正德間，謚襄毅。

初以軍功予一子錦衣百戶，雍以授其弟睦。至是，錄一子國子生。

余子俊，字士英，青神人。父祥，戶部郎中。子俊舉景泰二年進士，授戶部主事，進員外郎。在部十年，以廉幹稱。出爲西安知府。歲饑，發廩十萬石振貸。區畫以償，官不損而民濟。

成化初，所司上治行當旌者，知府十人，而子俊爲首。以林聰薦，爲陝西右參政，歲餘擢右布政使。六年轉左，調浙江。甫半載，拜右副都御史，巡撫延綏。

先是，巡撫王銳請沿邊築牆建堡，爲久遠計，工未興而罷。子俊上疏言：「三邊惟延慶地平易，利馳突。寇屢入犯，獲邊人爲導，徑入河套屯牧。自是寇顧居內，我反屯外，急宜於沿邊築牆置堡。況今舊界石所在，多高山陡厓。依山形，隨地勢，或鏟削，或壘築，或挑塹，綿引相接，以成邊牆，於計爲便。」尚書白圭以陝民方困，奏緩役。既而寇入孤山堡，復犯榆林，子俊先後與朱永、許寧擊敗之。

是時，寇據河套，歲發大軍征討，卒無功。八年秋，子俊復言：「今征套士馬屯延綏者八萬，芻茭煩內地。若今冬寇不北去，又須備來年軍資。姑以今年之數約之，米豆需銀九十四萬，草六十萬。每人運米豆六斗、草四束，應用四百七萬人，約費行資八百二十五萬。公私煩擾至此，安得不變計。臣前請築牆建堡，詔事寧舉行。請於明年春夏寇馬疲乏時，役陝西運糧民五萬，給食興工，期兩月畢事。」圭猶持前議阻之。帝是子俊言，命速舉。

子俊先用軍功進左副都御史。明年，又用紅鹽池搗巢功，進右都御史。寇以搗巢故遠徙，不敢復居套。內地患稍息，子俊得一意興役。東起清水營，西抵花馬池，延袤千七百七十里，鑿崖築牆，掘塹其下，連比不絕。每二三里置敵臺崖砦備巡警。又於崖砦空處築短牆，橫一斜二如箕狀，以瞭敵避射。凡築城堡十一，邊墩十五，小墩七十八，崖砦八百十九，役軍四萬人，不三月而成。牆內之地悉分屯墾，歲得糧六萬石有奇。十年閏六月，子俊具上其事，因以母老乞歸，慰留不許。

初，延綏鎮治綏德州，屬縣米脂、吳堡悉在其外。寇以輕騎入掠，鎮兵覺而追之，輒不及，往往得利去。自子俊徙鎮榆林，增衞益兵，拓城置戍，攻守器畢具，遂爲重鎮，寇抄漸稀，軍民得安耕牧焉。

十二年十二月移撫陝西。子俊知西安時，以居民患水泉鹹苦，鑿渠引城西潏河入灌，民利之。久而水溢無所洩。至是，乃於城西北開渠洩水，使經漢故城達渭。公私益便，號余公渠。又於涇陽鑿山引水，溉田千餘頃。通南山道，直抵漢中，以便行旅。學校、公署圮者悉新之。奏免岷、河、洮三衞之戍南方者萬有奇。易置南北之更戍者六千有奇，就戍本土。岷州栗林羌爲寇，子俊潛師設伏擊走之。

十三年召爲兵部尚書。奏申明條例十事，又列上軍功賞格，由是中外有所遵守。緬甸酋卜剌浪欲奪思洪發貢章地，設詞請於朝。子俊言不宜許，乃諭止之。貴州巡撫陳儼等以播州苗竊發，請調湖廣、廣西、四川兵五萬，合貴州兵會剿。子俊言賊在四川，而貴州請討，是邀功也，奏寢其事。初，子俊論陳鉞掩殺貢夷罪，帝以汪直故宥之。鉞多方搆子俊於直，會母憂歸，得免。

子俊之築邊牆也，或疑沙土易傾，寇至未可恃。至十八年，寇入犯，許寧等逐之。寇扼於牆塹，散漫不得出，遂大衄，邊人益思子俊功。

服闋，拜戶部尚書，尋加太子太保。二十年命兼左副都御史，總督大同、宣府軍務。其冬還朝。明年正月，星變，陳時弊八事，帝多采納。未幾，復出行邊。

初，子俊巡歷宣、大，請以延綏邊牆法行之兩鎮，因歲歉而止。比復出，銳欲行之。言東起四海治，〔三〕西抵黃河，延袤千三百餘里，舊有墩百七十，應增築四百四十，墩高廣皆三丈，計役夫八萬六千，數月可成。詔明年四月即工。然是時，歲比不登，公私耗歛，驟興大役，上下難之。子俊又欲責成於邊臣，而己不親其事，謗議由是起。至冬，疏請還京。帝入蜚語，命改左都御史，巡撫大同。中官韋敬譖子俊假修邊多侵耗，又劾子俊私恩怨，易將帥。兵部侍郎阮勤等爲白。帝怒，讓勤等。而給事、御史復交章劾，中朝多欲傾子俊。工部侍郎杜謙等往勘，平情按之。還奏易置將帥如勤等言，所費無私。然爲銀百五十萬，米菽二百三十萬，耗財煩民，不得無罪。遂落太子太保，致仕去，時二十二年二月也。

明年正月，兵部缺尚書。帝悟子俊無罪，復召任之，仍加太子太保。孝宗嗣位，以先朝老臣，待之彌厚。弘治元年疏陳十事，已，又上邊防七事，帝多允行。明年，疾亟，猶手削奏稿，陳救荒弭盜之策，甫得請而卒，年六十一。贈太保，謚肅敏。

子俊沉毅寡言，有偉略。凡奏疏公移，必自屬草，每夜分方寢。嘗曰：「大臣謀國，當身任利害，豈得遠怨市恩爲自全計。」故榆林始事，怨讟叢起，子俊持之益堅，竟以成功，爲數世利。性孝友，居母憂時，令子寘毋會試，曰：「雖無律令，吾心不忍也。」當廕子，移以廕弟。子寘，舉進士，終戶部員外郎。寘，就武廕爲錦衣千戶，終指揮同知。曾孫承勛、承業，皆進士。承勛，翰林修撰。承業，雲南僉事。

阮勤，本交阯人，其父內徙，占籍長子。勤舉景泰五年進士。歷台州知府。清慎有惠政，賜誥旌異。以右副都御史巡撫陝西。築墩臺十四所，治垣塹三十餘里。歲饑，奏免七府租四十餘萬石。入爲侍郎，調南京刑部。蠻邦人著聲中國者，勷爲最。

朱英，字時傑，桂陽人。五歲而孤。力學，舉正統十年進士，授御史。浙、閩盜起，簡御史十三人與中官分守諸府，英守處州。而葉宗留黨四出剽掠，處州道梗。英間道馳至，撫降甚衆，劉賊首周明松等，賊散去乃還。

景泰初，御史王豪嘗以勘陳循爭地事，忤循，爲所訐。至是，循草詔，言風憲官被訐者，雖經赦宥，悉與外除。於是豪當改知縣，英言：「若如詔書，則凡遭御史抨擊之人，皆將挾讐誣訐，而御史愈緘默不言矣。」章下法司，請如英言，乃復豪職。未幾，出爲廣東右參議。過家省母，橐中惟賜金十兩。抵任，撫凋瘵流亡。立均徭法，十歲一更，民稱便。

天順初，兩廣賊愈熾，諸將多濫殺冒功。巡撫葉盛屬英督察。參將范信誣宋泰、永平二鄉民爲賊，屠戮殆盡，又欲屠進城鄉。英馳訊，悉縱去。信恚，留師不還。英密請於盛，檄信班師，一方始靖。潮州賊羅劉寧等流劫遠近，屢挫官兵。英會師破滅之。還所掠人口數千，別置一營以處婦女，人莫敢犯。

官參議十年，進右參政。遭母憂。成化初服闋，補陝西。大軍討滿四，英主饋餉有功。歷福建、陝西左、右布政使，皆推行均徭法。十年以右副都御史巡撫甘肅，先後陳安邊二十八事。其請徙居戎、安流離、簡貢使，於時務尤切。明年冬，兩廣總督吳琛卒，廷議以英前在廣東有威信，遂以代琛。

自韓雍大征以來，將帥喜邀功，利俘掠，名爲「鵰剿」。英至，鎮以寧靜，約飭將士，毋得張賊聲勢，妄請用師。招撫猺、獞效順者，定爲編戶，給復三年。於是馬平、陽朔、蒼梧諸縣蠻悉望風附。而荔波賊李公主有衆數萬，久負固，亦遣子納款。爲置永安州處之，俾其子孫世吏目。自是歸附日衆，凡爲戶四萬三千有奇，口十五萬有奇。帝甚嘉之。

鎮守中官與督撫、總兵官坐次，中官居中，總督居總兵官左。時總兵官陳政以伯爵欲抑英居右，英不可，奏乞裁定。命解英總督，止爲巡撫，居政下。尚書余子俊言英招徠功多，當增秩褒賞，乃反削其事權，恐無以鎮諸蠻。乃擢英右都御史仍總督，位次如故。

田州酋黃明烝其知府岑溥祖母，欲殺溥。溥出走思恩，明因肆屠戮。英將進討，檄溥族人恩城知州岑欽殺明雪恥。欽遂誅明并其族屬，傳首軍門。

英淳厚，然持法無所假借。與市舶中官韋眷忤，眷摭奏英專權玩賊。潯州知府史芳以事見責，亦訐英奸貪欺罔。按皆無驗，乃鐫芳二官，諭眷協和共事。

十六年，交阯攻老撾，議者恐其內寇，詔問英處置之宜。英對言彼不過爭甌脫耳，諭之當自悔懼。帝從其言，果上表謝。潯、梧、高、廉賊起，偕政等分道擊之，再戰，俘斬甚衆。十九年，桂林平樂蠻攻城殺將，英、政復分兵十二道擊破之。

明年入掌都察院事，尋加太子少保。又明年正月，星變，疏陳八事：請禁邊將節旦獻馬；鎮守中官、武將不得私立莊田，侵奪官地；燒丹符咒左道之人，當置重典；四方分守監槍內官勿進貢品物；罷撤倉場、馬房、上林苑增設內侍；召還建言得罪諸臣；清內府收白糧積弊；治奸民投獻莊田及貴戚受獻者罪。權倖皆不便，執政多持之不行，英造內閣力爭，竟不能盡從也。時流民集京師者多，英請人給米月三斗，幼者半之，報許。其年秋卒。贈太子太保。

英爲總督承韓雍、吳琛後。雍雖有大功，恢廓自奉，贈遺過侈，有司困供億，公私耗竭。而琛務謹廉，至英益持清節，僅攜一蒼頭之官。先後屢賜璽書、金幣，英藏璽書，貯金幣於庫。其威望不及雍，而惠澤過之。在甘肅積軍儲三十萬兩，廣四十餘萬，皆不以聞。或問之，答曰：「此邊臣常分，何足言。」人服其知大體。正德中，追謚恭簡。

子守孚，進士，刑部郎中。

秦紘，字世纓，單人。景泰二年進士。授南京御史。劾治內官傅鎖兒罪，諫止江南采翠毛、魚魫等使。權貴忌之，蜚語聞。會考察，坐謫湖廣驛丞。

天順初，以御史練綱薦，遷雄縣知縣。奉御杜堅捕天鵝暴橫，紘執杖其從者，坐下詔獄。民五千詣闕訟，乃調知府谷。憲宗卽位，遷葭州知州，調秦州。母喪去官，州人乞借紘，服闋還故任。尋擢鞏昌知府，改西安，遷陝西右參政。岷州番亂，提兵三千破之，進俸一級。

成化十三年擢右僉都御史，巡撫山西，奏鎭國將軍奇潤等罪。奇潤父慶成王鍾鎰爲奏辯，且誣紘。帝重違王意，逮紘下法司治，事皆無驗。而內官尙亨籍紘家，以所得敝衣數事奏。帝歎曰：「紘貧一至此耶？」賜鈔萬貫旌之。於是奪奇潤等三人爵，王亦削祿三之一，而改紘撫河南。尋復調宣府。

小王子數萬騎寇大同，長驅入順聖川，掠宣府境。紘與總兵官周玉等邀擊，遁去。尋入掠興寧口，連戰却之，追還所掠，璽書勞焉。進左僉都御史，巡撫如故。未幾，召還理院事，遷戶部右侍郎。萬安逐尹旻，誣紘旻黨，降廣西右參政。進福建左布政使。

弘治元年以王恕薦，擢左副都御史，督漕運。明年三月進右都御史，總督兩廣軍務。奏言：「中官、武將總鎭兩廣者，率縱私人擾商賈，高居私家，擅理公事，賊殺不辜，交通土官爲奸利。而天下鎭守官皆得擅執軍職，受民訟，非制，請嚴禁絕。總鎭府故有賞功所，歲儲金錢數萬，費出無經，宜從都御史勾稽。廣、潮、南、韶多盜，當設社學，編保甲，以絕盜源。」帝悉從其請。恩城知州岑欽攻逐田州知府岑溥，與泗城知州岑應分據其地。紘入田州逐走欽，還溥於府，留官軍戍之，亂遂定。復遣將討平黎賊陵水，瑤賊德慶。

紘之初涖鎭也，劾總兵官安遠侯柳景貪暴，逮下獄。景亦訐紘，勘無左證，法司當景死。景連姻周太后家，有奥援，訐紘不已。詔幷逮紘，廷鞫卒無罪。詔宥景死，奪爵閒住，而紘亦罷歸。大臣王恕等請留紘，不納。廷臣復連章言紘可大用。居數月，起南京戶部尙書。十一年引疾去。

十四年秋，寇大入花馬池，敗官軍孔壩溝，直抵平涼。言者謂紘有威名，雖老可用。詔起戶部尙書兼右副都御史，總制三邊軍務。紘馳至固原，按行敗所。躬祭陣亡將士，掩其骼。奏錄死事指揮朱鼎等五人，恤軍士戰歿者家。劾治敗將楊林等四人罪，更易守將。練壯士，興屯田，申明號令，軍聲大振。

初，寇未入河套，平涼、固原皆內地無患。自孛來住牧後，固原當兵衝，爲平、慶、臨、鞏門戶，而城隘民貧，兵力單弱，商販不至。紘乃拓治城郭，招徠商賈，建改爲州，而身留節制之。奏言：「固原主、客兵止萬八千人，散守城堡二十四。勢分力弱，宜益兵。舊臨、鞏、秦州諸軍歲赴甘、涼備禦。及他方有警，又調兵甘、涼，或發京軍征討。夫京師天下本，邊將手擐重兵，而一遇有事輒請京軍，非強幹弱枝之道。請自今京兵毋輕發，臨、鞏、甘、涼諸軍亦宜各還本鎮。但選知兵宿將一二人各守其地，人以戍爲家，軍以將爲命，自樂趨役，而有戰心，計之得者也。」

紘見固原迤北延袤千里，閒田數十萬頃，曠野近邊，無城堡可依。議於花馬池迤西至小鹽池二百里，每二十里築一堡，堡周四十八丈，役軍五百人。固原迤北諸處亦各築屯堡，募人屯種，每頃歲賦米五石，可得五十萬石。規畫已定，而寧夏巡撫劉憲爲梗。紘乃奏曰：「竊見三邊情形，延綏、甘、涼地雖廣，而士馬精強。寧夏怯弱矣，然河山險阻。惟花馬池至固原，軍既怯弱，又墩臺疏遠，敵騎得長驅深入，故當增築墩堡，韋州、豫望城諸處亦然。今固原迤南修築將畢，惟花馬池迤北二百里，當築十堡。而憲危言阻衆，且廢垂成之功。乞令憲制三邊，而改臣撫寧夏，俾得終邊防，於事爲便。」帝下詔責憲，憲引罪，卒行紘策。修築諸邊城堡一萬四千餘所，垣塹六千四百餘里，固原屹爲重鎮。紘又以意作戰車，名「全勝車」，詔頒其式於諸邊。在事三年，四鎮晏然，前後經略西陲者莫及。

十七年加太子少保，召還視部事。以年老連章力辭，乞致仕。詔賜敕乘傳歸，月廩歲隸如制。明年九月卒，年八十。贈少保，謚襄毅。

紘廉介絕俗，妻孥茱羹麥飯常不飽。性剛果，勇於除害，不自顧慮，士大夫識與不識稱爲偉人。在兩廣被逮時，方議討後山賊。治軍事畢，從容就道，儀衞騶從不貶損。旣踰嶺，始囚服就縶。謂官校曰：「兩廣蠻夷雜處，總制體尊，遽就拘執，損國威。今旣踰嶺，𡨚囚矣。」其嚴重得體如此。正德五年，劉瑾亂政。紘家奴憾紘婦弟楊瑾，以紘所遺火礮投緝事校尉，誣瑾畜違禁軍器。劉瑾怒，歸罪於紘。籍其家，無所得。言官張九敍、涂敬等復希瑾意劾紘，士類嗤之。

贊曰：項忠、韓雍皆以文學通籍，而親提桴鼓，樹勳戎馬之場。其應機決勝，成畫遠謀，雖宿將殆無以過，豈不壯哉。賞不酬勞，謠諑繼起，文法吏從而繩其後，功名之士所爲發憤而太息也。余子俊盡心邊計，數世賴之。朱英廉威名粵嶠，秦紘經略著西陲，文武兼資，偉哉一代之能臣矣。

校勘記

〔一〕連破石門林峒沙田古營諸集　古營，原作「右營」，據本書卷三一七潯州傳、蠻司合誌卷一一改。

〔二〕言東起四海冶　四海冶，原作「四海治」。按四海冶係永寧衞一堡名。本書卷四〇地理志延慶州永寧縣注云：「本永寧衞」，「東有四海冶堡，天順八年置。」據改。下同。

明史卷一百七十九

列傳第六十七

羅倫 涂棐　章懋 從子拯　黃仲昭　莊㫤

鄒智　舒芬 崔桐 馬汝驥

羅倫，字彝正，吉安永豐人。五歲嘗隨母入園，果落，衆競取，倫獨賜而後受。家貧樵牧，挾書誦不輟。及爲諸生，志聖賢學，嘗曰：「舉業非能壞人，人自壞之耳。」知府張瑄憫其貧，周之粟，謝不受。居父母喪，踰大祥，始食鹽酪。

成化二年，廷試，對策萬餘言。直斥時弊，名震都下。擢進士第一，授翰林修撰。踰二月，大學士李賢奔喪畢，奉詔還朝。倫詣賢沮之，不聽。乃上疏曰：

臣聞朝廷援楊溥故事，起復大學士李賢。臣竊謂賢大臣，起復大事，綱常風化繫焉，不可不慎。曩陛下制策有曰：「朕夙夜拳拳，欲正大綱，舉萬目，使人倫明於上，風俗厚於下。」竊謂明人倫，厚風俗，莫先於孝。在禮，子有父母之喪，君三年不呼其門。子夏問：「三年之喪，金革無避，禮歟？」孔子曰：「魯公伯禽有爲爲之也。今以三年之喪從其利者，吾弗知也。」陛下於賢，以爲金革之事起復之歟？則未之有也。以大臣起復之歟？則禮所未見也。

夫爲人君，當舉先王之禮敎其臣；爲人臣，當守先王之禮事其君。昔宋仁宗嘗起復富弼矣，弼辭曰：「不敢遵故事以遂前代之非，但當據禮經以行今日之是。」仁宗卒從其請。孝宗嘗起復劉珙矣，珙辭曰：「身在草土之中，國無門庭之寇，難冒金革之名，私竊利祿之實。」孝宗不抑其情。此二君者，未嘗以故事強其臣。二臣者，未嘗以故事徇其君。故史册書之爲盛事，士大夫傳之爲美談。無他，君能敎臣以孝，臣有孝可移於君也。自是而後，無復禮義。王黼、史嵩之、陳宜中、賈似道之徒，皆援故事起復。然天下壞亂，社稷傾危，流禍當時，遺譏後代。無他，君不敎臣以孝，臣無孝可移於君也。陛下必欲賢身任天下之事，則賢身不可留，口實可言。宜降溫詔，俾如劉珙得以言事。使賢於天下之事知必言，言必盡。陛下於賢之言聞必行，行必力。賢雖不起復，猶起復也。苟知之而不能盡言，言之而不能力行，賢雖起復無益也。

且陛下無謂廟堂無賢臣，庶官無賢士。君，盂也；臣，水也。水之方圓，盂實主之。

臣之直佞，君實召之。陛下誠於退朝之暇，親直諒博洽之臣，講聖學君德之要，詢政事得失，察民生利病，訪人才賢否，考古今盛衰，舍獨信之偏見，納逆耳之苦言，則衆賢羣策畢萃於朝，又何待違先王之禮經，損大臣之名節，然後天下可治哉。

臣伏見比年以來，朝廷以奪情爲常典，縉紳以起復爲美名，食稻衣錦之徒，接踵廟堂，不知此人於天下之重何關耶。且婦於舅姑，喪亦三年，孫於祖父母，服則齊衰。奪情於夫，初無預其妻，奪情於父，初無干其子。今或舍館如故，妻孥不還，乃號於天下曰「本欲終喪，朝命不許」，雖三尺童子，臣知其不信也。爲人父者所以望其子之報，豈擬至於此哉。爲人子者所以報其親之心，豈忍至於此哉。枉己者不能直人，忘親者不能忠君。陛下何取於若人，而起復之也。

今大臣起復，羣臣不以爲非，且從而贊之。羣臣起復，大臣不以爲非，且從而成之。上下成俗，混然同流，率天下之人爲無父之歸，臣不忍聖明之朝，致綱常之壞，風俗之弊，一至此極也。願陛下斷自聖衷，許賢歸家持服。其他已起復者，仍令奔喪，未起復者，悉許終制。脫有金革之變，亦從墨衰之權，使任軍事於外，盡心喪於內。將朝廷端則天下一，大臣法則羣臣效，人倫由是明，風俗由是厚矣。

疏入，謫福建市舶司副提舉。御史陳選疏救，不報。御史楊琅復申救，帝切責之。尚書王翺以文彥博救唐介事諷賢，賢曰：「潞公市恩，歸怨朝廷，吾不可以效之。」亡何，賢卒。明年以學士商輅言召復原職，改南京。居二年，引疾歸，遂不復出。

倫爲人剛正，嚴於律己。義所在，毅然必爲，於富貴名利泊如也。里居倡行鄉約，相率無敢犯。衣食粗惡，或遺之衣，見道殣，解以覆之。晨留客飲，妻子貸粟鄰家，及午方炊，不爲意。以金牛山人跡不至，築室著書其中，四方從學者甚衆。十四年卒，年四十八。嘉靖初，從御史唐龍請，追贈左春坊諭德，謚文毅。學者稱一峰先生。

方倫爲提舉時，御史豐城涂棐巡按福建。司禮中官黃賜，延平人也，請見，棐不可。泉州知府李宗學以受賕爲棐所按，訐棐自解，賜從中主其奏。棐、宗學俱被徵，詞連倫，當幷逮。鎭撫司某曰：「羅先生可至此乎？」卽日鞫成上之。倫得免，棐亦復官。

棐，天順四年進士。成化中嘗言：「祖宗朝，政事必與大臣面議。自先帝幼沖，未能裁決，柄國者慮其缺遺，假簡易之辭，以便宣布。凡視朝奏事，諭旨輒曰『所司知之』。此一時權宜，非可循爲定制。況批答多參以中官，內閣或不與，尤乖祖制。乞復面議，杜蔽壅之弊。」憲宗不能用。終廣東副使。

章懋，字德懋，蘭谿人。成化二年會試第一，成進士，改庶吉士。明年冬，授編修。憲宗將以元夕張燈，命詞臣撰詩詞進奉。懋與同官黃仲昭、檢討莊昶疏諫曰：「頃諭臣等撰鰲山煙火詩詞，臣等竊議，此必非陛下本懷，或以兩宮聖母在上，欲備極孝養奉其歡心耳。然大孝在乎養志，不可徒陳耳目之玩以爲養也。今川東未靖，遼左多虞，江西、湖廣赤地數千里，萬姓嗷嗷，張口待哺，此正陛下宵旰焦勞，兩宮母后同憂天下之日。至翰林官以論思爲職，鄙俚之言豈宜進於君上。伏讀宣宗皇帝御製翰林箴有曰『啓沃之言，唯義與仁。堯、舜之道，鄒、魯以陳』。張燈豈堯、舜之道，詩詞豈仁義之言。若謂煙火細故不足爲聖德累，則舜何必不造漆器，禹何必不嗜旨酒，漢文何必不作露臺。古帝王愼小謹微必矜細行者，正以欲不可縱，漸不可長也。伏乞將煙火停止，移此視聽以明目達聰，省此貲財以振饑恤困，則災祲可銷，太平可致。」帝以元夕張燈，祖宗故事，惡懋等妄言，並杖之闕下，左遷其官。修撰羅倫先以言事被黜，時稱「翰林四諫」。

懋旣貶臨武知縣，未行，以給事中毛弘等論救，改南京大理左評事。踰三年，遷福建僉事。平泰寧、沙、尤賊，聽福安民採礦以杜盜源，建議番貨互通貿易以裕商民，政績甚著。滿考入都，年止四十一，力求致仕。吏部尙書尹旻固留之，不可。

既歸，屏跡不入城府。奉親之暇，專以讀書講學爲事，弟子執經者日益進。貧無供具，惟脫粟菜羹而已。四方學士大夫高其風，稱爲楓山先生。家居二十餘年，中外交薦，部檄屢起之，以親老堅不赴。

弘治中，孝宗登用羣賢。衆議兩京國學當用名儒，起謝鐸於北監。及南監缺祭酒，遂以懋補之。懋方遭父憂不就。時南監缺司業且二十年，詔特以羅欽順爲之，而虛位以待懋。十六年，服闋，懋復固辭。不允，始涖任。六館士人人自以爲得師。監生尤樾母病，例不得歸省，晝夜泣。懋遣之歸，曰：「吾寧以違制獲罪。」

武宗立，陳勤聖學、隆繼述、謹大婚、重詔令、敬天戒五事。正德元年乞休，五疏不允。復引疾懇辭，明年三月始得請。五年起南京太常卿，明年又起爲南京禮部右侍郎，皆力辭不就。言者屢陳懋德望，請加優禮，詔有司歲時存問。世宗嗣位，即家進南京禮部尚書，致仕。其冬，遣行人存問，而懋已卒，年八十六。贈太子少保，謚文懿。

懋爲學，恪守先儒訓。或諷爲文章，曰：「小技耳，予弗暇。」有勸以著述者，曰：「先儒之言至矣，芟其繁可也。」通籍五十餘年，歷俸僅滿三考。難進易退，世皆高之。

生三子，俾令業農。縣令過之，諸子釋耒跪迎，人不知其貴公子也。子省懋於南監，徒步往，道爲巡檢所笞，已知而請罪，懋慰遣之。晚年，三子一孫盡死。年八十二生少子接，後以蔭爲國子生。

從子拯，字以道。幼從懋學，登弘治十五年進士，爲刑部主事。正德初，忤劉瑾，下詔獄，謫梧州府通判。瑾誅，擢南京兵部郎中。嘉靖中，累官工部尙書。桂萼欲復海運，延公卿議得失，拯曰：「海運雖有故事，而風濤百倍於河。且天津海口多淤，自古不聞有濬海者。」議遂寢。南北郊議起，拯言不可，失帝意。尋坐郊壇祭器缺供，落職歸。久之復官。致仕，卒。

黃仲昭，名潛，以字行，莆田人。祖壽生，翰林檢討，有學行。父嘉，束鹿知縣，以善政聞。

仲昭性端謹，年十五六卽有志正學。登成化二年進士，改庶吉士，授編修。與章懋、莊㫤同以直諫被杖，謫湘潭知縣。在道，用諫官言，改南京大理評事。兩京諸司隸卒率放還而取其月錢，爲故事，惟仲昭與羅倫不取。御史縱子弟取賂，刑部曲爲地，仲昭駁止之。有羣掠民婦轉鬻者，部坐首惡一人，仲昭請皆坐。連遭父母喪，不離苫塊者四年。服除，以親不逮養，遂不出。

弘治改元，御史姜洪疏薦，吏部尚書王恕檄有司敦趣。比至，恕迓之大門外，揖讓升堂，相向再拜，世兩高之。除江西提學僉事，誨士以正學。久之再疏乞休，日事著述。學者稱未軒先生。卒年七十四。

仲昭兄深，御史。深子乾亨，行人。使滿剌加，歿於海。乾亨子如金，廣西提學副使；希雍，蘇州同知。仲昭孫懋，南京戶部侍郎。

莊㫤，字孔暘，江浦人。自幼豪邁不羣，嗜古博學。舉成化二年進士，改庶吉士，授翰林檢討。與編修章懋、黃仲昭疏諫內廷張燈，忤旨廷杖二十，謫桂陽州判官。尋以言官論救，改南京行人司副。居三年，母憂去。繼丁父憂，哀毀，喪除不復出。卜居定山二十餘年，學者稱定山先生。巡撫王恕嘗欲葺其廬，辭之。

㫤生平不尚著述，有自得，輒見之於詩。薦章十餘上，部檄屢趣，俱不赴。大學士丘濬素惡㫤，語人曰：「率天下士背朝廷者，㫤也。」弘治七年有薦㫤者，奉詔起用。㫤念濬當國，不出且得罪，强起入都。大學士徐溥語郎中邵寶曰：「定山故翰林，復之。」濬聞曰：「我不識所謂定山也。」乃復以爲行人司副。俄遷南京吏部郎中，得風疾。明年乞身歸，部臣不爲奏。又明年京察，尚書倪岳以老疾罷之。居二年卒，年六十三。天啓初，追謚文節。

鄒智，字汝愚，合州人。年十二能文。家貧，讀書焚木葉繼晷者三年。舉成化二十二年鄉試第一。

時帝益倦於政，而萬安、劉吉、尹直居政府，智憤之。道出三原，謁致仕尚書王恕，慨然曰：「治天下，在進君子退小人。方今小人在位，毒痛四海，而公顧屏棄田里。智此行非爲科名，欲上書天子，别白賢奸，拯斯民於塗炭耳。」恕奇其言，笑而不答。明年登進士。改庶吉士。遂上疏曰：

陛下於輔臣，遇事必咨，殊恩異數必及，亦云任矣。然或進退一人，處分一事，往往降中旨，使一二小人陰執其柄，是旣任之而又疑之也。陛下豈不欲推誠待物哉？由其進身之初，多出私門，先有以致陛下之厭薄。及與議事，又唯諾惟謹，伈伈俔俔，若有所不敢，反不如一二俗吏足以任事。此陛下所爲疑也，臣竊以爲過矣。昔宋仁宗知夏竦懷詐則黜之，知呂夷簡能改過則容之，知杜衍、韓琦、范仲淹、富弼可任則不次擢之，故能北拒契丹，西臣元昊。未聞一任一疑，可以成天下事也。願陛下察孰爲竦，孰爲夷簡，而黜之容之，孰爲衍、琦、仲淹、弼而擢之，日與講論治道，不使小人得參其間，則天工亮矣。

臣又聞天下事惟輔臣得議，惟諫官得言。諫官雖卑，與輔臣等。乃今之諫官以軀體魁梧爲美，以應對捷給爲賢，以簿書刑獄爲職業，不畏天變，不恤人窮。或以忠義激之，則曰：「吾非不欲言，言出則禍隨，其誰吾聽？」嗚呼，既不能盡言效職，而復引過以歸於上，有人心者固如是乎。臣願罷黜浮冗，廣求風節之臣。令仗下糾彈，入閣參議。或請對，或輪對，或非時召對，霽色接之，溫言導之，使得畢誠盡蘊，則天聽開矣。

臣又聞汲黯在朝，淮南寢謀，君子之有益人國也大矣。以陛下之聰明，寧不知君子可任，而故屈抑之哉？乃小人巧讒間以中傷之耳。今碩德如王恕，忠鯁如强珍，亮直剛方如章懋、林俊、張吉，皆一時人望，不宜貶錮，負上天生才之意。陛下誠召此數人，置要近之地，使各盡其平生，則天心協矣。

臣又聞高皇帝制閹寺，惟給掃除，不及以政。近者舊章日壞，邪徑日開，人主大權盡出其手。內倚之爲相，外倚之爲將，藩方倚之爲鎮撫，伶人賤工倚之以作奇技淫巧，法王佛子倚之以恣出入宮禁，此豈高皇帝所許哉！願陛下以宰相爲股肱，以諫官爲耳目，以正人君子爲腹心，深思極慮，定宗社長久之計，則大綱正矣。

然其本則在陛下明理何如耳。竊聞侍臣進講無反覆論辨之功，陛下聽講亦無從容沃心之益。如此而欲明理以應事，臣不信也。願陛下念義理之難窮，惜日月之易邁，考之經史，驗之身心，使終歲無間，則聖學明而萬事畢治，豈特四事之舉措得其當已耶。

疏入，不報。

智既慷慨負奇，其時御史湯鼐、中書舍人吉人、進士李文祥亦並負意氣，智皆與之善。因相與品覈公卿，裁量人物。未幾，孝宗嗣位，弊政多所更。智喜，以爲其志且得行，乃復因星變上書曰：

伏讀明詔云「天下利弊所當興革，所在官員人等條具以聞」。此殆陛下知前日登極詔書爲奸臣所誤，禁言官毋風聞挾私言事，物論囂然，故復下此條自解耳。夫不曰「朕躬有過，朝政有闕」，而曰「利弊當興革」；不曰「許諸人直言無隱」，而曰「官員人等條具以聞」。陛下所以求言者，已不廣矣。今欲興天下之利，革天下之弊，當求利弊之本原而興且革之，不當毛舉細故，以爲利弊在是也。

本原何在？閣臣是已。少師安持祿怙寵，少保吉附下罔上，太子少保直挾詐懷奸，世之小人也。陛下留之，則君德必不就，朝政必不修，此弊所當革者也。致仕尚書王恕忠亮可任大事，尚書王竑剛毅可寢大奸，都御史彭韶方正可決大疑，世之君子也。陛下用之，則君德開明，朝政清肅，此利所當興也。

然君子所以不進，小人所以不退，大抵由宦官權重而已。漢元帝嘗任蕭望之、周堪矣，卒制於弘恭、石顯。宋孝宗嘗任劉俊卿、劉珙矣，卒間於陳源、甘昪。李林甫、牛仙客與高力士相附和，而唐政不綱。賈似道、丁大全與董宋臣相表裏，而宋室不振。君子小人進退之機，未嘗不繫此曹之盛衰。願陛下鑒既往，謹將來，攬天綱，張英斷。凡所以待宦官者，一以高皇帝爲法，則君子可進，小人可退，而天下之治出於一矣。

以陛下聰明冠世，豈不知刑臣不可委信，然而不免誤用者，殆正心之學未講也。心發於天理，則耳目聰明，言動中節，何宦官之能惑。發於人欲，則一身無主，萬事失綱，投間抵隙，蒙蔽得施。雖有神武之資，亦將日改月化而寖失其初。欲進君子退小人，興天下之利，革天下之弊，豈可得哉。

帝得疏，領之。居無何，安、直相繼罷斥。而吉任寄如故，銜智刺骨。

鼒常朝當侍班，智告之曰：「祖宗盛時，御史侍班，得面陳政務得失，立取進止。自後惟退而具疏，此君臣情意所由隔也。君幸值維新之日，盍倣先朝故事行之。」及恕赴召至京，智往謁曰：「後世人臣不獲時見天子，故事多苟且。願公且勿受官，先請朝見，取時政不善者歷陳之，力請除革，而後拜命，庶其有濟。若先受官，無復見天子之日矣。」鼐與恕亦未能用其言。

會劉槩獄起，吉使其黨魏璋入智名，遂下詔獄。智身親三木，僅屬喘息，慷慨對簿曰：「智見經筵以寒暑輟講，午朝以細事塞責，紀綱廢弛，風俗浮薄，生民憔悴，邊備空虛，私竊以爲憂。與鼐等往來論議誠有之，不知其他。」讞者承吉意，竟謫廣東石城所吏目，事具湯鼐傳。

智至廣東，總督秦紘檄召修書，乃居會城。聞陳獻章講道新會，往受業，自是學益粹。弘治四年十月得疾遽卒，年二十有六。同年生吳廷舉爲順德知縣，殮而歸其喪。天啓初，追謚忠介。

舒芬，字國裳，進賢人。年十二，獻馴鴈賦於知府祝瀚，遂知名。正德十二年舉進士第一，授修撰。

時武宗數微行，畋遊無度。其明年，孝貞皇后崩甫踰月，欲幸宣府。託言往視山陵，罷沿道兵衛。芬上言：「陛下三年之內當深居不出，雖釋服之後，固儼然煢疚也。且自古萬乘之重，非奔竄逃匿，未有不嚴侍衞者。又等威莫大於車服，以天子之尊下同庶人，舍大輅袞冕而羸車褻服是御，非所以辨上下，定禮儀。」不聽。

孝貞山陵畢，迎主祔廟，自長安門入。芬又言：「孝貞皇后作配茂陵，未聞失德。祖宗之制，既葬迎主，必入正門。昨孝貞之主，顧從陛下駕由旁門入，他日史臣書之曰『六月己丑，車駕至自山陵，迎孝貞純皇后主入長安門』，將使孝貞有不得正終之嫌，其何以解於天下後世。昨祔廟之夕，疾風迅雷甚雨，意者聖祖列宗及孝貞皇后之靈，儆告陛下也。陛下宜卽明詔中外，以示改過。」不報。遂乞歸養，不許。

又明年三月，帝議南巡。時寧王宸濠久蓄異謀，與近倖相結，人情惶懼。言官伏闕諫，忤旨被責讓。芬憂之，與吏部員外郎夏良勝、禮部主事萬潮、庶吉士汪應軫要諸曹連章入諫，衆許諾。芬遂偕編修崔桐，庶吉士江暉、王廷陳、馬汝驥、曹嘉及應軫上疏曰：「古帝王所以巡狩者，協律度，同量衡，訪遺老，問疾苦，黜陟幽明，式序在位，是以諸侯畏焉，百姓安焉。若陛下之出，不過如秦皇、漢武，侈心爲樂而已，非能行巡狩之禮者也。博浪、柏谷，其禍亦可鑒矣。近者西北再巡，六師不攝，四民告病。哀痛之聲，上徹蒼昊，傳播四方，人心震動。故一聞南巡詔書，皆鳥驚獸散。而有司方以迎奉爲名，徵發嚴急，江、淮之間蕭然煩賁。萬一不逞之徒，乘勢倡亂，爲禍非細。且陛下以鎭國公自命，苟至親王國境，或據勛臣之禮以待陛下，將北嚮朝之乎，抑南面受其朝乎？假令循名責實，深求悖謬之端，則左右寵倖無死所矣。尚有事堪痛哭不忍言者：宗藩蓄劉濞之釁，大臣懷馮道之心，以祿位爲故物，以朝署爲市廛，以陛下爲弈棋，以革除年間爲故事。特左右寵倖知術短淺，無能以此言告陛下耳。使陛下得聞此言，雖禁門之外，亦將警蹕而出，尚敢輕騎慢遊哉。」

疏入，陸完迎謂曰：「上聞有諫者輒恚，欲自引決。諸君且休，勿歸過君上，沽直名。」芬等不應而出。有頃，良勝、潮過芬，扼腕恨完。芬因邀博士陳九川至，酌之酒曰：「匹夫不可奪志，君輩可遂已乎？」明日遂偕諸曹連疏入。帝大怒，命跪闕下五日，期滿復杖之三十。芬創甚，幾斃，舁至翰林院中。掌院者懼得罪，命摽出之，芬曰：「吾官此，即死此耳。」竟謫福建市舶副提舉，裹創就道。

世宗卽位，召復故官。嘉靖三年春，昭聖太后壽旦，詔免諸命婦朝賀。芬言：「前者興國太后令旦，命婦朝賀如儀。今遇皇太后壽節，忽行傳免，恐失輕重之宜。乞收成命，以彰聖孝。」帝怒，奪俸三月。時帝欲尊崇本生，芬偕其僚連章極諫。及張璁、桂萼、方獻夫驟擢學士，芬及同官楊維聰、編修王思羞與同列，拜疏乞罷。未幾，復偕同官楊愼等伏左順門哭爭。帝怒，下獄廷杖，奪俸如初。旋遭母喪歸，卒於家，年四十四。世稱「忠孝狀元」。

芬丰神玉立，負氣峻厲，端居竟日無倦容，夜則計過自訟。以倡明絕學爲己任。其學貫串諸經，兼通天文律曆，而尤精於周禮。嘗曰：「周禮視儀禮、禮記，猶蜀之視吳、魏也。賈氏謂儀禮爲本，周禮爲末，妄矣。朱子不加是正，何也？」疾革，其子請所言，惟以未及表章周禮爲恨。學者稱梓溪先生。萬曆中，追謚文節。先是，修撰羅倫以諫謫福建提舉，踰六十年而芬繼之。與倫同鄉同官，所謫地與官又同，福建士大夫遂祀芬配倫云。

崔桐，字來鳳，海門人。鄉試第一，與芬同進士及第。授編修。既諫南巡，並跪闕下，受杖奪俸。嘉靖中，以侍讀出爲湖廣右參議，累擢國子祭酒，禮部右侍郎。

馬汝驥字仲房，綏德人。正德十二年進士。改庶吉士。偕芬等諫南巡，罰跪受杖。教習期滿，當授編修，特調澤州知州。徽王府人虐小民，比王有所屬，輒投其書樻中不視。陵川知縣貪，汝驥欲黜之。巡按御史爲曲解，汝驥不聽，竟褫其官。世宗立，召復編修，尋錄直諫功，增秩一等。預修武宗實錄，進修撰。歷兩京國子司業，擢南京右通政，就改國子祭酒，召拜禮部右侍郎。尚書嚴嵩愛重汝驥，入閣稱之，帝特加侍讀學士。汝驥行己峭厲，然性故和易，人望歸焉。卒贈尚書，謚文簡。

應軫等自有傳。

贊曰：詞臣以文學侍從爲職，非有言責也。激於名義，侃侃廷諍，抵罪謫而不悔，豈非皎然志節之士歟。奪情之典不始李賢，然自羅倫疏傳誦天下，而朝臣不敢以起復爲故事，於倫理所裨，豈淺鮮哉。章懋等引宣宗箴，明國家設官意，不爲彰君之過。鄒智指列賢奸，矯拂媮末。舒芬危言聳切，有爰盎擥轡之風。況夫清修峻節，行無瑕尤，若諸子者，洵足以矯文士浮夸之習矣。

明史卷一百八十

列傳第六十八

張寧，字靖之，海鹽人。景泰五年進士。授禮科給事中。七年夏，帝從唐瑜等奏，考覈南京大小諸臣。寧言：「京師尤根本地，不可獨免。」又言：「京衞帶俸武職，一衞至二千餘人，通計三萬餘員。歲需銀四十八萬，米三十六萬，幷他折俸物，動經百萬。耗損國儲，莫甚於此。而其間多老弱不嫻騎射之人。莫若簡可者，補天下都司、衞所缺官，而悉汰其餘。」議格不行。

帝得疾，適遇星變，詔罷明年元會，百官朝參如朔望。寧言：「四方來覲，不得一覩天顏，疑似之際，必至訛言相驚，願勉循舊典，用慰人心。」帝疾不能從，而「奪門」之變作。

天順中，曹、石竊柄。事關禮科者，寧輒裁損，英宗以是知寧。朝鮮與鄰部毛憐衞讐殺，詔寧同都指揮武忠往解。寧辭義慷慨，而忠驍健，張兩弓折之，射雁一發墜，朝鮮人大驚服，兩人竟解其讐而還。中官覃包邀與相見，不往。尋擢都給事中。

憲宗初御經筵，請日以大學衍義進講。是年十月，皇太后生辰，禮部尚書姚夔仍故事，設齋建醮，會百官赴壇行香。寧言無益，徒傷大體，乞禁止。帝嘉納之。未幾，給事中王徽以牛玉事劾大學士李賢，得罪。寧率六科論救，由是寖與內閣忤。會王竑等薦寧堪僉都御史清軍職貼黃，與岳正並舉。得旨，會舉多私，皆予外任。寧出爲汀州知府，以簡靜爲治，期年善政具舉。

寧才高負志節，善章奏，聲稱籍甚。英宗嘗欲重用之，不果。久居諫垣，不爲大臣所喜。既出守，益鬱鬱不得志，以病免歸。家居三十年，言者屢薦，終不復召。

無子。有二妾，寧沒，剪髮誓死，樓居不下者四十年。詔旌爲「雙節」。

王徽，字尚文，應天人。天順四年進士。除南京刑科給事中。憲宗即位數月，與同官王淵、朱寬、李翔、李鈞疏陳四事。末言：「自古宦官賢良者少，奸邪者多。若授以大權，致令敗壞，然後加刑，是始愛而終殺之，非所以保全之也。願法高皇帝舊制，毋令預政典兵，置產立業。家人義子，悉編原籍爲民。嚴禁官吏與之交接，惟厚其賞賚，使得豐足，無復他望。此國家之福，亦宦官之福也。」

其冬，帝入萬妃譖，廢吳后，罪中官牛玉擅易中宮，謫之南京，徽復與淵等劾之曰：

陛下册立中宮，此何等事，而賊臣牛玉乃大肆奸欺。中宮既退，人情咸謂玉必萬死。顧僅斥陪京，猶全首領，則凡侍陛下左右者將何所忌憚哉。內閣大臣，身居輔弼，視立后大事漠然不以加意。方玉欺肆之初，婚禮未成，禮官畏權，輒爲阿附。及玉事發之後，國法難貸，刑官念舊，竟至苟容。而李賢等又坐視成敗，不出一言，黨惡欺君，莫此爲甚。請幷罪賢等，爲大臣不忠者戒。

臣等前疏請保全宦官，正欲防患於未萌。乃處置之道未聞，牛玉之禍果作。然往不可諫，來猶可追，臣等不敢遠引，請以近事徵之。正統末，有王振矣，詎意復有曹吉祥。天順初，有吉祥矣，詎意復有牛玉。若又不思預防，安知後不有甚於牛玉者哉。

夫宦者無事之時似乎恭愼，一聞國政，卽肆奸欺。將用某人也，必先賣之以爲己功。將行某事也，必先泄之以張己勢。迨趨附日衆，威權日盛，而禍作矣。此所以不可預聞國政也。內官在帝左右，大臣不識廉恥，多與交結。餽獻珍奇，伊優取媚，卽以爲賢，而朝夕譽之。有方正不阿者，卽以爲不肖，而朝夕讒謗之，日加浸潤，未免致疑。由是稱譽者獲顯，讒謗者被斥，恩出於內侍，怨歸於朝廷，此所以不可許其交結也。內官弟姪授職任事，倚勢爲非，聚奸養惡，廣營財利，奸弊多端。身雖居內，心實在外。內外交通，亂所由起，此所以不可使其子姪在外任職營立家產也。

臣等職居言路，不爲苟容，雖死無悔，惟陛下裁察。

詔謂妄言邀譽，欲加罪。諸給事、御史交章論救，乃並謫州判官。徽得貴州普安，淵茂州，寬潼川，翔寧州，鈞綏德。奏藁鈞筆也。侍郎葉盛、編修陳音相繼請留，不納。最後御史楊琅言尤切，幾得罪。

徽至普安，興學校教士，始有舉於鄉者。卻土官隴暢及白千戶賄，治甚有聲。居七年，棄官歸，言者屢薦，終以宦官惡之不復錄。徽嘗曰：「今仕者以剛方爲刻，怠緩爲寬。學者以持正爲滯，恬軟爲通。爲文以典雅爲膚淺，怪異爲古健。」其論治，嘗誦張宣公語「無求辦事之人，當求曉事之人」，時皆服其切中。

弘治初，吏部尚書王恕薦起陝西左參議。踰年，謝病還，卒，年八十三。子韋，見文苑傳。

王淵，浙江山陰人。天順元年進士，除南京吏科給事中。素伉直，終順天府治中。朱寬，莆田人，李翔，大足人，皆天順元年進士。李鈞，永新人，景泰二年進士。寬爲南京禮科給事中，翔兵科，鈞工科。既被謫，寬進表入京，道卒。翔、鈞皆以判官終。

毛弘，字士廣，鄞人。登天順初進士。六年授刑科給事中。成化三年夏，偕六科諸臣上言：「比塞上多事，正陛下宵衣旰食時。乃聞退朝之暇，頗事逸遊。礮聲數聞於外，非禁城所宜有。況災變頻仍，兩畿水旱，川、廣兵革之餘，公私交困。願省遊戲宴飲之娛，停金豆、銀豆之賞，日御經筵，講求正學，庶幾上解天怒，下慰人心。」御史展毓等亦以爲言，皆嘉納。

帝從學士商輅請，改元後建言罷官者悉錄用。弘請斷自踐阼而後，召還給事中王徽等，不許。慈懿太后崩，詔別葬。弘偕魏元等疏諫，未得請。朝罷，弘倡言曰：「此大事，吾輩當以死諫，請合大小臣工伏闕固爭。」衆許諾。有退却者，給事中張賓呼曰：「君輩獨不受國恩乎，何爲首鼠兩端。」乃伏哭文華門，竟得如禮。

弘在垣中所論列最多，聲震朝宁。帝頗厭苦之，嘗曰：「昨日毛弘，今日毛弘。」前後所陳，或不見聽，而弘慷慨論議無所屈。欽天監正谷濱受賕當除名，命輸贖貶秩。正一眞人張元吉有罪論死，詔繫獄。弘等皆固爭，終不聽。三遷至都給事中。得疾，暴卒。

丘弘，字寬叔，上杭人。天順末進士。授戶科給事中。數陳時政。成化四年春，偕同官上言：「洪武、永樂間，以畿輔、山東土曠人稀，詔聽民開墾，永不科稅。邇者權豪怙勢，率指爲閒田，朦朧奏乞。如嘉善長公主求文安諸縣地，西天佛子劄實巴求靜海縣地，多至數十百頃。夫地踰百頃，古者百家產也。豈可徇一人之私情，而奪百家恒產哉。」帝納其言，詔自今請乞，皆不許，著爲令。劄實巴所乞地，竟還之民。弘再遷，至都給事中。

六年夏，山東、河南大旱，弘請振。因言：「四方告災，部臣拘成例，必覆實始免。上雖蠲租，下鮮實惠。請自今遇災，撫按官勘實，卽與蠲除。」從之。

萬貴妃有寵，中官梁芳、陳喜爭進淫巧，奸人屠宗順輩日獻奇異寶石，輒厚酬之，糜帑藏百萬計，有因以得官者。都人倣傚，競尚侈靡，僭擬無度。弘偕同官疏論宗順等罪，請追還帑金，嚴禁侈俗。事下刑部，尚書陸瑜因請置宗順等於理，沒其貲以振饑民。帝不許，但命僭侈者罪無赦，然竟不能禁也。

京師歲歉米貴，而四方游僧萬數，弘請驅逐，以省冗食。又請發太倉米，減價以糶，給貧民最甚者。帝悉從之。復言：「在京百獸房及淸河寺諸處，所育珍禽野獸，日飼魚肉米菽，乞並縱放，以省冗費。」報聞。明年使琉球，道卒。

弘與毛弘同居言路，皆敢言，人稱「二弘」云。

李森，字時茂，歷城人。天順元年進士。授戶科給事中。負氣敢言。

憲宗立，上疏請禁朝覲官科斂徵求爲民害者。吏部尚書王翺請從其言，帝爲下詔禁止。頃之，言「近有無功而晉侯、伯、都督者，有無才德而位九列者，有以畫、弈、彈琴、醫、卜技能而得官職者。名爵日輕，廩祿日費，是玩天下之公器，棄國家之大柄也。自今宜擇人授，毋令匪才競進。」且請嚴軍官黜陟，覈逃伍虛糧。皆報可。御史謝文祥以劾姚夔下獄，森偕同官救之，不納。

明年夏，日食，瓊山縣地震，森疏陳十事。未幾，以貴倖侵奪民產，率諸給事言：「昔奉先帝敕，皇親强占軍民田者，罪毋赦，投獻者戍邊。一時貴戚莫敢犯。比給事中丘弘奏絕權貴請乞，陛下亦旣俯從。乃外戚錦衣指揮周彧求武强、武邑田六百餘頃，翊聖夫人劉氏求通州、武淸地三百餘頃，詔皆許之，何其與前敕悖也！彼谿壑難厭，而畿內膏腴有限，小民衣食皆出於此，一旦奪之，何以爲生。且本朝百年來戶口日滋，安得尚有閒田不耕不稼。名爲奏求，實豪奪而已。」帝善其言，而已賜者仍不問。山西災，山東及杭、紹、嘉、湖大水，森等請蠲振，帝並從之。

時帝未有儲嗣，而萬貴妃專寵，後宮莫得進。言者每勸上普恩澤，然未敢顯言妃妬也。惟森抗章爲言，帝心慍。森已再遷左給事中，會戶科都給事中缺，吏部列森名上，詔予外任。部擬興化知府，不允，乃出爲懷慶通判。未幾，投劾歸，不復出。

魏元，字景善，朝城人。天順元年進士。授禮科給事中。成化初，萬貴妃兄弟驕橫，元疏劾之。四年，慈懿太后崩，將別葬。元偕同官三十九人抗章極諫，御史康永韶亦偕同官四十一人爭之，伏哭文華門，竟得如禮。

其年九月，彗星見。元率諸給事上言：

入春以來，災異疊至，近又彗星見東方，光拂台垣，皆陰盛陽微之證。臣聞君之與后，猶天之與地，不可得而參貳也。傳聞宮中乃有盛寵，匹耦中宮。尚書姚夔等向嘗言之，陛下謂「內事朕自裁置」。屏息傾聽，將及半載，而昭德宮進膳未聞少減，中宮未聞少增。夫宮闈雖遠，而視聽猶咫尺，衽席之微，譴見玄象，不可不懼。且陛下富有春秋，而震位尚虛。豈可以宗社大計一付之愛專情一之人，而不求所以固國本安民心哉。願明伉儷之義，嚴嫡妾之防。俾尊卑較然，各安其分。本支百世之基，實在於此。

四方旱澇相仍，民困日棘，荊、襄流民告變。陛下作民父母，初無儆惕，僅循故事，付部施行。而戶部尚書馬昂，凡有奏報，遇上意喜，則曰「移所司處置」；遇上意怒，則曰「事窒難行」；微有利害，即乞聖裁。首鼠依違，民更何望。惟亟罷征稅，發內帑，遣官振贍，庶可少慰人心。

陛下崇信異教，每遇生忌之辰，輒重糜貲財，廣建齋醮。而西僧劄實巴等，至加法王諸號，賜予駢蕃。出乘椶輿，導用金吾仗，縉紳避道，奉養過於親王。悖理亂紀，孰甚於此。乞革奪名號，遣還其國，追錄横賜，用振饑民。仍敕寺觀，永不得再請齋醮，以蠹國用。

天下之財，不在官則在民。今公私交困，由玩好太多，賞賚無節。或營立塔寺，或購市珍奇。一物之微，累價巨萬，國帑安得不絀。願屏絶淫巧，停罷宴遊，諸銀場及不急務悉爲禁止。

至兩京文武大臣，不乏奸貪，爭爲蒙蔽。陛下勿謂其位高而不忍遽去，勿謂其舊臣而姑且寬容。宜令各自陳免，用全大體。其貪位不去者，則言官糾劾。而臣等濫居言路，無補於時，亦望罷歸，爲不職戒。

帝優詔褒答之，然竟不能用。

元屢遷都給事中，出爲福建右參政。巡視海道，嚴禁越海私販。巨商以重寶賂，元怒叱出之。母憂歸，廬墓三年，服除，起江西參政，卒。

康永韶，字用和，祁門人。舉於鄉，入國學，選授御史。成化初，巡按畿輔，劾尚書馬昂抑市民地。四年偕同官胡深、鄭已等爭慈懿太后山陵事。彗星見，復偕同官上言八事，大旨與元前疏相類。兩京大臣考察庶寮，去留多不當。永韶等復劾大臣行私，且摘刑部主事余志等十二人罪，爲志所訐，俱下詔獄。永韶謫順昌知縣，再調福清、惠安。久之，有薦其知天文者，中旨召還，授欽天監正，進太常少卿，掌監事。永韶爲御史有直聲，及是乃更迎合取寵，占候多隱諱，甚者以災爲祥。陝西大饑，永韶言：「今春星變當有大咎，賴秦民饑死，足當之，誠國家無疆福。」帝甚悅，中旨擢禮部右侍郎，仍掌監事。坐曆多訛字，落職歸。

胡深，定遠衞人。天順末進士。既爭慈懿太后山陵事，復與同官陳宏、鄭己、何純、方昇、張進祿上疏請斥奸邪，痛詆學士商輅，尚書程信、姚夔、馬昂。帝不納。翌日，給事中董旻、陳鶴、胡智亦劾輅等，疏呈御前。故事，諫官彈章非大廷宣讀則封進，未有不讀而面呈者。帝不悅，曰：「大臣進退有體，旻等敢不循舊章亂朝儀耶？」輅等乞休，帝惟聽昂去。夔憤甚，連疏求去。深、旻等復合辭攻，而詆夔甚力。帝怒，下深等九人獄。先是，御史林誠亦嘗劾輅，不納，引病去，帝并屬誠吏。毛弘等皆論救，輅亦請寬之，乃各杖二十，復其官。未幾，深坐按陝時杖殺訴冤者，謫黔陽丞，稍遷鬱林知州，卒。

鄭己，山海衞人。成化二年進士。巡按陝西，請蠲邊地逋賦，分別邊兵，令壯者戰守，老弱耕牧，章下所司。定西侯蔣琬鎮甘肅，己欲按其罪，語洩，爲所劾，戍宣府。己性矜傲，時論不甚惜。

董旻，樂平人。成化二年進士。歷吏科都給事中。爲吏所訐，下詔獄，謫石臼知縣。

孝宗時，卒官四川參議。

强珍，字廷貴，滄州人。成化二年進士。除涇縣知縣。請減額賦，民德之。擢御史。初，遼東巡撫陳鉞啓釁召敵，敵至，務爲蔽欺。巡按御史王崇之劾鉞，鉞大恐。謀之汪直，誣逮崇之下詔獄，輸贖，調延安推官。及直、鉞用兵，方論功而敵大入，中官韋朗、總兵官緱謙等匿不以聞。珍往巡按，請正鉞罪。兵部尙書余子俊等奏鉞累犯重辟，不當貸。帝弗從。未幾，指揮王全等誘殺朶顏衞人，珍發其狀，全等俱獲罪。直方自矜有大功，聞珍疏怒。適巡邊還，鉞郊迎五十里，訴珍誣己，直益怒，奏珍所劾皆妄。詔遣錦衣千戶蕭聚往勘，械赴京。比至，直先榜掠，然後奏聞，坐奏事不實，當輸贖。詔特謫戍遼東，而責兵部及言官先嘗劾鉞者。居三年，直敗，復珍官，致仕。

弘治初，起山東副使，擢大理少卿。明年，以右僉都御史巡撫宣府。時緱謙已罷，珍奏留謙才力可用。給事中言謙數失機，珍不應奏保，遂改南京右通政。尋以母老乞休，久之卒。

王瑞，字良璧，望江人。成化五年進士。授吏科給事中。嘗於文華殿抗言內寵滋甚，詞氣鯁直。帝震怒，同列戰慄，瑞無懼色。十五年疏請天下進表官各陳地方利病，帝惡其紛擾，杖之。

湖廣、江西撫、按官以所部災傷盜起，請免有司朝覲。瑞等言：「歲侵民困，由有司不職，正當加罪，乃爲請留。正官既留，則人才進退，何由審辨？是朝覲、考察兩大典，皆從此廢壞矣。」帝然其言，卽命吏部禁之。進都給事中，言：「三載黜陟，朝廷大典。今布、按二司賢否，由撫、按牒報，其餘由布、按評覆。任情毀譽，多至失眞。舉劾謬者，請連坐。」

十九年冬，瑞以傳奉冗員淆亂仕路，率同官奏曰：「祖宗設官有定員，初無倖進之路，近始有納粟冠帶之制，然止榮其身，不任以職。今倖門大開，鬻販如市。恩典內降，遍及吏胥。武階廕襲，下逮白丁。或選期未至，超越官資；或外任雜流，驟遷京職。以至廝養賤夫、市井童稚，皆得攀援，妄竊名器，踰濫至此，有識寒心。伏覩英廟復辟，景泰倖用者卒皆罷斥，陛下臨御，天順冒功者一切革除。乞斷自宸衷，悉皆斥汰，以存國體。」御史實應張稷等亦言：「比來末流賤伎妄厠公卿，屠狗販繒濫居清要。文職有未識一丁，武階亦未挾一矢。白徒驟貴，間歲頻遷，或父子並坐一堂，或兄弟分踞各署。甚有軍匠逃匿，易姓進身；

官吏犯贓，隱罪希寵。一日而數十人得官，一署而數百人寄俸。自古以來，有如是之政令否也？」帝得疏，意頗動。居三日，貶李孜省、淩中等四人秩，奪黃謙、錢通等九人官。人心快之。

明年正月，太監尙銘罷斥，而其黨李榮、蕭敬等猶用事。瑞等復奏劾之，不從。瑞居諫垣十餘年，遷湖廣右參議，謝病歸，卒。

李俊，字子英，岐山人。成化五年進士。除吏科給事中，屢遷都給事中。十五年，帝以李孜省爲太常寺丞，俊偕同官言：「孜省本贓吏，不宜玷清班，奉郊廟百神祀。」會御史亦有言，乃改上林監副。

時汪直竊柄，陷馬文升、牟俸遣戍。帝責言官不糾，杖俊及同官二十七人，御史王濬等二十九人。當是時，帝耽於燕樂，羣小亂政，屢致災譴。至二十一年正月朔申刻，有星西流，化白氣，聲如雷。帝頗懼，詔求直言，俊率六科諸臣上疏曰：

今之弊政最大且急者，曰近倖干紀也，大臣不職也，爵賞太濫也，工役過煩也，進獻無厭也，流亡未復也。天變之來，率由於此。

夫內侍之設，國初皆有定制。今或一監而叢一二十人，或一事而參五六七輩；或分布藩郡，享王者之奉；或總領邊疆，專大將之權；或依憑左右，援引憸邪；或交通中外，投獻奇巧。司錢穀則法外取財，貢方物則多端責賂，兵民坐困，官吏蒙殃。殺人者見原，僨事者逃罪。如梁芳、韋興、陳喜輩，不可枚舉。惟陛下大施剛斷，無令干紀，奉使於外者悉爲召還，用事於內者嚴加省汰，則近倖戢而天意可回矣。

今之大臣，其未進也，非夤緣內臣則不得進；其既進也，非依憑內臣則不得安。此以財貿官，彼以官鬻財，無怪其漁獵四方，而轉輸權貴也。如尙書殷謙、張鵬、李本，侍郞艾福、杜銘、劉俊，皆旣老且懦。尙書張鎣、張瑄，侍郞尹直，大理卿田景暘，皆淸論不愜。惟陛下大加黜罰，勿爲姑息，則大臣知警而天意可回矣。

夫爵以待有德，賞以待有功也。今或無故而爵一庸流，或無功而賞一貴倖。祈雨雪者得美官，進金寶者射厚利。方士獻煉服之書，伶人奏曼延之戲。掾史胥徒皆叨官祿，俳優僧道亦玷班資。一歲而傳奉或至千人，數歲而數千人矣。數千人之祿，歲以數十萬計。是皆國之命脉，民之脂膏，可以養賢士，可以活饑民，誠可惜也。方士道流如左通政李孜省、太常少卿鄧常恩輩，尤爲誕妄，此招天變之甚者。乞盡罷傳奉之官，毋令汙玷朝列，則爵賞不濫而天意可回矣。

今都城佛刹迄無寧工，京營軍士不復遺力。如國師繼曉假術濟私，糜耗特甚，中外切齒。願陛下內惜資財，外惜人力，不急之役姑賜停罷，則工役不煩而天意可回矣。

近來規利之徒，率假進奉以耗國財。或錄一方書，市一玩器，購一畫圖，製一簪珥，所費不多，獲利十倍。願陛下洞燭此弊，留府庫之財爲軍國之備，則進獻息而天意可回矣。

陝西、河南、山西赤地千里。屍骸枕籍，流亡日多，萑苻可慮。願體天心之仁愛，憫生民之困窮，追錄貴倖鹽課，暫假造寺資財，移振饑民，俾苟存活，則流亡復而天意可回矣。

夫天下譬之人身。人主，元首也；大臣，股肱也；諫官，耳目也；京師，腹心也；藩郡，軀幹也。大臣不職則股肱痿痹，諫官緘默則耳目塗塞，京師不戢則腹心受病，藩郡災荒則軀幹削弱，元首豈能宴然而安哉？伏望陛下聽言必行，事天以實，疏斥羣小，親近賢臣，咨治道之得失，究前代之興亡，以聖賢之經代方書，以文學之臣代方士；則必有正誼足以廣聖學，讜論足以究天變，而手足便利，耳目聰明，腹心安泰，軀幹強健，元首於是乎大明矣。

帝優詔答之。降孜省上林丞，常恩本寺丞，繼曉革國師爲民，令巡按御史追其誥敕。制下，舉朝大悅。五月，俊出爲湖廣布政司參議。弘治中，屢官山西參政，卒。

汪奎，字文燦，婺源人。成化二年進士。爲秀水知縣，擢御史。

二十一年，星變，偕同官疏陳十事，言：「建言貶謫諸臣，効忠於國，宜復其職。妖僧繼曉結中官梁芳，耗竭內藏，乞治芳罪，斬繼曉都市。傳奉官顧賢等皆中官恒從子而冒錦衣，李孜省小吏而授通政，宜盡斥以淸仕路。尙書殷謙、李本，侍郎杜銘、尹直，皆素乏淸譽，尙書張鵬、張鎣、張瑄，侍郎杜謙、艾福、馬顯、劉俊，大理卿宋欽，巡撫都御史魯能、馬馴，皆老懦無能，侍郎談倫奔競無恥，巡撫趙文博粗鄙妄爲，大理卿田景暘素行不謹，宜令致仕。鎭守、守備內官視天順間逾數倍，作威福，凌虐有司，浙江張慶、四川蔡用得逮治四品以下官，尤傷國體，宜悉撤還。內外坐營、監鎗內官增置過多，皆私役軍士，辦納月錢，多者至二三百人。武將亦皆私役健丁，行伍惟存老弱。勳戚、內官奏乞鹽利，滿載南行，所至張欽賜黃旗，商旅不行，邊儲虧損。並宜嚴禁。陝西、山西、河南頻年水旱，死徙大半，山、陝之民僅存無幾，宜核被災郡縣，概與蠲除。給事張善吉先坐罪謫官，考績至京，昏夜乞憐，得授茲職，大玷清班，宜罷斥。山、陝、河、洛饑民多流鄖、襄，至骨肉相噉，請大發帑庾振濟，消弭他變。」

當是時，帝以災變求言，奎疏入，雖觸帝忌，未加譴。無何，有御史失儀，奎當面糾，退朝乃奏。帝以其怠緩，杖之於廷。居數月，復出爲夔州通判，討平雲陽劇賊。孝宗立，量移敍州同知。以薦，擢成都知府。歲饑多盜，振救多復業。三遷廣西左布政使。弘治十四年以右副都御史巡撫貴州。未浹歲，普安賊婦米魯作亂，被劾致仕。正德六年卒。

從子舜民，字從仁。成化十四年進士。授行人，擢御史，出按甘肅。劾中官將帥失事，陳邊計，章數十上。先是，奎杖闕下，舜民扶掖之，帝聞而怒。至是，奏獄情詞不當，貶蒙化衞經歷。

弘治初，遷知東莞，未上，擢江西僉事。善讞獄，剖析如流。其清軍法，後人遵守之。改雲南屯田副使。田爲勢要奪者，釐而歸之官。麓川遺孽思祿渡金沙江，據孟密，承檄撫定之。母憂歸。服除，適淮、揚大饑，以故官奉命振濟。用便宜發粟，奏停不急務，活饑民百二十萬人，流亢復業者八千餘戶。進福建按察使。盜竊福清縣庫，或誣其怨家，已成獄。

舜民廉得眞盜，脫三十人於死，抵誣者罪。歲旱，禱不應。躬蒞福州獄，釋枉繫輕罪者，所部有司皆淸獄，遂大雨。歷河南左、右布政使。正德二年以右副都御史撫治鄖陽。甫一月，罷天下巡撫官，改莅南京都察院，道卒。

奎性簡靜，不苟取與，以篤實見稱。而舜民好學砥行，矯矯持風節，尤負時望。

方星變求言時，九卿各條奏數事，率有所避，無甚激切者，唯奎與李俊等言最直。而武選員外郞崔陞、彭綱，主事蘇章，戶部主事周軫，刑部主事李旦皆有言。陞、章言宦官妖僧罪，請亟誅竄，而尙書王恕今伊、傅，不宜置南京。綱斥李孜省、繼曉，請誅之以謝天下。軫亦請誅梁芳、李孜省，幷汰內侍，罷方書。旦陳十事，且言：「神仙、佛老、外戚、女謁，聲色貨利，奇技淫巧，皆陛下素所惑溺，而左右近習交相誘之。」言甚切。帝以方修省，皆不罪。後以吏盜鬻藩賜外蕃故敕事，下綱、章吏，貶之外。而密諭吏部尙書尹旻出旦等，且書六十人姓名於屛，俟奏遷則貶遠惡地。旦乃與給事中盧瑀、秦昇、童柷同日俱謫。部臣見遠謫者多，有應遷者輒故遲之，陞、軫遂得免。

崔陞，字廷進，本樂安人。父爲彰德庫大使，因家焉。成化五年進士。由工部主事改兵部。稍遷延安知府，四川參政。守官廉，居常服布袍，家童拾馬矢給爨。家居三十年，年八十八卒。子銑，自有傳。

彭綱，清江人。與蘇章、周軫、秦昇、童柷皆成化十一年進士。貶永寧知州，改汝州。鑿渠溉田數千畝。再遷雲南提學副使。蘇章，餘干人。貶姚安通判，再遷延平知府。有政績。終浙江參政。周軫，莆田人，副使瑛從子。後進郎中，終山東運使。李旦，字啓東，獻縣人。成化十七年進士。貶鎭遠通判，未幾卒。盧瑀，鄞縣人。成化五年進士。爲刑科給事中，疏劾淮、揚逋課十餘萬，淸西北勒市戰馬宿弊。嘗觸帝怒，杖之。遷工科都給事中，與昇、柷皆因星變陳言，獲譴。瑀貶長沙通判，終廣平知府。秦昇，南昌人，貶廣安州同知。童柷，蘭谿人，貶興國州同知，終袁州知府。

是時，崔陞以請召王恕忤旨，而工部主事王純亦以諫罷王恕被杖謫官。純，仙居人。成化十七年進士。貶思南推官。弘治中，屢遷湖廣提學僉事。

湯鼐，字用之，壽州人。成化十一年進士。授行人，擢御史。孝宗嗣位，首劾大學士萬安罔上誤國。明日，宣至左順門。中官森列，令跪。鼐曰：

「令鼐跪者，旨耶，抑太監意耶？」曰：「有旨。」鼐始跪。及宣旨，言疏已留中。鼐大言：「臣所言國家大事，奈何留中？」已而安斥，鼐亦出畿輔印馬，馳疏言：「陛下視朝之餘，宜御便殿，擇侍臣端方謹厚若劉健、謝遷、程敏政、吳寬者，日與講學論道，以爲出治之本。至如內閣尹直、尙書李裕、都御史劉敷、侍郎黃景，奸邪無恥，或夤緣中官進用，或依附佞倖行私。不早驅斥，必累聖明。司禮中官李榮、蕭敬曩爲言官劾罷，尋夤緣復入。遂摭言官過，貶竄殆盡，致士氣委靡。宜亟正典刑，勿爲姑息。諸傳奉得官者，請悉編置瘴鄉，示天下戒。且召致仕尙書王恕、王竑，都御史彭韶，僉事章懋等，而還建言得罪諸臣，以厲風節。」報聞。

弘治元年正月，鼐又劾禮部尙書周洪謨，侍郎倪岳、張悅，南京兵部尙書馬文升，因言：「少傅劉吉，與萬安、尹直奸貪等耳。安、直斥，而吉獨進官，不以爲恥。請大申黜陟，明示勸懲。」又劾李榮、蕭敬，而薦謫降進士李文祥爲臺諫。尙書王恕以盛暑請輟經筵，鼐極言不可，語侵恕。

當是時，帝更新庶政，言路大開。新進者爭欲以功名自見。封章旁午，頗傷激訐，鼐意氣尤銳。其所抨擊，間及海內人望，以故大臣多畏之，而吉尤不能堪。使人啗御史魏璋曰：「君能去鼐，行僉院事矣。」璋欣然，日夜伺鼐短。未幾，而吉人之獄起。

吉人者，長安人。成化末進士，爲中書舍人。四川饑，帝遣郎中江漢往振。人言漢不勝任，宜遣四使分道振，且擇才能御史爲巡按，庶荒政有裨。因薦給事中宋琮、陳璚、韓鼎，御史曹璘，郎中王沂、洪鍾，員外郎東思誠，評事王寅，理刑知縣韓福及壽州知州劉槩可使，而巡按則鼐足任之。璋遂草疏，僞署御史陳景隆等名，言吉人抵抗成命，私立朋黨。帝怒，下人詔獄，令自引其黨。人以鼐、璘、思誠、槩、福對。璋又嗾御史陳璧等言：「璘、福、思誠非其黨，其黨則鼐、槩及主事李文祥、庶吉士鄒智、知州董傑是也。槩嘗餽鼐白金，貽之書，謂夜夢一人騎牛幾墮，鼐手挽之得不仆，又見鼐手執五色石引牛就道。因解之曰：『人騎牛謂朱，乃國姓；意者國將傾，賴鼐扶之，而引君當道也。』鼐、槩等自相標榜，詆毀時政，請並文祥、智、傑逮治。」疏上，吉從中主之，悉下詔獄，欲盡置之死。

刑部尚書何喬新、侍郎彭韶等持之，外議亦洶洶不平。乃坐槩妖言律斬；鼐受賄，戍肅州；人欺罔，削籍；智、文祥、傑皆謫官。吏部尚書王恕奏曰：「律重妖言，謂造作符讖類耳。槩書詞雖妄，良以鼐數言事不避利害，因推詡之。今當以妖言，設有如造亡秦讖者，更何以罪之？」帝得疏意動，命姑繫獄。既而熱審，喬新等言：「槩本不應妖言律。且槩五歲而孤，無兄弟，母孫氏守節三十年，曾被旌，老病且貧。槩死，母必不全，祈聖恩矜恤。」乃減槩死，戍海州。

槩，濟寧人。成化二十年進士。除壽州知州，毀境內淫祠幾盡，三年教化大行。弘治初上言：「刑賞予奪，人主大柄，後世乃有爲女子、小人、强臣、外戚所攘竊者，由此輩心險術巧，人主稍加親信，輒墮計中。愛者，乘君之喜而游言以揚之；惡者，乘君之怒而微言以中之，使賢人君子卒受曖昧而去。卿相缺人，則遷延餌引，待有交通請屬軟美易制之人，然後薦用。其剛正不阿者，輒媒孽而放棄之，俟其氣衰慮易，不至大立異同，乃更收錄。巧計既行，刑賞予奪雖名人主獨操，實一出於其所簸弄。迨黨立勢成，復恐一旦敗露，則又極意以排諫諍之士，務使其君孤立於上，耳無聞，目無見，以圖便其私，不至其身與國俱敗不止。故夫刑賞予奪，必由大臣奏請，臺諫集議，而後可行。或有矯誣，窮治不輕貸，則讒佞莫能間，而權不下移矣。」考績赴都，遂遇禍，竟卒於戍所。

鼐既戍，無援之者，久之始釋歸。

董傑，涇縣人。成化末進士。鼐之論暑月輟講也，傑方謁選，亦抗疏爭，由是知名。授沔陽知州，甫數月，逮繫詔獄，謫四川行都司知事，歷遷河南左布政使。所在盡職業，爲民所懷。正德六年，江西盜起，巡撫王哲兵敗召還，擢傑右副都御史代之。未幾卒。

璋既爲吉心腹，果擢大理寺丞。坐事下獄，黜爲九江同知，悒悒死。

姜綰，字玉卿，弋陽人。成化十四年進士。由景陵知縣擢南京御史。弘治初，陳治道十事。又言午朝宜論大政，毋泛陳細故，皆報聞。

二年二月，南京守備中官蔣琮以蘆場事下綰覆按，琮囑綰求右己。綰疏言：「琮以守備重臣與小民爭利，假公事以適私情，用揭帖而抗詔旨，揚言陰中，脅以必從。其他變亂成法，厥罪有十。以內官侵言官職，罪一。妬害大臣，妄論都御史秦紘，罪二。怒河閘官失迎候，欲奏罷之，罪三。受民詞不由通政，罪四。分遣腹心，侵漁國課，罪五。按季收班匠工銀，罪六。擅收用罷閑都事，罪七。官僚忤意，輒肆中傷，罪八。妄奏主事周琦罪，欺罔朝廷，罪九。保舉罷斥內臣，竊天子威柄，罪十。」事下南京三法司。既，復特遣官覆治以奏。

先是，御史余濬劾中官陳祖生違制墾後湖田，湖爲之淤。奏下南京主事盧錦勘報。錦故與祖生有隙。而給事中方向嘗率同官繆樗等劾祖生及文武大臣不職狀，又因雷震孝陵柏，劾大學士劉吉等十一人，而詆祖生益力。祖生銜向切骨。時向方監後湖黃册，祖生遂揭向、錦實侵湖田。詔下法司勘。勘未上，而琮爲綰所劾。於是琮、祖生及吉合謀削錦籍，謫向官，復逮綰及同官孫紘、劉遜、金章、紀傑、曹玉、譚肅、徐禮、余濬，給事中繆樗，赴京論鞫，皆謫爲州判官。

綰謫判桂陽，量移寧國同知，遷慶遠知府。斬劇賊韋七旋、韋萬妙。其黨糾賊數萬攻城，縉堅守，檄民兵夾擊，破走之，東蘭諸州蠻悉歸侵地。總督劉大夏奇其材，薦爲右江兵備副使。思恩知府岑濬逐田州知府岑猛，縉獻策總督潘蕃。蕃令與都指揮金堂合諸路兵大破賊，思恩平。縉條二府形勢，請改設流官，比中土，廷議從之。縉引疾還。俄起河南按察使，尋復以疾歸，卒於家。

余濬，慈谿人。成化十七年進士。孝宗初，疏請永除納粟入監令。又劾浙江鎭守中官張慶、廣東鎭守中官韋眷，因薦王恕堪內閣，馬文升、彭韶、張悅、阮勤、黃孔昭堪吏部。後湖之勘，自濬啓之。貶平度州判官，終知府。

方向，字與義，桐城人。成化十七年進士。謫雲南多羅驛丞，歷官瓊州知府。入覲時，僕私市一珠，索而投諸海。

繆樗，字全之，溧陽人。成化十一年進士。孝宗初，陳時政八事。因劾大學士尹直等，時號敢言。終營州判官。

孫紘，字文冕，鄞人。成化十四年進士。謫膠州判官，遷廣德知州，卒官。紘少貧，傭書市肉以養母。旣通籍，終身不食肉。

劉遜，安福人。成化十四年進士。謫澧州判官，遷武岡知州。岷王不檢下，遜裁抑之，又欲損其歲祿。王怒，奏於朝，徵下詔獄，貶四川行都司斷事，歷湖廣副使。劉瑾徵賄不得，坐缺軍儲被逮，已而釋之。再坐斷獄稽延，罰米百石。先是，榮王乞辰州、常德田二千頃、山場八百里、民舍市廛千餘間，遜與巡撫韓重持勿予。至是，瑾悉予之。部議補遜瓊州副使，瑾勒令致仕。瑾誅，起官，歷福建按察使。

金章等無他表見。

姜洪，字希範，廣德人。成化十四年進士。除盧氏知縣。單騎勸農桑。民姜仲禮願代父死罪，洪奏免之。徵拜御史。

孝宗卽位，陳時政八事。歷詆太監蕭敬，內閣萬安、劉吉，學士尹直，侍郎黃景、劉宣，都御史劉敷，尙書李裕、李敏、杜銘，大理丞宋經，而薦致仕尙書王恕、王竑、李秉，去任侍郎謝鐸，編修張元禎，檢討陳獻章，僉事章懋，評事黃仲昭，御史强珍、徐鏞、于大節，給事中王徽、蕭顯、賀欽，員外林俊，主事王純及現任尙書余子俊、馬文升，巡撫彭韶，侍郎張悅，詹事楊守陳。且言指揮許寧、內官懷恩，並拔出曹輩，足副任使。他所陳，多斥近倖，疏辭幾萬言。帝嘉納之。爲所斥者憾不置。

弘治元年出按湖廣，與督漕都御史秦紘爭文移，被劾，所司白洪無罪。劉吉欲中之，再下禮部會議，遂貶夏縣知縣。御史歐陽旦請召還洪及暢亨等，不納。遷桂林知府。瑤、僮侵擾古田，請兵討平之，擢雲南參政。土官陶洪與八百媳婦約爲亂，洪乘間翦滅。歷山東左參政。正德二年遷山西布政使。劉瑾索賀印錢，不應。四年二月，中旨令致仕。瑾誅，起山東左布政使。七年以右副都御史巡撫山西，未滿歲卒。

洪性廉直，身後喪不能舉。天啓初，追謚莊介。

歐陽旦，安福人。成化十七年進士。由休寧知縣擢御史。嘗請逐劉吉，罷皇莊。歷湖廣僉事、浙江副使，終南京右副都御史。

暢亨，字文通，河津人。成化十四年進士。由長垣知縣擢御史，巡按浙江。歲饑，奏罷上供綾紗等物。弘治元年二月，景寧縣屏風山異獸萬餘，大如羊，白色，銜尾浮空去。亨請罷溫、處銀課，而置鎮守中官張慶於法。章下所司，銀課得減，責慶陳狀。慶因訐亨考察不公，停亨俸三月。亨又劾僉事鄒滂，滂亦訐亨。慶等搆之，逮亨，謫涇陽知縣。給事中龐泮上疏爭，不聽。

曹璘，字廷暉，襄陽人。成化十四年進士。授行人。久之，選授御史。

孝宗嗣位，疏言：「梓宮發引，陛下宜衰絰杖履送至大明門外，拜哭而別，率宮中行三年喪。貴妃萬氏有罪，宜告於先帝，削其謚，遷葬他所。」帝納其奏，而戒勿言貴妃事。頃之，請進用王恕等諸大臣，復先朝言事于大節等諸臣官，放遣宮中怨女，罷撤監督京營及鎮守四方太監。又言：「梁芳以指揮袁輅獻地建寺，請令襲廣平侯爵。以數畝地得侯，勛臣誰不解體，宜亟爲革罷。」疏奏，帝頗采焉。

弘治元年七月上言：「近日星隕地震，金木二星晝現，雷擊禁門，皇陵雨雹，南京內園災，狂夫叫閽，景寧白氣飛騰，而陛下不深求致咎之由，以盡弭災之實。經筵雖御，徒爲具文。方舉輒休，暫行遽罷，所謂『一日暴之，十日寒之』者。願日御講殿與儒臣論議，罷斥大學士劉吉等，以消天變。臣昨冬嘗請陛下墨衰視政，今每遘節序，輒漸御黃衮，從官朱緋。三年之間，爲日有幾，宜但御淺服。且陛下方諒陰，少監郭鏞乃請選妃嬪。雖拒勿納，鏞猶任用，何以解臣民疑。祖宗嚴自宮之禁，今此曹干進紛紜，當論罪。朝廷特設書堂，令翰林官敎習內使，本非高皇帝制。詞臣多夤緣以干進，而內官亦且假儒術以文奸，宜速罷之。諸邊有警，輒命京軍北征，此輩驕惰久，不足用。乞自今勿遣，而以出師之費賞邊軍。」帝得疏，不喜，降旨譙讓。

已，出按廣東，訪陳獻章於新會，服其言論，遂引疾歸。居山中讀書，三十年不入城市。

彭程，字萬里，鄱陽人。成化末進士。弘治初，授御史，巡視京城。京人雜處畿甸多爲盜，事發則投戚里、奄豎爲窟穴。程每先機制之，有發輒得。巡鹽兩浙，代還，巡視光祿。五年上疏言：「臣適見光祿造皇壇器。皇壇者，先帝修齋行法之所。陛下卽位，此類廢斥盡，何復有皇壇煩置器。光祿金錢，悉民膏血。用得其當，猶恐病民，況投之無用地。頃李孜省、繼曉輩倡邪說，而先帝篤信之者，意在遠希福壽也。今二人已伏重辟，則禍患之來，二人尙不能自免，豈能福壽他人。倘陛下果有此舉，宜遏之將萌。如無，請治所司逢迎罪。」帝初無皇壇造器之命，特光祿姑爲備。帝得程奏大怒，以爲暴揚先帝過，立下錦衣獄。給事中叢蘭亦巡視光祿，繼上疏論之。帝宥蘭，奪光祿卿胡恭等俸，付程刑部定罪。尙書彭韶等擬贖杖還職。帝欲置之死，命繫之。韶等復疏救，程子尙三上章乞代父死，終不聽。

是時巡按陝西御史嵩縣李興亦坐酷刑繫獄。及朝審，上興及程罪狀。詔興斬，程及家屬戍隆慶。文武大臣英國公張懋等合疏言：「興所蹩多罪犯，不宜當以死。程用諫爲職，坐此戍邊，則作奸枉法者何以處之。」尚書王恕又特疏救。乃減興死，杖之百，偕妻子戍賓州，程竟無所減。程母李氏年老無他子，叩闕乞留侍養。南京給事中毛珵等亦奏曰：「昔劉禹錫附王叔文當竄遠方，裴度以其母老爲請，得改連州。陛下聖德，非唐中主可比，而程罪亦異禹錫。祈少矜憐，全其母子。」不許。子尙隨父戍所，遂舉廣西鄉試。明年，帝念程母老，放還。其後，劉瑾亂政，追論程巡鹽時稍虧額課，勒其家償。程死久矣，止遺一孫女。罄產不足，則並女鬻之，行道皆爲流涕。

龐泮，字元化，天台人。成化二十年進士。授工科給事中。弘治中，中旨取善擊銅鼓者，泮疏諫。屢遷刑科都給事中。副使楊茂元被逮，泮率同列救之，茂元得薄譴。

九年四月，帝以岷王劾武岡知州劉遜，命逮之。泮率同官呂獻等言：「錦衣天子親軍，非不軌及妖言重情不可輕遣。遜所坐微，而王奏牽左證百人，勢難盡逮。宜敕撫、按官體勘。」疏入，忤旨，下泮等四十二人及御史劉紳等二十人詔獄。六科署空，吏部尙書屠滽請令中書代收部院封事。御史張淳奉使還，恥獨不與，抗疏論之。考功郎中儲巏亦諫，滽等復率九卿救之。帝乃釋泮等，皆停俸三月。

中官何鼎以直言下獄，楊鵬、戴禮夤緣入司禮監。泮等言：「鼎狂直宜容。鵬等得罪先朝，俾參機密，害非小。」會御史黃山、張泰等亦以爲言。帝怒，詰外廷何由知內廷事，令對狀，停泮等俸半歲。威寧伯王越謀起用，中官蔣琮、李廣有罪，外戚周彧、張鶴齡縱家奴殺人，泮皆極論，直聲甚著。

十一年擢福建右參政。中官奪宋儒黃幹宅爲僧菴，泮改爲書院以祀幹。遷河南右布政使。中旨取洛陽牡丹，疏請罷之。轉廣西左布政使，致仕。

呂獻，浙江新昌人。成化二十年進士。授刑科給事中。坐事，杖闕廷。弘治時，詔選駙馬。李廣受富人金，陰爲地，爲獻所發，有直聲。正德中，終南京兵部右侍郎。

葉紳，字廷縉，吳江人。成化末進士。除戶科給事中，改吏科，歷禮科左給事中。弘治十年，太子年七歲，〔一〕猶未出閣，紳請擇講官敎諭。尋以修省，陳八事。斥中官李廣，又劾尚書徐瓊、童軒、侯瓚，侍郎鄭紀、王宗彝，巡撫都御史劉瓛、張誥、張岫等二十人，乞賜罷斥。而末言「去大奸」，則專劾李廣八大罪：「誑陛下以燒鍊，而進不經之藥，罪一。爲太子立寄壇，而興㸐疏之說，罪二。撥置皇親，希求恩寵，罪三。盜引玉泉，經繞私第，罪四。首開倖門，大肆奸貪，罪五。太常崔志端、眞人王應樇輩稱廣爲教主眞人，廣卽代求善官，乞賜玉帶，罪六。假果戶爲名，侵奪畿民土地，幾至激變，罪七。四方輸納上供，威取勢逼，致民破產，罪八。內而皇親駙馬事之如父，外而總兵鎭守稱之爲公。陛下奈何養此大奸於肘腋，而不思驅斥哉！」御史張縉等亦以爲言。帝曰：「姑置之。」踰數月，廣竟得罪，飲酖死。

紳又極陳大臣恩蔭葬祭之濫。下所司議，頗有減損。擢尙寶少卿，卒。

胡獻，字時臣，揚州興化人。弘治九年進士。改庶吉士，授御史。踰月，卽極論時政數事，言：「屠滽爲吏部尙書，王越、李蕙爲都御史，皆交通中官李廣得之。廣得售奸，由陛下議政不任大臣，而任廣輩也。祖宗時，恒御內閣商決章奏，經筵日講悉陳時政得失，又不時接見儒臣，願陛下追復舊制。京、通二倉總督、監督內臣，每收米萬石勒白金十兩。以歲運四百萬石計之，人四千兩。又各占斗級二三百人，使納月錢。夫監督倉儲，自有戶部，焉用中官，願賜罷遣。京操軍士自數千里至，而總兵、坐營等官各使分屬辦納月錢，乞嚴革以蘇其困。陛下遇災修省，去春求言，諫官及郎中王雲鳳、主事胡爟皆有論奏，留中不報，雲鳳尋得罪。如此，則與不修省何異。願斷自聖心，凡利弊當興革者，卽見施行。東廠校尉，本以緝奸，邇者但爲內戚、中官泄憤報怨。如御史武衢忤壽寧侯張鶴齡及太監楊鵬，主事毛廣忤太監韋泰，皆爲校尉所發，推求細事，誣以罪名，舉朝皆知其枉，無敢言者。臣亦知今日言之，異日必爲所陷，然臣弗懼也。」

疏入，鶴齡與泰各疏辨。會給事中胡易劾監庫中官賀彬貪黷八罪，彬亦訐易。帝遂下獻、易詔獄，謫獻藍山丞。久之，釋易。獻未赴官，遷宜陽知縣。馬文升數薦於朝，遷南都察院經歷。武宗卽位，擢廣西提學僉事，遷福建提學副使，未任卒。

武衢，沂水人。成化二十年進士。以御史謫雲南通海主簿，終汾州知州。毛廣，平湖人。成化二十年進士。其事蹟無考。胡易，寧都人。弘治三年進士。爲吏科給事中。華昶劾程敏政，法司白昂、閔珪據舊章令六科共鞫。東廠劾易等皆昶同僚，不當與訊。得旨下詔獄。昂、珪請罪，皆停俸。比昶獄成，易等猶被繫，大臣以爲言，始令復職。

當弘治時，言官以忤內臣得罪者，又有任儀、車梁。

任儀，閬中人。成化二十三年進士，爲御史。弘治三年秋，詔修齋於大興隆寺。理刑知縣王嶽騎過之，中使捽辱嶽，使跪於寺前。儀不平，劾中使罪。姓名偶誤，乃並儀下吏。出爲中部知縣，終山西參政。

車梁，山西永寧人。弘治三年進士，爲御史。十五年條列時政，中言東廠錦衣衞所獲盜，先嚴刑具成案，然後送法司，法司不敢平反。請自今徑送法司，毋先刑訊。章下，未報。主東廠者言梁從父郎中霆先以罪爲東廠所發，挾私妄言，遂下梁詔獄。給事御史交章論救，乃得釋，終漢陽知府。

張弘至，字時行，華亭人，南安知府弼子也。舉弘治九年進士，改庶吉士，授兵科給事中。

十二年冬，陳初政漸不克終八事：「初汰傳奉官殆盡，近匠官張廣寧等一傳至百二十餘人，少卿李綸、指揮張玘等再傳至百八十餘人。異初政者一。初追戮繼曉，逐番僧、佛子，近齋醮不息。異初政者二。初去萬安、李裕輩，朝彈夕斥，近被劾數十疏，如尙書徐瓊者猶居位。異初政者三。初聖諭有大政召大臣面議，近上下否隔。異初政者四。初撤增設內官，近已還者復去，已革者復增。異初政者五。初慎重詔旨，左右不敢妄干，近陳情乞恩率俞允。異初政者六。初令兵部申舊章，有妄乞陞武職者奏治，近乞陞無違拒。異初政者七。初節光祿供億，近冗食日繁，移太倉銀賒市廛物。異初政者八。」帝下所司。

邊將王杲、馬昇、秦恭、陳瑛失機論死，久繫。弘至請速正典刑。親王之藩者，所次舍率營葺殿，並從官幕次，俱飾絨毯、錦帛，因弘至言多減省。孝宗晚年，從廷臣請，遣官覈騰驤四衞虛冒弊，以太監甯瑾言而止。弘至抗章爭，會兵部亦以爲言，乃卒覈之。

武宗立，以戶科右給事中奉使安南。還遷都給事中，母憂歸卒。

屈伸，字引之，任丘人。成化末進士。選庶吉士，授禮科給事中。

弘治九年詔度僧，禮部爭不得。伸極陳三不可，不納。京師民訛言寇近邊，兵部請榜諭。伸言：「若榜示，人心愈驚。昔漢建始中，都人訛言大水至，議令吏民上城避之。王商不從，頃之果定。今當以爲法。」事遂寢。寇犯大同，游擊王杲匿敗績狀。伸率同官發之，並劾罪總兵官王璽等。

屢遷兵科都給事中。泰寧衞部長大掠遼陽，部議令守臣遺書，稱朝廷寬大不究已往，若還所掠，則予重賞。仲等言：「在我示怯弱之形，在彼無創艾之意，非王者威攘之道。前日犯邊不以爲罪，今日歸俘反以爲功，誨以爲盜之利，啓無賴心，又非王者懷柔之道。」帝悟，書不果遣。

已，劾鎮守中官孫振、總兵官蔣驥、巡撫陳瑤僨事罪，帝不問。廣寧復失事，瑤等以捷聞。仲及御史耿明等交章劾其欺罔，乃按治之。

太監苗逵、成國公朱暉等搗巢獲三級，及寇大入固原，不敢救，既而斬獲十二級，先後以捷聞。仲等數劾之。及班師，又極論曰：「暉等西討無功，班師命甫下，將士已入國門，不知奉何詔書。且此一役糜京帑及邊儲共一百六十餘萬兩，而首功止三級。是以五十萬金易一無名之首也，乃所上有功將士至萬餘人。假使誠一渠魁如火篩，或斬級至千百，將竭天下財不足供費，而報功者不知幾萬萬也。暉、逵及都御史史琳、監軍御史王用宜悉置重典。」帝不聽。

雲南有鎮守中官，復遣監丞孫敍鎮金騰，仲等極言不可。錦衣指揮孫鑾坐罪閒住，中旨復之，令掌南鎮撫事。仲等力爭，乃命止帶俸。中旨令指揮胡震分守天津，仲力爭，不聽。鎮守河南中官劉瑯乞皂隸，帝命予五十人。故事，尚書僅十二人，仲等力爭，詔止減二十八。自後中官咸援例陳乞，祖制遂壞。

仲居諫垣久，持議侃侃不撓，未及遷而卒。

王獻臣，字敬止，其先吳人，隸籍錦衣衛。弘治六年舉進士。授行人，擢御史。巡大同邊，請亟正諸將姚信、陳廣閉營避寇及馬昇、王杲、秦恭喪師罪，悉蠲大同、延綏旱傷逋賦，以寬軍民。帝多從之。嘗令部卒導從遊山，爲東廠緝事者所發，並言其擅委軍政官。徵下詔獄，罪當輸贖。特命杖三十，謫上杭丞。

十七年復以張天祥事被逮。天祥者，遼東都指揮僉事斌孫也。斌以罪廢，天祥入粟得祖官。有泰寧衞部十餘騎射傷海西貢使，天祥出毛喇關掩殺他衞三十八人以歸，指爲射貢使者。巡撫張鼐等奏捷，獻臣疑之。方移牒駁勘，會斌婦弟指揮張茂及子欽與天祥有郤，詐爲前屯衞文書呈獻臣，具言劫營事。獻臣即以聞。未報，而獻臣被徵。帝命大理丞吳一貫、錦衣指揮楊玉會新按臣余濂勘之，盡得其實。斌等皆論死，天祥斃於獄。

天祥叔父洪屢訟冤，帝密令東廠廉其事，還奏所勘皆誣。帝信之，欲盡反前獄，召內閣劉健等，出東廠揭帖示之，命盡逮一貫等會訊闕下。健等言東廠揭帖不可行於外。旣退，復爭之。帝再召見，責健等。健對曰：「獄經法司讞，皆公卿士大夫，言足信。」帝曰：「法司斷獄不當，身且不保，言足信乎？」謝遷曰：「事當從衆，若一二人言，安可信？」健等又言衆證遠，不可悉逮。帝曰：「此大獄，逮千人何恤。苟功罪不明，邊臣孰肯効力者？」健等再四爭執，見帝聲色厲，終不敢深言東廠非。一貫等既至，帝親御午門鞫之，欲抵一貫死。閔珪、戴珊力救，乃謫嵩明州同知，獻臣廣東驛丞，濂雲南布政司照磨，茂父子論死，而斌免，洪反得論功。武宗立，獻臣遷永嘉知縣。

吳一貫，字道夫，海陽人。成化十七年進士。由上高知縣擢御史。弘治中，歷按浙江、福建、南畿，以强幹聞。擢大理右寺丞。畿輔、河南饑，請發粟二十萬石以振，又別請二萬石給京邑及昌平民。既謫官，正德初，遷江西副使。討華林賊有功，進按察使。行軍至奉新卒，士民立忠節祠祀焉。

余濂，字宗周，都昌人。弘治六年進士。武宗時，終雲南副使。

孝宗勵精圖治，委任大臣，中官勢稍絀。而張天祥及滿倉兒事皆發自東廠，廷議猶爲所撓云。滿倉兒事，具孫磐傳。

贊曰：御史爲朝廷耳目，而給事中典章奏，得爭是非於廷陛間，皆號稱言路。天順以後居其職者，振風裁而恥緘默。自天子、大臣、左右近習無不指斥極言。南北交章，連名列署。或遭譴謫，則大臣抗疏論救，以爲美談。顧其時門戶未開，名節自勵，未嘗有承意指於政府，効搏噬於權璫，如末季所爲者。故其言有當有不當，而其心則公。上者愛國，次亦愛名。然論國事而至於愛名，則將惟其名之可取，而事之得失有所不顧，於匡弼之道或者其未善乎。

校勘記

〔一〕弘治十年太子年七歲　年七歲，原作「年十七」。按武宗生於弘治四年九月丁酉，見孝宗實錄卷五五及武宗實錄卷一。弘治十年應年七歲，今刪「十」字，補「歲」字。

明史卷一百八十一

列傳第六十九

徐溥　丘濬　劉健　謝遷　李東陽　王鏊　劉忠

徐溥，字時用，宜興人。祖鑑，瓊州知府，有惠政。溥，景泰五年進士及第。授編修。憲宗初，擢左庶子，再遷太常卿兼學士。成化十五年拜禮部右侍郎，〔一〕尋轉左，久之改吏部。孝宗嗣位，兼文淵閣大學士，參預機務。旋進禮部尙書。

弘治五年，劉吉罷，溥爲首輔，屢加少傅、太子太傅。溥承劉吉恣睢之後，鎭以安靜，務守成法，與同列劉健、李東陽、謝遷等協心輔治，事有不可，輒共爭之。欽天監革職監止李華爲昌國公張巒擇葬地，中旨復官。溥等言：「卽位以來，未嘗有內降。倖門一開，末流安底。臣等不敢奉詔。」八年，太皇太后召崇王來朝，溥等與尙書倪岳諫，帝爲請乃已。占城奏安南侵擾，帝欲遣大臣往解。溥等言：「外國相侵，有司檄諭之足矣，無勞遣使。萬一抗令，則虧損國體，問罪興師，後患滋大。」於是罷不遣。

是年十二月，詔撰三清樂章。溥等言：「天至尊無對。漢祀五帝，儒者猶非之，況三清乃道家妄說耳。一天之上，安得有三大帝。且以周柱下史李耳當其一，以人鬼列天神，矯誣甚矣。郊祀樂章皆太祖所親製，今使製爲時俗詞曲以享神明，褻瀆尤甚。臣等誦讀儒書，邪說俚曲素所不習，不敢以非道事陛下。國家設文淵閣，命學士居之，誠欲其謨謀政事，講論經史，培養本原，匡弼闕失，非欲其阿諛順旨，惟言莫違也。今經筵早休，日講久曠，異端乘間而入。此皆臣等無狀，不足以啓聖心，保初政。憂愧之至，無以自容。數月以來，奉中旨處分未當者封還，執奏至再至三。願陛下曲賜聽從，俾臣等竭駑鈍，少有裨益，非但樂章一事而已。」奏入，帝嘉納之。

帝自八年後，視朝漸晏，溥等屢以爲言。中官李廣以燒鍊齋醮寵。十年二月，溥等上疏極論曰：「舊制，內殿日再進奏，事重者不時上聞，又常面召儒臣，咨訪政事。今奏事日止一次，朝參之外，不得一望天顏。章奏批答不時斷決，或稽留數月，或竟不施行。事多壅滯，有妨政體。經筵進講，每歲不過數日，正士疎遠，邪說得行。近聞有以齋醮修鍊之說進者。宋徽宗崇道教，科儀符籙最盛，卒至乘輿播遷。金石之藥，性多酷烈。唐憲宗信柳泌以殞身，其禍可鑒。今龍虎山上清宮、神樂觀、祖師殿及內府番經廠皆焚燬無餘，彼如有靈，何不自保。天厭其穢，亦已明甚。陛下若親近儒臣，明正道，行仁政，福祥善慶，不召自至，何假妖妄之說哉！自古奸人蠱惑君心者，必以太平無事爲言。唐臣李絳有云：『憂先於事，可以無憂。事至而憂，無益於事。』今承平日久，溺於晏安。目前視之，雖若無事，然工役繁興，科斂百出，士馬罷敝，閭閻困窮，愁歎之聲上干和氣，致熒惑失度，太陽無光，天鳴地震，草木興妖，四方奏報殆無虛月，將來之患灼然可憂。陛下高居九重，言官皆畏罪緘默。臣等若復不言，誰肯爲陛下言者。」帝感其言。

三月甲子，御文華殿，召見溥及劉健、李東陽、謝遷，授以諸司題奏曰：「與先生輩議。」溥等擬旨上，帝應手改定。事端多者，健請出外詳閱。帝曰：「盍就此面議。」既畢，賜茶而退。自成化間，憲宗召對彭時、商輅後，至此始再見，舉朝詡爲盛事。然終溥在位，亦止此一召而已。

尋以災異求言，廷臣所上封事，經月不報，而言官論救何鼎忤旨待罪者久，溥等皆以爲言。於是悉下諸章，而罷諸言官弗問。溥時年七十，引年求退。不許，詔風雨寒暑免朝參。

十一年，皇太子出閣，加少師兼太子太師，進華蓋殿大學士。以目疾乞歸。帝眷留，久之乃許，恩賚有加。踰年卒，贈太師，謚文靖。

溥性凝重有度，在內閣十二年，從容輔導。人有過惧，輒爲掩覆，曰：「天生才甚難，不忍以微瑕棄也。」屢遇大獄及逮繫言官，委曲調劑。孝宗仁厚，多納溥等所言，天下陰受其福。嘗曰：「祖宗法度所以惠元元者備矣，患不能守耳。」卒無所更置。性至孝，嘗再廬墓。自奉甚薄，好施予。置義田八百畝贍宗族，請籍記於官，以垂永久，帝爲復其徭役。

丘濬，字仲深，瓊山人。幼孤，母李氏教之讀書，過目成誦。家貧無書，嘗走數百里借書，必得乃已。舉鄉試第一，景泰五年成進士。改庶吉士，授編修。濬既官翰林，見聞益廣，尤熟國家典故，以經濟自負。

成化元年，兩廣用兵，濬奏記大學士李賢，指陳形勢，纚纚數千言。賢善其計，聞之帝，命錄示總兵官趙輔、巡撫都御史韓雍。雍等破賊，雖不盡用其策，而濬以此名重公卿間。秩滿，進侍講。與修英宗實錄，進侍講學士。續通鑑綱目成，擢學士，遷國子祭酒。時經生文尚險怪，濬主南畿鄉試，分考會試皆痛抑之。及是，課國學生尤諄切告誡，返文體於正。尋進禮部右侍郎，掌祭酒事。

濬以眞德秀大學衍義於治國平天下條目未具，乃博採羣書補之。孝宗嗣位，表上其書，帝稱善，賚金幣，命所司刊行。特進禮部尚書，掌詹事府事。修憲宗實錄，充副總裁。弘治四年，書成，加太子太保，尋命兼文淵閣大學士參預機務。尚書入内閣者自濬始，時年七十一矣。濬以衍義補所載皆可見之行事，請摘其要者奏聞，下内閣議行之。帝報可。

明年，濬上言：「臣見成化時彗星三見，徧掃三垣，地五六百震。邇者彗星見天津，地震天鳴無虚日，異鳥三鳴於禁中。春秋二百四十年，書彗孛者三，地震者五，飛禽者二。〔二〕今乃屢見於二十年之間，甚可畏也。願陛下體上天之仁愛，念祖宗之艱難，正身清心以立本而應務，謹好尚不惑於異端，節財用不至於耗國，公任使不失於偏聽，禁私謁，明義理，愼儉德，勤政務，則承風希寵、左道亂政之徒自不敢肆其奸，而天災弭矣。」因列時弊二十二事。帝納之。六年以目疾免朝參。

濬在位，嘗以寬大啓上心，忠厚變士習。顧性褊隘，嘗與劉健議事不合，至投冠於地。言官建白不當意，輒面折之。與王恕不相得，至不交一言。六年大計羣吏，恕所奏罷二千人。濬請未及三載者復任，非貪暴有顯跡者勿斥，留九十人。恕爭之不得，求去。太醫院判劉文泰嘗往來濬家，以失職訐恕，恕疑文泰受濬指，而言者譁然言疏稿出濬手。恕竟坐罷，人以是大不直濬。給事中毛珵，御史宋惪、周津等交章劾濬不可居相位，帝不問。踰年，加少保。八年卒，年七十六。〔三〕贈太傅，謚文莊。

濬廉介，所居邸第極湫隘，四十年不易。性嗜學，既老，右目失明，猶披覽不輟。議論好矯激，聞者駭愕。至修英宗實錄，有言于謙之死當以不軌書者。濬曰：「己巳之變，微于公社稷危矣。事久論定，誣不可不白。」其持正又如此。正德中，以巡按御史言賜祠於鄉，曰「景賢」。

劉健，字希賢，洛陽人。父亮，三原教諭，有學行。健少端重，與同邑閻禹錫、白良輔遊，得河東薛瑄之傳。舉天順四年進士，改庶吉士，授編修。謝交遊，鍵戶讀書，人以木強目之。然練習典故，有經濟志。

成化初，修英宗實錄，起之憂中，固辭，不許。書成，進修撰，三遷至少詹事，充東宮講官，受知於孝宗。既卽位，進禮部右侍郎兼翰林學士，入內閣參預機務。弘治四年進尙書兼文淵閣大學士，累加太子太保，改武英殿。十一年春，進少傅兼太子太傅，代徐溥爲首輔。

健學問深粹，正色敢言，以身任天下之重。淸寧宮災，太監李廣有罪自殺。健與同列李東陽、謝遷疏言：「古帝王未有不遇災而懼者。向來奸佞熒惑聖聽，賄賂公行，賞罰失當，災異之積，正此之由。今幸元惡殄喪，聖心開悟，而餘慝未除，宿弊未革。伏願奮發勵精，進賢黜姦，明示賞罰。凡所當行，斷在不疑，毋更因循，以貽後悔。」帝方嘉納其言，而廣黨蔡昭等旋取旨予廣祭葬、祠額。健等力諫，僅寢祠額。南北言官指陳時政，頻有所論劾，一切皆不問。國子生江瑢劾健、東陽杜抑言路。帝慰留健、東陽，而下瑢於獄，二人力救得釋。

十三年四月，大同告警，京師戒嚴。兵部請甄別京營諸將，帝召健及東陽、遷至平臺面議去留。乃去遂安伯陳韶等三人，而召鎮遠侯顧溥督團營。時帝視朝頗晏，健等以爲言，頷之而已。

十四年秋，帝以軍興缺餉，屢下廷議。健等言：「天下之財，其生有限。今光祿歲供增數十倍，諸方織作務爲新巧，齋醮日費鉅萬。太倉所儲不足餉戰士，而內府取入動四五十萬。宗藩、貴戚之求土田奪鹽利者，亦數千萬計。土木日興，科斂不已。傳奉冗官之俸薪，內府工匠之餼廩，歲增月積，無有窮期，財安得不匱。今陝西、遼東邊患方殷，湖廣、貴州軍旅繼動，不知何以應之。望陛下絕無益之費，躬行節儉，爲中外倡，而令羣臣得畢獻其誠，講求革弊之策，天下幸甚。」

明年四月，以災異陳勤朝講、節財用、罷齋醮、公賞罰數事。及冬，南京、鳳陽大水，廷臣多上言時務，久之不下。健等因極陳怠政之失，請勤聽斷以振紀綱，帝皆嘉納。大明會典成，加少師兼太子太師、吏部尚書、華蓋殿大學士。與東陽、遷同賜蟒衣。閣臣賜蟒自健等始。

帝孝事兩宮太后甚謹，而兩宮皆好佛、老。先是，淸寧宮成，命灌頂國師設壇慶讚，又遣中官齎眞武像，建醮武當山，使使詣泰山進神袍，或白晝散燈市上。帝重違太后意，曲從之，而健等諫甚力。十五年六月詔擬釋迦啞塔像讚，十七年二月詔建延壽塔朝陽門外，除道士杜永祺等五人爲眞人，皆以健等力諫得寢。

是年夏，小王子謀犯大同，帝召見閣臣。健請簡京營大帥，因言京軍怯不任戰，請自今罷其役作以養銳氣。帝然之。退復條上防邊事宜，悉報允。未幾，邊警狎至，帝惑中官苗逵言銳欲出師。健與東陽、遷委曲阻之，帝意猶未回。兵部尚書劉大夏亦言京軍不可動，乃止。

帝自十三年召對健等後，閣臣希得進見。及是在位久，益明習政事，數召見大臣，欲以次革煩苛，除宿弊。嘗論及理財，東陽極言鹽政弊壞，由陳乞者衆，因而私販數倍。健進曰：「太祖時茶法始行，駙馬歐陽倫以私販坐死，高皇后不能救。如倫事，孰敢爲陛下言者。」帝曰：「非不敢言，不肯言耳。」遂詔戶部覈利弊，具議以聞。

當是時，健等三人同心輔政，竭情盡慮，知無不言。初或有從有不從，旣乃益見信，所奏請無不納，呼爲先生而不名。每進見，帝輒屏左右。左右間從屏間竊聽，但聞帝數數稱善。諸進退文武大臣，釐飭屯田、鹽、馬諸政，健翊贊爲多。

未幾，帝疾大漸，召健等入乾淸宮。帝力疾起坐，自敍卽位始末甚詳，令近侍書之。已，執健手曰：「先生輩輔導良苦。東宮聰明，但年尙幼，好逸樂，先生輩常勸之讀書，輔爲賢主。」健等欷歔頓首受命而出。翌日帝崩。

武宗嗣位，健等釐諸弊政，凡孝宗所欲興罷者悉以遺詔行之。劉瑾者，東宮舊豎也，與馬永成、谷大用、魏彬、張永、丘聚、高鳳、羅祥等八人俱用事，時謂之「八黨」，日導帝遊戲，詔條率沮格不舉。京師淫雨自六月至八月。健等乃上言：「陛下登極詔出，中外歡呼，想望太平。今兩月矣，未聞汰冗員幾何，省冗費幾何。詔書所載，徒爲空文。此陰陽所以失調，雨暘所以不若也。如監局、倉庫、城門及四方守備內臣增置數倍，朝廷養軍匠費鉅萬計，僅足供其役使，寧可不汰。文武臣曠職僨事、虛糜廩祿者，寧可不黜。畫史、工匠濫授官職者多至數百人，寧可不罷。內承運庫累歲支銀數百餘萬，初無文簿，司鑰庫貯錢數百萬，未知有無，寧可不勾校。至如縱內苑珍禽奇獸，放遣先朝宮人，皆新政所當先，而陛下悉牽制不行，何以慰四海之望。」帝雖溫詔答之，而左右宦豎日恣，增益且日衆。享祀郊廟，帶刀被甲擁駕後。內府諸監局僉書多者至百數十人，光祿日供驟益數倍。健等極陳其弊，請勤政、講學，報聞而已。

正德元年二月，帝從尚書韓文言，幾甸皇莊令有司徵課，而每莊仍留宦官一人、校尉十人。健等言「皇莊既以進奉兩宮，自宜悉委有司，不當仍主以私人，反失朝廷尊親之意」，因備言內臣管莊擾民。不省。

吏、戶、兵三部及都察院各有疏爭職掌爲近習所撓。健等擬旨，上不從，令再擬。健等力諫，謂：「奸商譚景清之沮壞鹽政，北征將士之無功授官，武臣神英之負罪玩法，御用監書篆之濫收考較，皆以一二人私恩，壞百年定制。況今政令維新，而地震天鳴，白虹貫日，恒星晝見，太陽無光。內賊縱橫，外寇猖獗，財匱民窮，怨謗交作。而中外臣僕方且乘機作奸，排忠直猶仇讐，保奸回如骨肉。日復一日，愈甚於前，禍變之來恐當不遠。臣等受知先帝，叨任腹心。邇者旨從中下，略不與聞。有所擬議，竟從改易。似此之類，不可悉舉。若復顧惜身家，共爲阿順，則罔上悞國，死有餘辜。所擬四疏，不敢更易，謹以原擬封進。」不報。

居數日，又言：「臣等遭逢先帝，臨終顧命，惓惓以陛下爲託，痛心刻骨，誓以死報。即位詔書，天下延頸，而朝令夕改，迄無寧日。百官庶府，倣傚成風，非惟廢格不行，抑且變易殆盡。建言者以爲多言，幹事者以爲生事，累章執奏謂之瀆擾，釐剔弊政謂之紛更；憂在於民生國計，則若罔聞知，事涉於近幸貴戚，則牢不可破。臣等心知不可，義當盡言。比爲鹽法、賞功諸事，極陳利害，拱俟數日，未蒙批答。若以臣等言是，宜賜施行，所言如非，卽當斥責。乃留中不報，視之若無。政出多門，咎歸臣等。宋儒朱子有言『一日立乎其位，則一日業乎其官；一日不得乎其官，則不敢一日立乎其位』。若冒顧命之名而不盡輔導之實，既負先帝，又負陛下，天下後世其謂臣何。伏乞聖明矜察，特賜退休。」帝優旨慰留之，疏仍不下。

越五日，健等復上疏，歷數政令十失，指斥貴戚、近倖尤切。因再申前請。帝不得已，始下前疏，命所司詳議。健知志終不行，首上章乞骸骨，李東陽、謝遷繼之，帝皆不許。既而所司議上，一如健等指。帝勉從之，由是諸失利者咸切齒。

六月庚午復上言：「近日以來，免朝太多，奏事漸晚，遊戲漸廣，經筵日講直命停止。臣等愚昧，不知陛下宮中復有何事急於此者。夫濫賞妄費非所以崇儉德，彈射釣獵非所以養仁心，鷹犬狐兔田野之物不可育於朝廷，弓矢甲冑戰鬬之象不可施於宮禁。今聖學久曠，正人不親，直言不聞，下情不達，而此數者雜交於前，臣不勝憂懼。」帝曰：「朕聞帝王不能無過，貴改過。卿等言是，朕當行之。」健等乃錄廷臣所陳時政切要者，請置坐隅朝夕省覽：曰無單騎馳驅，輕出宮禁，曰無頻幸監局，泛舟海子，曰無事鷹犬彈射，曰無納內侍進獻飲膳。

疏入，報聞。

先是，孝宗山陵畢，健等即請開經筵。帝初勉應之，後數以朝謁兩宮停講，或云擇日乘馬。健等陳諫甚切至。八月，帝既大婚，健等又請開講。命俟九月，至期又命停午講。健等以先帝故事，日再進講，力爭不得。

當是時，健等懇切疏諫者屢矣，而帝以狎近羣小，終不能改。既而遣中官崔杲等督織造，乞鹽萬二千引。所司執奏，給事中陶諧、徐昂，御史杜旻、邵清、楊儀等先後諫，健等亦言不可。帝召健等至煖閣面議，頗有所詰問，健等皆以正對。帝不能難，最後正色曰：「天下事豈皆內官所壞，朝臣壞事者十常六七，先生輩亦自知之。」因命鹽引悉如杲請。健等退，再上章言不可。帝自愧失言，乃俞健等所奏。於是中外咸悅，以帝庶幾改過。

健等遂謀去「八黨」，連章請誅之。言官亦交論羣閹罪狀，健及遷、東陽持其章甚力。帝遣司禮詣閣曰：「朕且改矣，其爲朕曲赦若曹。」健等言：「此皆得罪祖宗，非陛下所得赦。」復上言曰：「人君之於小人，不知而誤用，天下尚望其知而去之。知而不去則小人愈肆，君子愈危，不至於亂亡不已。且邪正不並立，今舉朝欲決去此數人，陛下又知其罪而故留之左右，非特朝臣疑懼，此數人亦不自安。上下相猜，中外不協，禍亂之機始此矣。」不聽。健等以去就爭。瑾等八人窘甚，相對涕泣。而尚書韓文等疏復入，於是帝命司禮王岳等詣閣議，一日三至，欲安置瑾等南京。遷欲遂誅之，健推案哭曰：「先帝臨崩，執老臣手，付以大事。今陵土未乾，使若輩敗壞至此，臣死何面目見先帝！」聲色俱厲。岳素剛正疾邪，慨然曰：「閣議是。」其儕范亨、徐智等亦以爲然。是夜，八人益急，環泣帝前。帝怒，立收岳等下詔獄，而健等不知，方倚岳內應。明日，韓文倡九卿伏闕固爭，健逆謂曰：「事且濟，公等第堅持。」頃之，事大變，八人皆宥不問，而瑾掌司禮。健、遷遂乞致仕，賜敕給驛歸，月廩、歲夫如故事。

健去，瑾憾不已。明年三月辛未詔列五十三人爲奸黨，榜示朝堂，以健爲首。又二年削籍爲民，追奪誥命。瑾誅，復官，致仕。後聞帝數巡遊，輒歎息不食曰：「吾負先帝。」世宗立，命行人齎敕存問，以司馬光、文彥博爲比，賜賚有加。及年躋九十，詔撫臣就第致束帛、餼羊、上尊，官其孫成學中書舍人。嘉靖五年卒，〔四〕年九十四。遺表數千言，勸帝正身勤學，親賢遠佞。帝震悼，賜卹甚厚，贈太師，謚文靖。

健器局嚴整，正己率下。朝退，僚寀私謁，不交一言。許進輩七人欲推焦芳入吏部，健曰：「老夫不久歸田，此座卽焦有，恐諸公俱受其害耳。」後七人果爲芳所擠。東陽以詩文引後進，海內士皆抵掌談文學，健若不聞，獨教人治經窮理。其事業光明俊偉，明世輔臣鮮有比者。

孫望之，進士。

謝遷，字于喬，餘姚人。成化十年鄉試第一。明年舉進士，復第一。授修撰，累遷左庶子。

弘治元年春，中官郭鏞請豫選妃嬪備六宮。遷上言：「山陵未畢，禮當有待。祥禫之期，歲亦不遠。陛下富於春秋，請俟諒陰既終，徐議未晚。」尚書周洪謨等如遷議，從之。帝居東宮時，遷已爲講官，及是，與日講，務積誠開帝意。前夕必正衣冠習誦，及進講，敷詞詳切，帝數稱善。進少詹事兼侍講學士。

八年詔同李東陽入內閣參預機務。遷時居憂，力辭，服除始拜命。進詹事兼官如故。皇太子出閣，加太子少保、兵部尚書兼東閣大學士。上疏勸太子親賢遠佞，勤學問，戒逸豫，帝嘉之。尚書馬文升以大同邊警，餉饋不足，請加南方兩稅折銀。遷曰：「先朝以南方賦重，故折銀以寬之。若復議加，恐民不堪命。且足國在節用，用度無節，雖加賦奚益。」尚書倪岳亦爭之，議遂寢。

孝宗晚年慨然欲釐弊政。而內府諸庫及倉場、馬坊中官作奸骫法，不可究詰。御馬監、騰驤四衛勇士自以禁軍不隸兵部，率空名支餉，其弊尤甚。遷乘間言之，帝令擬旨禁約。遷曰：「虛言設禁無益，宜令曹司搜剔弊端，明白奏聞。然後嚴立條約，有犯必誅，庶積蠹可去。」帝俞允之。

遷儀觀俊偉，秉節直亮。與劉健、李東陽同輔政，而遷見事明敏，善持論。時人為之語曰：「李公謀，劉公斷，謝公尤侃侃。」天下稱賢相。

武宗嗣位，屢加少傅兼太子太傅。數諫，帝弗聽。因天變求去甚力，帝輒慰留。及請誅劉瑾不克，遂與健同致仕歸，禮數俱如健。而瑾怨遷未已。焦芳既附瑾入內閣，亦憾遷嘗舉王鏊、吳寬自代，不及己，乃取中旨勒罷其弟兵部主事迪，斥其子編修丕為民。

四年二月，以浙江應詔所舉懷才抱德士餘姚周禮、徐子元、許龍，上虞徐文彪，皆遷同鄉，而草詔由健，欲因此為二人罪。矯旨謂餘姚隱士何多，此必徇私援引，下禮等詔獄，詞連健、遷。瑾欲逮健、遷，籍其家，東陽力解。芳從旁厲聲曰：「縱輕貸，亦當除名。」旨下，如芳言，禮等咸戍邊。尚書劉宇復劾兩司以上訪舉失實，坐罰米，有削籍者。且詔自今餘姚人毋選京官，著為令。其年十二月，言官希瑾指，請奪健、遷及尚書馬文升、劉大夏、韓文、許進等誥命，詔并追還所賜玉帶服物，同時奪誥命者六百七十五人。當是時，人皆為遷危，而遷與客圍棋、賦詩自若。瑾誅，復職，致仕。

世宗卽位，遣使存問，起廸參議，丕復官翰林。遷乃遣子正入謝，勸帝勤學、法祖、納諫，優旨答之。嘉靖二年復詔有司存問。六年，大學士費宏舉遷自代，楊一淸欲阻張璁，亦力舉遷。帝乃遣行人齎手敕卽家起之，命撫、按官敦促上道。遷年七十九矣，不得已拜命。比至，而璁已入閣，一淸以官尊於遷無相下意。遷居位數月，力求去。帝待遷愈厚，以天寒免朝參，除夕賜御製詩，及以病告則遣醫賜藥餌，光祿致酒饌，使者相望於道。遷竟以次年三月辭歸。〔五〕十年卒於家，年八十有三。贈太傅，謚文正。

廸仕至廣東布政使。丕鄉試第一，弘治末進士及第。歷官吏部左侍郎，贈禮部尙書。

李東陽，字賓之，茶陵人，以戍籍居京師。四歲能作徑尺書，景帝召試之，甚喜，抱置膝上，賜果鈔。後兩召講尙書大義，稱旨，命入京學。天順八年，年十八，成進士，選庶吉士，授編修。累遷侍講學士，充東宮講官。

弘治四年，〔六〕憲宗實錄成，由左庶子兼侍講學士，進太常少卿，兼官如故。五年，旱災求言。東陽條摘孟子七篇大義，附以時政得失，累數千言，上之。帝稱善。閣臣徐溥等以詔敕繁，請如先朝王直故事，設官專領。乃擢東陽禮部右侍郎兼侍讀學士，入內閣專典誥敕。八年以本官直文淵閣參預機務，與謝遷同日登用。久之，進太子少保、禮部尚書兼文淵閣大學士。

十七年，重建闕里廟成，奉命往祭。還上疏言：

臣奉使遄行，適遇亢旱。天津一路，夏麥已枯，秋禾未種，輓舟者無完衣，荷鋤者有菜色。盜賊縱橫，青州尤甚。南來人言，江南、浙東流亡載道，戶口消耗，軍伍空虛，庫無旬日之儲，官缺累歲之俸。東南財賦所出，一歲之饑已至於此。北地呰窳，素無積聚，今秋再歉，何以堪之。事變之生，恐不可測。臣自非經過其地，則雖久處官曹，日理章疏，猶不得其詳，況陛下高居九重之上耶？

臣訪之道路，皆言冗食太衆，國用無經，差役頻煩，科派重疊。京城土木繁興，供役軍士財力交殫，每遇班操，寧死不赴。勢家鉅族，田連郡縣，猶請乞不已。親王之藩，供億至二三十萬。游手之徒，託名皇親僕從，每於關津都會大張市肆，網羅商稅。國家建都於北，仰給東南，商賈驚散，大非細故。更有織造內官，縱羣小掊擊，閘河官吏莫不奔駭，鬻販窮民所在騷然，此又臣所目擊者。

夫閭閻之情，郡縣不得而知也。郡縣之情，廟堂不得而知也。廟堂之情，九重亦不得而知也。始於容隱，成於蒙蔽。容隱之端甚小，蒙蔽之禍甚深。臣在山東，伏聞陛下以災異屢見，敕羣臣盡言無諱。然詔旨頻降，章疏畢陳，而事關內廷、貴戚者，動爲掣肘，累歲經時，俱見遏罷。誠恐今日所言，又爲虛文。乞取從前內外條奏，詳加採擇，斷在必行。

帝嘉歎，悉付所司。

是時，帝數召閣臣面議政事。東陽與首輔劉健等竭心獻納，時政闕失必盡言極諫。東陽工古文，閣中疏草多屬之。疏出，天下傳誦。明年，與劉健、謝遷同受顧命。

武宗立，屢加少傅兼太子太傅。劉瑾入司禮，東陽與健、遷卽日辭位。中旨去健、遷，而東陽獨留。恥之，再疏懇請，不許。初，健、遷持議欲誅瑾，詞甚厲，惟東陽少緩，故獨留。健、遷瀕行，東陽祖餞泣下。健正色曰：「何泣爲？使當日力爭，與我輩同去矣。」東陽默然。

瑾既得志，務摧抑縉紳。而焦芳入閣助之虐，老臣、忠直士放逐殆盡。東陽悒悒不得志，亦委蛇避禍。而焦芳嫉其位已上，日夕搆之瑾。先是，東陽奉命編通鑑纂要。既成，瑾令人摘筆畫小疵，除謄錄官數人名，欲因以及東陽。東陽大窘，屬芳與張綵爲解，乃已。

瑾兇暴日甚，無所不詘侮，於東陽猶陽禮敬。凡瑾所爲亂政，東陽彌縫其間，亦多所補救。尙寶卿崔璿、副使姚祥、郎中張瑋以違制乘肩輿，從者妄索驛馬，給事中安奎、御史張彧以覈邊餉失瑾意，皆荷重校幾死。東陽力救，璿等謫戍，奎、彧釋爲民。

三年六月壬辰，朝退，有遺匿名書於御道數瑾罪者，詔百官悉跪奉天門外。頃之，執庶僚三百餘人下詔獄。次日，東陽等力救，會瑾亦廉知其同類所爲，衆獲宥。後數日，東陽疏言寬恤數事，章下所司。既而戶部覆奏，言糧草虧折，自有專司，巡撫官總領大綱，宜從輕減。瑾大怒，矯旨詰責數百言，中外駭歎。瑾患盜賊日滋，欲戍其家屬並鄰里及爲之囊橐者。或自陳獲盜七十人，所司欲以新例從事。東陽言，如是則百年之案皆可追論也，乃免。劉健、謝遷、劉大夏、楊一清及平江伯陳熊輩幾得危禍，皆賴東陽而解。其潛移默奪，保全善類，天下陰受其庇，而氣節之士多非之。侍郎羅玘上書勸其早退，至請削門生籍。東陽得書，俛首長歎而已。

焦芳既與中人爲一，王鏊雖持正，不能與瑾抗，東陽乃援楊廷和共事，差倚以自强。已而鏊辭位，代者劉宇、曹元皆瑾黨，東陽勢益孤。東陽前已加少師兼太子太師，後瑾欲加芳官，詔東陽食正一品祿。四年五月，孝宗實錄成，編纂諸臣當序遷，所司援會典故事。詔以劉健等前纂修會典多糜費，皆奪陞職，東陽亦坐降俸。居數日，乃以實錄功復之。

五年春，久旱，下詔恤刑。東陽等因上詔書所未及者數條，帝悉從之。而法司畏瑾，減死者止二人。其秋，瑾誅，東陽乃上疏自列曰：「臣備員禁近，與瑾職掌相關。凡調旨撰敕，或被駁再三，或徑自改竄，或持回私室，假手他人，或遞出謄黃，逼令落稾，眞假混淆，無從別白。臣雖委曲匡持，期於少濟，而因循隱忍，所損亦多。理宜黜罷。」帝慰留之。

寘鐇平，加特進左柱國，廕一子尚寶司丞，爲御史張芹所劾。帝怒，奪芹俸。東陽亦乞休辭廕，不許。時焦芳、曹元已罷，而劉忠、梁儲入，政事一新。然張永、魏彬、馬永成、谷大用等猶用事，帝嬉遊如故。皇子未生，多居宿於外，又議大興豹房之役，建寺觀禁中。東陽等憂之，前後上章切諫，不報。七年，東陽等以京師及山西、陝西、雲南、福建相繼地震，而帝講筵不舉，視朝久曠，宗社祭享不親，禁門出入無度，谷大用仍開西廠，屢上疏極諫，帝亦終不聽。

九載秩滿，兼支大學士俸。河南賊平，廕子世錦衣千戶。再疏力辭，改廕六品文官。其冬，帝欲調宣府軍三千入衞，而以京軍更番戍邊。東陽等力持不可，大臣、臺諫皆以爲言。中官旁午索草敕，帝坐乾清宮門趣之，東陽等終不奉詔。明日竟出內降行之，江彬等遂以邊兵入豹房矣。東陽以老疾乞休，前後章數上，至是始許。賜敕、給廩隸如故事。又四年卒，年七十。贈太師，謚文正。

東陽事父淳有孝行。初官翰林時，常飲酒至夜深，父不就寢，忍寒待其歸，自此終身不夜飮於外。爲文典雅流麗，朝廷大著作多出其手。工篆隸書，碑版篇翰流播四裔。奬成後進，推挽才彥，學士大夫出其門者，悉粲然有所成就。自明興以來，宰臣以文章領袖縉紳者，楊士奇後，東陽而已。立朝五十年，淸節不渝。旣罷政居家，請詩文書篆者塡塞戶限，頗資以給朝夕。一日，夫人方進紙墨，東陽有倦色。夫人笑曰：「今日設客，可使案無魚菜耶？」乃欣然命筆，移時而罷，其風操如此。

王鏊，字濟之，吳人。父琬，光化知縣。鏊年十六，隨父讀書，國子監諸生爭傳誦其文。侍郎葉盛、提學御史陳選奇之，稱爲天下士。成化十年鄉試，明年會試，俱第一。廷試第三，授編修。杜門讀書，避遠權勢。

弘治初，遷侍講學士，充講官。中貴李廣導帝遊西苑，鏊講文王不敢盤於遊田，反覆規切，帝爲動容。講罷，謂廣曰：「講官指若曹耳。」壽寧侯張巒故與鏊有連，及巒貴，鏊絕不與通。東宮出閣，大臣請選正人爲宮僚，鏊以本官兼諭德。尋轉少詹事，擢吏部右侍郎。

嘗奏陳邊計，略言：「昨火篩入寇大同，陛下宵旰不寧，而緣邊諸將皆嬰城守，無一人敢當其鋒者，此臣所不解也。臣竊謂今日火篩、小王子不足畏，而嬖倖亂政，功罪不明，委任不專，法令不行，邊圉空虛，深可畏也。比年邊將失律，往往令戴罪殺賊。副總兵姚信擁兵不進，亦得逃罪。此人心所以日懈，士氣所以不振也。望陛下大奮乾剛，時召大臣，咨詢邊將勇怯，有罪必罰，有功必賞，專主將之權。起致仕尚書秦紘爲總制，節制諸邊，提督右都御史史琳坐鎭京營，遙爲聲援。厚恤沿邊死事之家，召募邊方驍勇之士，用間以攜其部曲。分兵掩擊，出奇制勝，寇必不敢長驅深入。」從之。又言：「宜倣前代制科，如博學宏詞之類，以收異材。六年一舉，尤異者授以淸要之職，有官者加秩。數年之後，士類濯磨，必以通經學古爲高，脫去謏聞之陋。」時不能用。尋以父憂歸。

正德元年四月起左侍郎，與韓文諸大臣請誅劉瑾等「八黨」。俄瑾入司禮，大學士劉健、謝遷相繼去，內閣止李東陽一人。瑾欲引焦芳，廷議獨推鏊。瑾迫公論，命以本官兼學士與芳同入內閣。踰月，進戶部尚書文淵閣大學士。明年加少傅兼太子太傅。

景帝汪后薨，疑其禮。鏊曰：「妃廢不以罪，宜復故號，葬以妃，祭以后。」乃命輟朝，致祭如制。憲宗廢后吳氏之喪，瑾議欲焚之以滅迹，曰「不可以成服」。鏊曰：「服可以不成，葬不可薄也。」從之。尙寶卿崔璿等三人荷校幾死，鏊謂瑾曰：「士可殺，不可辱。今辱且殺之，吾尙何顏居此。」李東陽亦力救，璿等得遣戍。瑾銜尙書韓文，必欲殺之，又欲以他事中健、遷，鏊前後力救得免。或惡楊一淸於瑾，謂築邊牆糜費。鏊爭曰：「一淸爲國修邊，安得以功爲罪。」瑾怒劉大夏，逮至京，欲坐以激變罪死。鏊爭曰：「岑猛但遷延不行耳，未叛何名激變？」

時中外大權悉歸瑾，鏊初開誠與言，間聽納。而芳專媕阿，瑾橫彌甚，禍流縉紳。鏊不能救，力求去。四年，疏三上，許之。賜璽書、乘傳、有司給廩隸，咸如故事。家居十四年，廷臣交薦不起。

世宗卽位，遣行人存問。鏊疏謝，因上講學、親政二篇。帝優詔報聞，官一子中書舍人。嘉靖三年復詔有司存問。未幾卒，年七十五。贈太傅，謚文恪。

鏊博學有識鑒，文章爾雅，議論明暢。晚著性善論一篇，王守仁見之曰：「王公深造，世未能盡也。」少善制舉義，後數典鄉試，程文魁一代。取士尙經術，險詭者一切屛去。弘、正間，文體爲一變。

劉忠，字司直，陳留人。成化十四年進士。改庶吉士，授編修。弘治四年，憲宗實錄成，遷侍講，直經筵，尋兼侍東宮講讀。又九年進侍讀學士。

武宗卽位，以宮寮擢學士，掌翰林院，仍直經筵。正德二年，劉瑾用事，日導帝遊戲，亂祖宗舊章。忠上言戒逸遊、崇正學數事。已，因進講與楊廷和傅經義，規帝闕失，而指斥近倖尤切。帝謂瑾曰：「經筵，講書耳，浮詞何爲？」瑾素惡兩人，因諷吏部尙書許進出之南京。

南京諸部惟右侍郎一人，進特請用爲禮部左侍郎。命下，外議籍籍，進患之，甫兩月，即擢忠本部尚書。其冬，就改吏部。時留都一御史，素驕橫，一郎中，張綵所暱也，秩滿，皆署下考。疾吏胥詭名寄籍，督諸曹核汰千人。大計京官，所黜多於前。又疏請不時糾劾，以示勸懲，無待六年考黜。詔可之。忠在南京正直有風采。然是時，瑾方以嚴苛折辱士大夫，而忠操繩墨待下，糾劾過峻。時論遂謂忠附會瑾意，頗歸怨焉。

五年二月改吏部尚書兼翰林學士，專典制誥。兩疏乞休，不報。瑾誅，以本官兼文淵閣大學士，入閣預機務。甫數日，以平寧夏功，加少傅兼太子太傅。故事，閣臣加官無遽至三孤者。忠無功驟得，不自安，連疏固辭，不許。瑾雖誅，張永、魏彬輩擅政，大臣復爭與交驩，忠獨無所顧。永嘗遣廖鵬謁忠，忠僕隸遇之，又却其餽，由是與永輩左。前後乞休疏七八上，皆慰留。明年命典會試。甫畢，帝以試錄文義多舛，召李東陽示之。忠知爲中官所摘，乞省墓。詔乘傳還。抵家，再上章乞致仕，報許。給月廩、歲隸終其身。

世宗即位，屢薦不起。遣行人存問，忠奏謝，因有所獻納，帝褒其忠愛。嘉靖二年卒，年七十二。贈太保，謚文肅。

贊曰：徐溥以寬厚著，丘濬以博綜聞。觀其指事陳言，懇懇焉爲憂盛危明之計，可謂勤矣。劉健、謝遷正色直道，蹇蹇匪躬。閹豎亂政，秉義固諍。志雖不就，而剛嚴之節始終不渝。有明賢宰輔，自三楊外，前有彭、商，後稱劉、謝，庶乎以道事君者歟。李東陽以依違蒙詬，然善類賴以扶持，所全不少。大臣同國休戚，非可以決去爲高，遠蹈爲潔，顧其志何如耳。王鏊、劉忠持正不阿，奉身早退。此誠明去就之節，烏能委蛇俛仰以爲容悅哉。

校勘記

〔一〕成化十五年拜禮部右侍郎　十五年，國朝獻徵錄卷一四徐公溥行狀作「辛丑」，卽十七年，弇山堂別集卷五六同。按憲宗實錄卷二一二成化十七年二月辛亥條稱徐溥爲「太常寺卿」，是拜禮部侍郎當爲十七年二月後事。

〔二〕飛禽者二　原作「飛禽者三」，據國朝獻徵錄卷一四丘公濬傳改。按春秋記載的飛禽事件有二。一是僖公十六年「六鷁退飛過宋都」，一是昭公二十五年「有鸜鵒來巢」。此云飛禽者三誤。

〔三〕年七十六　上文說丘濬於弘治四年入閣，時年七十一，弘治八年應年七十五。傳文前後不符，當有譌誤。

〔四〕嘉靖五年卒　世宗實錄卷七四繫劉健卒於嘉靖六年三月壬午。

〔五〕遷竟以次年三月辭歸　三月，原作「正月」，據本書卷一一〇宰輔年表、世宗實錄卷八六嘉靖七年三月戊寅條改。

〔六〕弘治四年　原作「弘治五年」，與下文「五年」重出，據明史稿傳五九李東陽傳及武宗實錄卷一三九正德十一年七月己亥條改。

明史卷一百八十二

列傳第七十

王恕 子承裕 馬文升 劉大夏

王恕，字宗貫，三原人。正統十三年進士。由庶吉士授大理左評事，進左寺副。嘗條刑罰不中者六事，皆議行之。遷揚州知府，發粟振饑不待報，作資政書院以課士。天順四年以治行最，超遷江西右布政使，平贛州寇。憲宗嗣位，詔大臣嚴覈天下方面官，乃黜河南左布政使侯臣等十三人，而以恕代臣。

成化元年，南陽、荆、襄流民嘯聚爲亂，擢恕右副都御史撫治之。會丁母憂，詔奪喪兩月即起視事。恕辭，不許。與尙書白圭共平大盜劉通，復討破其黨石龍。嚴束所部毋濫殺，流民復業。移撫河南。論功，進左副都御史，稍遷南京刑部右侍郎。〔一〕父憂，服除，以原官總督河道。浚高郵、邵伯諸湖，修雷公、上下句城、陳公四塘水閘。因災變，請講求弭災策。帝爲賜山東租一年，畿輔亦多減免。旋改南京戶部左侍郎。

十二年，大學士商輅等以雲南遠在萬里，西控諸夷，南接交阯，而鎭守中官錢能貪恣甚，議遣大臣有威望者爲巡撫鎭壓之，乃改恕左副都御史以行，就進右都御史。初，能遣指揮郭景奏事京師，言安南捕盜兵闌入雲南境，帝卽命景齎敕戒約之。舊制，使安南必由廣西，而景直自雲南往。能因景遺安南王黎灝玉帶、寶絛、蟒衣、珍奇諸物。灝遣將率兵送景還，欲遂通雲南道。景懼後禍，紿先行白守關者。因脫歸，揚言安南寇至，關吏戒嚴。黔國公沐琮遣人諭其帥，始返。而諸臣畏能，匿不奏。能又頻遣景及指揮盧安、蘇本等交通干崖、孟密諸土官，納其金寶無算。恕皆廉得之。遣騎執景，景懼自殺，因劾能私通外國，罪當死。詔遣刑部郎中潘蕃往按之。能又以其間，驛進黃鸚鵡。恕請禁絕，且盡發能貪暴狀，言：「昔交阯以鎭守非人，致一方陷沒，今日之事殆又甚焉。陛下何惜一能，不以安邊徼。」能大懼，急屬貴近請召恕還。而是時商輅、項忠諸正人方以忤汪直罷，遂改恕掌南京都察院，參贊守備機務。能事立解，蕃勘上得實，置不問。

恕居雲南九月，威行徼外，黔國以下咸惕息奉令。疏凡二十上，直聲動天下。當是時，安南納江西叛人王姓者爲謀主，潛遣諜入臨安，又於蒙自市銅鑄兵器，將伺間襲雲南。恕請增設副使二員，以飭邊備，謀遂沮。

還南京數月，遷兵部尙書，參贊如故。考選官屬，嚴拒請託，同事者咸不悅。而錢能歸，屢譖恕於帝。帝亦銜恕數直言，遂命兼右副都御史巡撫南畿。舊制，應天、鎭江、太平、寧國、廣德官田徵半租，民田全免。其後，民田率歸豪右，而官田累貧民。恕乃量減官田耗，稍增之民田。常州時有羨米，乃奏以六萬石補夏稅，又補他府戶口鹽鈔六百萬貫，公私便焉。所部水災，奏免秋糧六十餘萬石。周行振貸，全活二百餘萬口。江南歲輸白糧，民多至破產，而光祿概以給庖人、賤工。又中官暴橫，四方輸上供物，監收者率要羨入。織造綵繒及採花卉禽鳥者，絡繹道路。恕先後論列，皆不納。

中官王敬挾妖人千戶王臣南行採藥物、珍玩，所至騷然，長吏多被辱。至蘇州，召諸生寫妖書，諸生大譁。敬奏諸生抗命。恕亟疏言：「當此凶歲，宜遣使振濟，顧乃橫索玩好。昔唐太宗諷梁州獻名鷹，明皇令益州織半臂褙子，進琵琶桿撥鏤牙合子諸物，李大亮、蘇頲不奉詔。臣雖無似，有慕斯人。」因盡列敬等罪狀。敬亦誣奏恕幷及常州知府孫仁，仁被逮。仁，新淦人，由進士歷知府，爲人方峻，敬至不爲禮，以是見忤。恕抗章救，三疏劾敬。會中官尙銘亦發敬奸狀，乃下敬等獄，戍其黨十九人，而棄臣市，傳首南京。仁亦得釋歸，後積官至巡撫寧夏右副都御史。

二十年復改恕南京兵部尙書。時錢能亦守備南京，語人曰：「王公，天人也，吾敬事而已。」恕坦懷待之，能卒斂戢。林俊之下獄也，恕言：「天地止一壇，祖宗止一廟，而佛至千餘寺。一寺立，而移民居且數百家，費內帑且數十萬，此舛也。俊言當，不宜罪。」帝得疏不懌。恕侃侃論列無少避。先後應詔陳言者二十一，建白者三十九，〔三〕皆力阻權倖。天下傾心慕之，遇朝事有不可，必曰「王公胡不言也？」則又曰「公疏且至矣」。已，恕疏果至。時爲謠曰：「兩京十二部，獨有一王恕。」於是貴近皆側目，帝亦頗厭苦之。

二十二年起用傳奉官，恕諫尤切，帝愈不悅。恕先加太子少保，會南京兵部侍郎馬顯乞罷，忽附批落恕宮保致仕，朝野大駭。恕數爲巡撫，歷侍郎至尚書，皆在留都。以好直言，終不得立朝。既歸，名益高，臺省推薦無虛月。工部主事仙居王純比恕汲黯，至予杖，謫思南推官。

孝宗卽位，始用廷臣薦，召入爲吏部尚書，尋加太子太保。〔三〕先是，中外劾大學士劉吉者，必薦恕，吉以是大恚。凡恕所推舉，必陰撓之。弘治元年閏正月，言官劾兩廣總督宋旻、漕運總督丘鼐等三十七人，宜降黜，中多素有時望者。吉竟取中旨允之，章不下吏部。恕以不得其職，拜疏乞去，不許。陝西缺巡撫，恕推河南布政使蕭禎。詔別推，恕執奏曰：「陛下不以臣不肖，任臣銓部。倘所舉不效，臣罪也。今陛下安知禎不才而拒之？是必左右近臣意有所屬。臣不能承望風指，以固祿位。且陛下既以禎爲不可用，是臣不可用也，願乞骸骨。」帝乃卒用禎。

時言官多稱恕賢且老，不當任劇職，宜置內閣參大政。最後，南京御史吳泰等復言之。帝曰：「朕用蹇義、王直故事，官恕吏部，有謀議未嘗不聽，何必內閣也。」恕嘗侍經筵，見帝困熱暑，請依故事大寒暑暫停，仍進講義於宮中。進士董傑、御史湯鼐、給事中韓重等遂交章論駁，恕待罪請解職，優詔不許。恕上言：「臣蒙國厚恩，日夕思報。人見陛下任臣過重，遂望臣太深，欲臣盡取朝政更張之，如宋司馬光故事。無論臣才遠不及光，即今亦豈元祐時。且六卿分職，各有攸司，臣豈敢越而謀之。但傑等責臣良是，臣無所逃罪，惟乞放還。」帝復優詔勉留之。恕感激眷遇，益以身任國事。方以疾在告，聞帝頗擢用宦官，至有賜蟒衣給莊田者，具疏切諫。中官黃順請起復匠官潘俊供役，恕言不可以小臣壞重典。再執奏，竟報許。

劉吉既憾恕，吉所陷壽州知州劉槩及言官周紘、張昺、湯鼐、姜綰等，恕又抗章力救，吉以是益恨，乃合私人魏璋等共排之。恕先後推用羅明、熊懷、强珍、陳壽、丘鼐、白思明等，咸諷璋等糾駁。恕知志不得行，連章求去。帝輒慰留，且以其老特免午朝，遇大風雨雪，早朝亦免。

徽王見沛乞歸德州田，已得旨。恕言王國懿親，不當爭尺寸地，使小民失業，帝婉辭報焉。盧溝橋成，中官李興乞進文思院副使潘俊等官。恕言：「營造常職，安得錄功。成化季始有此事，陛下初政幸已革汰，奈何復行。且山陵大工未聞陞職，援例奏乞，將何詞拒之。」帝納其言。已，修京城河橋，帝復從興請授四人官，許五人冠帶。恕執奏，不從，再疏爭曰：「臣職掌銓選，義當盡言，而再疏莫回天聽，以爲業已許之不可易。夫事求其當，設未當，雖十易何害。不然，流弊有不可救者。」報聞。先後以災異條七事，以星變陳二十事，咸切時弊。壽寧伯張巒請勳號、誥券。恕言：「錢、王兩太后正位中宮數十年，錢承宗、王源始邀封爵。今皇后立甫三年，巒已封伯，遽有此請，累聖德，不可許。」通政經歷高祿，〔四〕巒妹壻也，超遷本司參議。恕言：「天下之官以待天下之士，勿私貴戚，妨公議。」中旨以次等御醫徐生超補院判，恕請還上考者，不納。文華殿中書舍人杜昌等夤緣遷秩，御醫王玉自陳乞進官，恕皆力爭寢之。

是時劉吉已罷，而丘濬入閣，亦與恕不相能。初，濬以禮部尚書掌詹事，與恕同爲太子太保。恕長六卿，位濬上。及濬入閣，恕以吏部弗讓也，濬由是不悅。恕考察天下庶官，已黜而濬調旨留之者九十餘人。恕屢爭不能得，因力求罷，不許。太醫院判劉文泰者，故往來濬家以求遷官，爲恕所沮，銜恕甚。恕里居日，嘗屬人作傳，鏤板以行。濬謂其沽直謗君，上聞罪且不小。文泰心動，乃自爲奏草，示除名都御史吳禎潤色之。訐恕變亂選法，且傳中自比伊、周，於奏疏留中者，概云不報，以彰先帝拒諫，無人臣禮，欲中以奇禍。恕以奏出濬指，抗言：「臣傳作於成化二十年，致仕在二十二年，非有望於先帝也。且傳中所載，皆足昭先帝納諫之美，何名彰過。文泰無賴小人，此必有老於文學多陰謀者主之。」帝下文泰錦衣獄，鞫之得實，因請逮濬、恕及禎對簿。帝心不悅恕，乃貶文泰御醫，責恕沽名，焚所鏤版，置濬不問。恕再疏請辨理，不從，遂力求去。聽馳驛歸，不賜敕，月廩、歲隸亦頗減。廷論以是不直濬。及濬卒，文泰往弔，濬妻叱之出曰：「以若故，使相公齮王公，負不義名，何弔爲！」

恕敭歷中外四十餘年，〔五〕剛正清嚴，始終一致。所引薦耿裕、彭韶、何喬新、周經、李敏、張悅、倪岳、劉大夏、戴珊、章懋等，皆一時名臣。他賢才久廢草澤者，拔擢之恐後。弘治二十年間，衆正盈朝，職業修理，號爲極盛者，恕力也。武宗嗣位，遣行人齎敕存問，賚羊酒，益廩隸，且諭以讜論無隱。恕陳國家大政數事，帝優詔報之。正德三年四月卒，年九十三。平居食噉兼人，卒之日小減。閉戶獨坐，忽有聲若雷，白氣瀰漫，矚之瞑矣。訃聞，輟朝，贈特進左柱國太師，謚端毅。五子、十三孫，多賢且顯。

少子承裕，字天宇。七歲能詩，弱冠著太極動靜圖說。恕官吏部，令日接賓客，以是周知天下賢才，選用無不當。舉弘治六年進士。恕致政，承裕卽告歸侍養。起授兵科給事中，出理山東、河南屯田。減登、萊糧額，三畝徵一斗，還青州、彰德軍田先賜王府者三百六十餘頃。武宗立，屢遷吏科都給事中。以言事忤劉瑾，罰米輸塞上。再遷太僕卿。嘉靖六年累官南京戶部尙書。淸逋稅一百七十萬石，積羨銀四萬八千餘兩。帝手書「淸平正直」褒之。在部三年，致仕，卒。贈太子少保，謚康僖。

馬文升，字負圖，鈞州人。貌瓌奇多力。登景泰二年進士，授御史。歷按山西、湖廣，風裁甚著。還領諸道章奏。母喪除，超遷福建按察使。成化初，召爲南京大理卿，以父喪歸。

滿四之亂，陝西巡撫陳价下吏，卽家起文升右副都御史代价。馳至軍，與總督項忠討平之。事具忠傳。錄功進左副都御史，巡撫如故。文升數條奏便宜，務選將練兵，修安邊營至鐵鞭城烽堠，剪除劇賊。西固番族不卽命者悉滅之。修茶政，易番馬八千有奇，以給士卒。振鞏昌、臨洮饑民，撫安流移。績甚著。是時，孛羅忽、滿都魯、乩加思蘭比歲犯邊。文升請駐兵韋州，而設伏諸堡待之。遂敗寇黑水口，擒其平章迭烈孫，又敗之湯羊嶺，斬首二百，名其嶺曰「得勝坡」，勒石紀之而還。文升軍功甚盛，奏捷不爲誇張，中亦無上之者，以是賞薄。至九年冬，總制王越以大捷奏，文升亦遣子璁報功。廷臣勘奏不實，坐停俸三月。

十一年春，代越總制三邊軍務，尋入爲兵部右侍郎。明年八月整飭遼東軍務。巡撫陳鉞貪而狡，將士小過輒罰馬，馬價騰踴。文升上邊計十五事，因請禁之，鉞由是嗛文升。文升還部轉左。十四年春，鉞以掩殺冒功激變，中官汪直欲自往定之。帝令司禮太監懷恩等七人詣內閣會兵部議。恩欲遣大臣往撫，以沮直行。文升疾應曰：「善。」恩入白，帝即命文升往。直不悅，欲令其私人王英與俱，文升謝絕之。疾馳至鎮，宣璽書撫慰，無不聽撫者。又請前以也先亂失授官璽書者十餘人，得襲官。事定，直欲攘其功，請於帝，挾王英馳至開原，再下令招撫。文升乃推功與直，然直內慚。文升又與直抗禮，奴視其左右，直益不喜。而陳鉞益諂事直，得直懽，日夜譖文升，思中之未有以發也。文升還，賜牢醴。明年春，以遼東屢失事，遣直偕定西侯蔣琬、尚書林聰等按之。會余子俊劾鉞，鉞疑出文升意，傾之益急。直因奏文升行事乖方，禁邊人市農器，致怨叛。乃下文升詔獄，謫戍重慶衞。直既傾文升，則與鉞大發兵徼功，鉞以是驟遷至尙書。

十九年，直敗，文升復官。明年起爲左副都御史巡撫遼東。文升凡三至遼，軍民聞其來皆鼓舞。益禁抑中官、總兵，使不得朘削，衆益大喜。

二十一年進右都御史，總督漕運。淮、徐、和饑，移江南糧十萬石、鹽價銀五萬兩振之。是年冬，召爲兵部尚書。明年，以李孜省譖，調南京。

孝宗卽位，召拜左都御史。弘治元年上言：「憲宗朝，岳鎭海瀆諸廟，用方士言置石函，周以符篆，貯金書道經、金銀錢、寶石及五穀爲厭勝具，宜毀。」從之。又上言十五事，悉議行。帝耕耤田，教坊以雜戲進。文升正色曰：「新天子當使知稼穡艱難，此何爲者？」卽斥去。御史徐珵、賀霖失承旨下獄。文升言初政不宜輒罪言官，遂得釋。尋命提督十二團營。

明年，代余子俊爲兵部尚書，督團營如故。承平旣久，兵政廢弛，西北部落時伺塞下。文升嚴覈諸將校，黜貪懦者三十餘人。奸人大怨，夜持弓矢伺其門，或作謗書射入東長安門內。帝聞，詔錦衣緝捕，給騎士十二，衞文升出入。文升乞休，優詔不許。

小王子以數萬騎牧大同塞下，勢洶洶。文升以疾在告，帝使中官挾醫視，因就問計。文升謂彼方敗於他部，無能爲。請密爲備，而揚聲逼之，必徙去。已而果然。遭繼母憂，詔起復，再疏辭，不許。西北別部野乜克力，其長曰亦剌思王，曰滿哥王，曰亦剌因王，各遣使款肅州塞，乞貢且互市。巡撫許進、總兵官劉寧爲請，文升言互市可許，入貢不可許，乃却之。

土魯番既襲執陝巴，而令牙蘭據守哈密，僭稱可汗，侵沙州，迫罕東諸部附己。文升議，此寇桀驁，不大創終不知畏，宜用漢陳湯故事襲斬之。察指揮楊翥熟番情，召詢以方略。翥備陳罕東至哈密道路，請調罕東兵三千爲前鋒，漢兵三千繼之，持數日糧，間道兼程進，可得志。文升喜，遂請於帝，敕發罕東、赤斤、哈密兵，令副總兵彭淸將之，隸巡撫許進往討，果克之，語詳進傳。

團營軍不足，請於錦衣及騰驤四衞中選補。已得請矣，中官甯瑾阻之。文升及兵科蔚春等言詔旨宜信，不納。陝西地大震。文升言：「此外寇侵淩之兆。今火篩方跳梁，而海內民困財竭，將懦兵弱。宜行仁政以養民，講武備以固圉。節財用，停齋醮，止傳奉冗員，禁奏乞閒地，日視二朝，以勤庶政。且撤還陝西織造內臣，振䘏被災者家。」帝納其言，內臣立召還。

文升爲兵部十三年，盡心戎務，於屯田、馬政、邊備、守禦，數條上便宜。國家事當言者，即非職守，亦言無不盡。嘗以太子年及四齡，當早諭教。請擇醇謹老成知書史如衞聖楊夫人者，保抱扶持，凡言語動止悉導之以正。若內庭曲宴，鐘鼓司承應，元宵鼇山，端午競渡諸戲，皆勿令見。至於佛、老之教，尤宜屛絕，恐惑眩心志。山東久旱，浙江及南畿水災，文升請命所司振䘏，練士卒以備不虞。帝皆深納之。民困賦役，文升極陳其害，謂：「今民田十稅四五，其輸邊塞者糧一石費銀一兩以上，豐年用糧八九石方易一兩。若絲綿布帛之輸京師者，交納之費過於所輸。南方轉漕通州至有三四石致一石者。中州歲役五六萬人治河，山東、河南修塞決口夫不下二十萬，蘇、松治水亦如之。湖廣建吉、興、岐、雍四王府，江西益、壽二府，山東衡府，通計役夫不下百萬。諸王之國役夫供應亦四十萬。加以湖廣征蠻，山、陝防邊，供餽餉給軍旅者又不知凡幾。賦重役繁，未有甚於此時者也。宜嚴敕內外諸司，省煩費，寬力役，毋擅有科率，王府之工宜速竣，庶令困敝少蘇。更乞崇正學，抑邪術，以清聖心；節財用，省工作，以培邦本。」詔下所司詳議。他所論奏者甚衆。在班列中最爲耆碩，帝亦推心任之。自太子太保屢加至少保兼太子太傅，歲時賜賚，諸大臣莫敢望也。

吏部尚書屠滽罷，廷推文升。御史魏英等言兵部非文升不可，帝亦以爲然。乃命倪岳代滽，而加文升少傅以慰之。岳卒，以文升代。南京、鳳陽大風雨壞屋拔木，文升請帝減膳撤樂，修德省愆，御經筵，絕遊宴，停不急務，止額外織造，振饑民，捕盜賊。已，又上吏部職掌十事。帝悉褒納。一品九載滿，加少師兼太子太師。帝以將考察，特召文升及都御史戴珊、史琳至煖閣，諭以秉公黜陟。又以文升年高重聽，再呼告之，命左右掖之下階。始文升爲都御史，王恕在吏部，兩人皆以正直任天下事。疏出，天下傳誦。恕去，人望皆歸文升。迨爲吏部，年已八十。修髯長眉，遇事侃侃不少衰。

孝宗崩，文升承遺詔請汰傳奉官七百六十三人，命留太僕卿李綸等十七人，餘盡汰之。正德元年，御用監中官王瑞復請用新汰者七人，文升不奉詔。給事中安奎刺得瑞納賄狀，劾之。瑞恚，誣文升抗旨，更下廷議，皆是文升，帝終不聽。文升因乞歸，不許。

是時，朝政已移於中官，文升老，日懷去志。會兩廣缺總督，文升推兵部侍郎熊繡。繡怏怏不欲出，其鄉人御史何天衢遂劾文升徇私欺罔。文升連疏求去，許之。賜璽書、乘傳，月廩歲隸有加。家居，非事未嘗入州城。語及時事，輒顰蹙不答。居三年，劉瑾亂政，坐文升前用雍泰爲朋黨，除其名。五年六月卒，年八十五。瑾誅，復官，贈特進光祿大夫、太傅，謚端肅。

文升有文武才，長於應變，朝端大議往往待之決。功在邊鎮，外國皆聞其名。尤重氣節，厲廉隅，直道而行。雖遭讒詬，屢起屢仆，迄不少貶。子璁，以鄉貢上待選吏部，文升使請外，曰：「必大臣子而京秩，誰當外者？」卒後踰年，大盜趙鐩等剽河南，至鈞州，以文升家在，捨之去。攻泌陽，燬焦芳家，束草若芳像裂之。嘉靖初，加贈文升左柱國、太師。

劉大夏，字時雍，華容人。父仁宅，由鄉舉知瑞昌縣。流民千餘家匿山中，邏者索賂不得，誣民反，衆議加兵。仁宅單騎招之，民爭出訴，遂罷兵，擢廣西副使。

大夏年二十舉鄉試第一。登天順八年進士，改庶吉士。成化初，館試當留，自請試吏。乃除職方主事，再遷郎中。明習兵事，曹中宿弊盡革。所奏覆多當上意，尚書倚之若左右手。汪直好邊功，以安南黎灝敗於老撾，欲乘間取之。言於帝，索永樂間討安南故牘。大夏匿弗予，密告尚書余子俊曰：「兵釁一開，西南立糜爛矣。」子俊悟，事得寢。朝鮮貢道故由鴉鶻關，至是請改由鴨綠江。尚書將許之，大夏曰：「鴨綠道徑，祖宗朝豈不知，顧紆迴數大鎮，此殆有微意。不可許。」乃止。中官阿九者，其兄任京衞經歷，以罪爲大夏所笞。憲宗入其譖，捕繫詔獄，令東廠偵之無所得。會懷恩力救，乃杖二十而釋之。十九年，遷福建右參政，以政績聞。聞父訃，一宿即行。

弘治二年服闋，遷廣東右布政使。田州、泗城不靖，大夏往諭，遂順命。後山賊起，承檄討之。令獲賊必生致，驗實乃坐，得生者過半。改左，移浙江。

六年春，河決張秋，詔博選才臣往治。吏部尚書王恕等以大夏薦，擢右副都御史以行。乃自黃陵岡浚賈魯河，復浚孫家渡、四府營上流，以分水勢。而築長隄，起胙城歷東明、長垣抵徐州，亙三百六十里。水大治，更名張秋鎮曰「安平鎮」。孝宗嘉之，賜璽書褒美，語詳河渠志。召爲左副都御史，歷戶部左侍郎。

十年命兼左僉都御史，往理宣府兵餉。尚書周經謂曰：「塞上勢家子以市糴爲私利，公毋以剛賈禍。」大夏曰：「處天下事，以理不以勢，俟至彼圖之。」初，塞上糴買必粟千石、芻萬束乃得告納，以故，中官、武臣家得操利權。大夏令有芻粟者，自百束十石以上皆許，勢家欲牟利無所得。不兩月儲積充羨，邊人蒙其利。明年秋，三疏移疾歸，築草堂東山下，讀書其中。越二年，廷臣交薦，起右都御史，總制兩廣軍務。敕使及門，攜一僮行。廣人故思大夏，鼓舞稱慶。大夏爲清吏治，捐供億，禁內外鎮守官私役軍士，盜賊爲之衰止。

十五年拜兵部尚書，屢辭乃拜命。既召見，帝曰：「朕數用卿，數引疾何也？」大夏頓首言：「臣老且病，竊見天下民窮財盡，脫有不虞，責在兵部，自度力不辦，故辭耳。」帝默然。南京、鳳陽大風拔木，河南、湖廣大水，京師苦雨沈陰。大夏請凡事非祖宗舊而害軍民者，悉條上釐革。十七年二月又言之。帝命事當興革者，所司具實以聞，乃會廷臣條上十六事，皆權倖所不便者，相與力尼之。帝不能決，下再議。大夏等言：「事屬外廷，悉蒙允行。稍涉權貴，復令察覈。臣等至愚，莫知所以。」久之，乃得旨：「傳奉官疏名以請；幼匠、廚役減月米三斗；增設中官，司禮監覈奏；四衛勇士，御馬監具數以聞。餘悉如議。」織造、齋醮皆停罷，光祿省浮費鉅萬計，而勇士虛冒之弊亦大減。制下，舉朝歡悅。先是，外戚、近倖多干恩澤，帝深知其害政，奮然欲振之。因時多災異，復宣諭羣臣，令各陳缺失。大夏乃復上數事。

其年六月再陳兵政十害，且乞歸。帝不許，令弊端宜革者更詳具以聞。於是，大夏舉南北軍轉漕番上之苦，及邊軍困敝、邊將侵尅之狀，極言之。帝乃召見大夏於便殿，問曰：「卿前言天下民窮財盡。祖宗以來徵斂有常，何今日至此？」對曰：「正謂不盡有常耳。如廣西歲取鐸木，廣東取香藥，費固以萬計，他可知矣。」又問軍，對曰：「窮與民等。」帝曰：「居有月糧，出有行糧，何故窮？」對曰：「其帥侵尅過半，安得不窮。」帝太息曰：「朕臨御久，乃不知天下軍民困，何以爲人主！」遂下詔嚴禁。當是時，帝方銳意太平，而劉健爲首輔，馬文升以師臣長六卿，一時正人充布列位。帝察知大夏方嚴，且練事，尤親信。數召見決事，大夏亦隨事納忠。

大同小警，帝用中官苗逵言，將出師。內閣劉健等力諫，帝猶疑之，召問大夏曰：「卿在廣，知苗逵延綏擣巢功乎？」對曰：「臣聞之，所俘婦稚十數耳。賴朝廷威德，全師以歸。不然，未可知也。」帝默然良久，問曰：「太宗頻出塞，今何不可？」對曰：「陛下神武固不後太宗，而將領士馬遠不逮。且淇國公小違節制，舉數十萬衆委沙漠，奈何易言之。度今上策惟守耳。」都御史戴珊亦從旁贊決，帝遽曰：「微卿曹，朕幾誤。」由是，師不果出。

莊浪土帥魯麟爲甘肅副將，求大將不得，恃其部衆强，徑歸莊浪。廷臣懼生變，欲授以大帥印，又欲召還京，處之散地。大夏請獎其先世忠順，而聽麟就閒。麟素貪虐失衆心，兵柄已去無能爲，竟怏怏病死。

帝欲宿兵近地爲左右輔。大夏言：「保定設都司統五衞，祖宗意當亦如此。」請遣還操軍萬人爲西衞，納京東兵密雲、薊州爲東衞。」帝報可。中官監京營者恚失兵，揭飛語宮門。帝以示大夏曰：「宮門豈外人能至，必此曹不利失兵耳。」由是，間不得行。

帝嘗諭大夏曰：「臨事輒思召卿，慮越職而止。後有當行罷者，具揭帖以進。」大夏頓首曰：「事之可否，外付府部，內咨閣臣可矣。揭帖滋弊，不可爲後世法。」帝稱善。又嘗問：「天下何時太平？」對曰：「求治亦難太急。但用人行政悉與大臣面議，當而後行，久之天下自治。」嘗乘間言四方鎭守中官之害。帝問狀，對曰：「臣在兩廣見諸文武大吏供億不能敵一鎭守，其煩費可知。」帝曰：「然祖宗來設此久，安能遽革。第自今必廉如鄧原、麥秀者而後用，不然則已之。」大夏頓首稱善。大夏每被召，跪御榻前。帝左右顧，近侍輒引避。嘗對久，憊不能興，呼司禮太監李榮掖之出。一日早朝，大夏固在班，帝偶未見，明日諭曰：「卿昨失朝耶？恐御史糾，不果召卿。」其受眷深如此。特賜玉帶、麒麟服，所賚金幣、上尊，歲時不絕。

未幾，孝宗崩，武宗嗣位，承詔請撤四方鎭守中官非額設者。帝止撤均州齊元。大夏復議上應撤者二十四人，又奏減皇城、京城守視中官，皆不納。頃之，列上傳奉武臣當汰者六百八十三人，報可。大漢將軍薛福敬等四十八人亦當奪官，福敬等故不入侍以激帝怒。帝遽命復之，而責兵部對狀，欲加罪。中官甯瑾頓首曰：「此先帝遺命，陛下列之登極詔書，不宜罪。」帝意乃解。中官韋興者，成化末得罪久廢，至是夤緣守均州。言官交諫，大夏等再三爭，皆不聽。正德元年春，又言：「鎭守中官，如江西董讓、薊州劉瑯、陝西劉雲、山東朱雲貪殘尤甚，乞按治。」帝不悅。大夏自知言不見用，數上章乞骸骨。其年五月，詔加太子太保，賜敕馳驛歸，給廩隸如制。給事中王翊、張檜請留之，吏部亦請如翊、檜言，不報。

大夏忠誠懇篤，遇知孝宗，忘身徇國，於權倖多所裁抑。嘗請嚴覈勇士，爲劉瑾所惡。劉宇亦憾大夏，遂與焦芳譖於瑾曰：「籍大夏家，可當邊費十二。」三年九月，假田州岑猛事，逮繫詔獄。瑾欲坐以激變律死，都御史屠滽持不可，瑾謾罵曰：「卽不死，可無戍耶？」李東陽爲婉解，且瑾詗大夏家實貧，乃坐戍極邊。初擬廣西，芳曰「是送若歸也」，遂改肅州。大夏年已七十三，布衣徒步過大明門下，叩首而去。觀者歎息泣下，父老攜筐送食，所至爲罷市、焚香祝劉尙書生還。比至戍所，諸司憚瑾，絕餽問，儒學生徒傳食之。遇團操，輒荷戈就伍。所司固辭，大夏曰：「軍，固當役也。」所攜止一僕。或問何不挈子姓，曰：「吾宦時，不爲子孫乞恩澤。今垂老得罪，忍令同死戍所耶？」大夏既遣戍，瑾猶摭他事罰米輸塞上者再。

五年夏，赦歸。瑾誅，復官，致仕。清軍御史王相請復廩隸，錄其子孫。中官用事者終嗛之，不許。大夏歸，敎子孫力田謀食。稍贏，散之故舊宗族。預自爲壙志，曰：「無使人飾美，俾懷愧地下也。」十一年五月卒，年八十一。贈太保，謚忠宣。

大夏嘗言：「居官以正己爲先。不獨當戒利，亦當遠名。」又言：「人生蓋棺論定，一日未死，卽一日憂責未已。」其被逮也，方鋤菜園中，入室攜數百錢，跨小驢就道。赦歸，有門下生爲巡撫者，枉百里謁之。道遇扶犁者，問孰爲尙書家，引之登堂，卽大夏也。朝鮮使者在鴻臚寺館遇大夏邑子張生，因問起居曰：「吾國聞劉東山名久矣。」安南使者入貢曰：「聞劉尙書戍邊，今安否？」其爲外國所重如此。

贊曰：王恕砥礪風節，馬文升練達政體，劉大夏篤棐自將，皆具經國之遠猷，蘊畜君之正志。綢繆庶務，數進讜言，迹其居心行己，磊落光明，剛方鯁亮，有古大臣節概。歷事累朝，享有眉壽，朝野屬望，名重遠方，詩頌老成，書稱黃髮，三臣者近之矣。恕昧遠名之戒，以作傳見疏。而文升、大夏被遇孝宗之朝，明良相契，荃宰一心。迨至宦豎乘權，耆舊擯斥，進退之際所係詎不重哉！

校勘記

〔一〕稍遷南京刑部右侍郎　原脫「南京」，據武宗實錄卷三七正德三年四月己卯條補，與本傳下文「歷侍郎至尚書，皆在留都」合。

〔二〕建白者三十九　國朝獻徵錄卷二四王公恕傳作「建白者二十九」。

〔三〕尋加太子太保　原作「尋加太子少保」，據本書卷一一一七卿年表、孝宗實錄卷八成化二十三年十二月丙申及武宗實錄卷三七正德三年四月己卯條改。

〔四〕通政經歷高祿　高祿，本書卷一八三周經傳及明史稿傳六一周經傳都作「沈祿」。

〔五〕恕歷中外四十餘年　原作「恕歷中外五十餘年」。武宗實錄卷三七正德三年四月己卯作「歷中外四十年」。按王恕于正統十三年成進士，至弘治六年致仕，計四十六年，傳文作「五十餘年」，於事實不符，今改正。

明史卷一百八十三

列傳第七十一

何喬新　彭韶　周經　耿裕　倪岳　閔珪　戴珊

何喬新，字廷秀，江西廣昌人。

父文淵，永樂十六年進士。授御史，歷按山東、四川。烏蒙奸民什伽私其知府祿昭妻，懼誅，誣昭反，詔發軍討。文淵檄止所調軍，而白其誣。宣德五年用顧佐薦，賜敕知溫州府。居六年，治最，增俸賜璽書。以胡濙薦，擢刑部右侍郎，督兩淮鹽課。正統三年，兩議獄不當，與尙書魏源下獄，皆得釋。朝議征麓川，文淵疏諫曰：「麓川徼外彈丸地，不足煩大兵。若遣雲南守將屯金齒，令三司官撫諭之，遠人獲更生，而朝廷免調兵轉餉，策之善者也。」帝下其議，廷臣多主用兵。於是西南騷動，僅乃克之，而失亡多。其冬，以疾乞歸。景帝卽位，起吏部左侍郎，尋進尙書，佐王直理部事。東宮建，加太子太保。災異見，給事中林聰等劾文淵憸邪。左庶子周旋疏言其枉，聰幷劾旋。御史曹凱復廷爭之，遂與旋俱下獄。聰疏有「囑內臣」語，太監興安請詰主名。聰不敢堅對，乃釋文淵命致仕。英宗復位，削其加官。而景泰中易儲詔書「父有天下傳之子」，語出文淵，或傳朝命逮捕，懼而自縊。

時喬新已登景泰五年進士，官南京禮部主事，奔喪歸里。里人故侍郎揭稽嘗受業文淵，而與喬新兄弟不協，奏文淵死實諸子迫之自經，又逼嫁父所愛妾。喬新亦訐稽爲巡撫時，嘗薦黃竑，且代草易儲疏。皆被徵比對簿。父妾斷指，爲諸郎訟冤，獄得少解。帝亦以事經赦，釋不問。已，復丁母憂。服除，改刑部主事，歷廣東司郎中。錦衣衞卒犯法，捕治不少貸。都指揮袁彬有所囑，執不從。彬怒，使人摭無所得。由是名大起。

成化四年遷福建副使。所屬壽寧銀礦，盜採者聚衆千餘人，所過剽掠，募兵擊擒其魁。福寧豪尤氏殺人，出入隨兵甲，拒捕者二十年。福清薛氏時出諸番互市，事覺，謀作亂。皆捕殺之。福安、寧德銀礦久絕，有司責課，民多破產。喬新以爲言，減三之二。興化民自洪武初受牛於官，至是猶歲課其租，奏免之。遷河南按察使。淸流歸化里介沙縣、將樂間，恃險不供賦，白都御史置歸化縣，其民始奉要束。遷河南按察使。歲大饑，故事，振貸迄秋止，喬新曰：「止於秋，謂秋成可仰也，今秋可但已乎？」振至明年麥熟乃止。都御史原傑以招撫流民至南陽，引喬新自助。初，項忠驅流民過當，民聞傑至，益竄山谷。喬新躬往招之，附籍者六萬餘戶。遷湖廣右布政使。荆州民苦徭役，驗丁口貧富，列爲九等，民便之。

十六年擢右副都御史，巡撫山西。邊地軍民每出塞伐木捕獸，喬新言：「此輩苟遇敵，必輸情求生，皆賊導也。宜毋聽闌出，犯者罪守將。」詔可。敵犯塞，偕參將支玉伏兵灰溝營，擊斬甚衆，進左副都御史。歲饑，奏免雜辦及戶口鹽鈔十之四。劾僉事尚敬、劉源稽獄，請敕天下斷獄官，淹半載以上者悉議罪。帝稱善，亟從之。召拜刑部右侍郎。山西大饑，人相食，命往振，活三十餘萬人，還流宂十四萬戶。還朝，會安寧宣撫使楊友欲奪嫡弟播州宣慰使愛爵，誣愛有異謀。喬新往勘，與巡撫劉璋共白愛誣。友奪官安置他府，播人遂安。

孝宗嗣位，萬安、劉吉等忌喬新剛正，出爲南京刑部尚書。沿江蘆洲率爲中官占奪，託言備進奉費，喬新奏還之民。初，喬新之出，中官懷恩不平。一日以事詣閣言：「新君踐阼，當用正人，胡爲出何公？」安等默然。既而刑部尚書杜銘罷，羣望屬喬新，而吉代安爲首輔，終忌之，久不補。弘治改元，用王恕薦，始召喬新代銘。奏言：「舊制遣官勘事及逮捕，必齎精微批文，赴所在官司驗視乃行，近止用駕帖不合符，宜復舊制，以防矯詐。」帝立報許。時吉仇正人，頻興大獄，喬新率據法直之。吉愈銜恨，數摭他事奪俸。二年夏，京城大水，喬新請恤被災者家，又慮刑獄失平，條上律文當更議者數事，吉悉格不行。大理丞闕，御史鄒魯覬遷，而喬新薦郎中魏紳。會喬新外家與鄉人訟，魯即誣喬新受賕曲庇。吉取中旨下其外家詔獄，喬新乃拜疏乞歸。頃之，窮治無驗，魯坐停俸，喬新亦許致仕。

喬新性廉介。觀政工部時，嘗使淮西。巢令閻徽少學於文淵，以金幣餽。喬新却之，閻曰：「以壽吾師耳。」喬新曰：「子欲壽吾親，因他人致之則可，因吾致之則不可。」卒不受。福建市舶中官死，鎮守者分其貲遺三司，喬新獨固辭。不得，輸之於庫。既家居，楊愛遺使厚致贈，且獻良材可爲櫬者，喬新堅却之。

喬新年十一時，侍父京邸。修撰周旋過之，喬新方讀通鑑續編。旋問曰：「書法何如綱目？」對曰：「呂文煥降元不書叛，張世傑溺海不書死節，曹彬、包拯之卒不書其官，而紀羲、軒多採怪妄，似未有當也。」旋大驚異。比長，博綜羣籍，聞異書輒借鈔，積三萬餘帙，皆手較讎，著述甚富。與人寡合，氣節友彭韶，學問友丘濬而已。

罷歸後，巡按江西御史陳詮奏：「喬新始終全節，中間祇以受親故餽遺之嫌，勒令致仕，進退黯昧，誠爲可惜。乞行勘，本官如無疾則行取任用，有疾則加慰勞，以存故舊之恩，全進退之節。」不許。後中外多論薦，竟不復起。十五年卒，年七十六。

江西巡撫林俊爲彭韶及喬新請謚，吏部覆從之。有旨令上喬新致仕之由，給事中吳世忠言：「喬新學行、政事莫不優，忠勤剛介，老而彌篤。御史鄒魯挾私誣劾，一辭不辨，恬然退歸，杜門著書，人事寡接，士大夫莫不高其行。若必考退身之由，疑旌賢之典，則如宋蔣之奇嘗誣奏歐陽修矣，胡紘輩嘗誣奏朱熹矣，未聞以一人私情廢萬世公論也。」事竟寢。正德十一年，廣昌知縣張傑復以爲言，乃贈太子太保，〔一〕予廕。明年賜謚文肅。〔二〕

喬新五世孫源，萬曆初，爲刑部右侍郎，亦有清節。

彭韶，字鳳儀，莆田人。天順元年進士。授刑部主事，進員外郎。成化二年疏論僉都御史張岐憸邪，宜召王竑、李秉、葉盛，忤旨，下詔獄。給事中毛弘等救之，不聽，卒輸贖。尋遷郎中。

錦衣指揮周彧，太后弟也，奏乞武强、武邑民田不及賦額者，籍爲閒田。命韶偕御史季琮覆勘。韶等周視徑歸，上疏自劾曰：「眞定田，自祖宗時許民墾種，即爲恒產，除租賦以勸力農。功臣、戚里家與國咸休，豈當與民爭尺寸地。臣誠不忍奪小民衣食，附益貴戚，請伏奉使無狀罪。」疏入，詔以田歸民，而責韶等邀名方命，復下詔獄。言官爭論救，得釋。當是時，韶與何喬新同官，並有重名，一時稱何、彭。

遷四川副使。安岳扈氏焚滅劉某家二十一人，定遠曹氏殺其兄一家十二人，所司以爲疑獄，久不決。韶一訊得實，咸伏辜。進按察使，盡撤境內淫祠。王府祭葬舊遣內官，公私煩費，奏罷之。雲南鎮守太監錢能進金燈，擾道路，韶劾之，不報。

十四年春，遷廣東左布政使。中官奉使紛遝，鎮守顧恒、市舶韋眷、珠池黃福，皆以進奉爲名，所至需求，民不勝擾。韶先後論奏。最後，梁芳弟錦衣鎮撫德以廣東其故鄉，歸採禽鳥花木，害尤酷。韶抗疏極論，語侵芳。芳怒，搆於帝，調之貴州。

二十年擢右副都御史，巡撫應天。明年正月，星變，上言：「彗星示災，見於歲暮，遂及正旦。歲暮者，天道之終。正旦者，歲事之始。此天心仁愛，欲陛下善始善終也。陛下嗣位之初，家禮正，防微周，儉德昭，用人愼。乃邇年以來，進奉貴妃，加於嫡后，褒寵其家，幾與先帝后家埒，此正家之道未終也。監局內臣數以萬計，利源兵柄盡以付之，犯法縱奸，一切容貸，此防微之道未終也。四方鎮守中官，爭獻珍異，動稱敕旨，科擾小民，此持儉之道未終也。六卿並加師保，監寺兼領崇階，及予告而歸，廩食輿夫濫加庸鄙。爵賞一輕，人誰知勸，此用人之道未終也。惟陛下愼終如始，天下幸甚。」時方召爲大理卿，帝得疏不悅，命仍故官巡撫順天、永平二府。均大興、宛平、昌平諸縣徭役，劾奏鎮守中官陶弘罪。

孝宗卽位，召爲刑部右侍郎。嘉興百戶陳輔緣盜販爲亂，陷府城大掠，遁入太湖。遣韶巡視。韶至，賊已滅，乃命兼僉都御史，整理鹽法。尋進左侍郎。韶以商人苦抑配，爲定折價額，蠲宿負。憫竈戶煎辦、徵賠、折閱之困，繪八圖以獻，條利病六事，悉允行。弘治二年秋，還朝。明年，改吏部。與尚書王恕甄人才，覈功實，仕路爲清。彗星見，上言宦官太盛，不可不亟裁損。因請午朝面議大政，毋祇具文。已，又言濫授官太多，乞嚴杜倖門，痛爲釐正。帝是其言，然竟不能用。

四年秋，代何喬新爲刑部尚書。故安遠侯柳景贓敗至數千兩，徵僅十一，以其母訴免。韶執奏曰：「昔唐宣宗元舅鄭光官租不入，京兆尹韋澳械其莊吏。宣宗欲寬之，澳不奉詔。景無元舅之親，贓非負租之比，獨蒙宥除，是臣等守法媿於澳也。」不從。御史彭程以論皇壇器下獄，韶疏救，因極陳光祿冗食濫費狀，乃命具歲辦數以聞。荆王見潚有罪，奏上，淹旬不下。內官王明、苗通、高永殺人，減死遣戍。昌國公張巒建墳踰制，役軍至數萬。畿內民冒充陵廟戶及勇士旗校，輒免傜役，致見戶不支，流亡日衆。韶皆抗疏極論，但下所司而已。

韶涖部三年，昌言正色，秉節無私，與王恕及喬新稱三大老，而爲貴戚、近習所疾，大學士劉吉亦不之善。韶志不能盡行，連章乞休，乃命乘傳歸。月廩、歲隸如制。明年，南京地震，御史宗彝等言韶、喬新、强珍、謝鐸、陳獻章、章懋、彭程俱宜召用，不報。又明年，卒，年六十六。謚惠安，贈太子少保。

韶嗜學，公暇手不釋書。正德初，林俊言韶謚不副行，乞如魏驥、吳訥、葉盛，改謚文。竟不行。

周經，字伯常，刑部尚書瑄子也。天順四年進士。改庶吉士，授檢討。成化中，歷侍讀、中允，侍孝宗於東宮。講文華大訓，太子起立，閣臣以爲勞，議請坐聽。經與諸講官皆不可，乃已。

孝宗立，進太常少卿兼侍讀。弘治二年擢禮部右侍郎。中官請修黃村尼寺，奉祀孝穆太后。土魯番貢獅子不由甘肅，假道滿剌加，浮海至廣東。經倡議毀其寺，却貢不與通。改吏部，進左侍郎。通政經歷沈祿者，〔三〕皇后姑壻也。尚書王恕在告，中官傳旨擢祿本司參議。經言非面承旨，又無御札，不敢奉詔，復與恕疏爭之。事雖不能止，朝論韙焉。靈壽奸民獻地於中官李廣，戶部持不得。經倡九卿疏爭，卒罪獻地者。嘗上言：「外戚家無功求遷，無勞乞賞，兼齋醮遊宴，濫費無紀，致帑藏殫虛，宜大爲撙節。近例，預備倉積粟多者，守令賜誥敕，不次遷官，遂致剝下干進。請如洪武間例，悉出官帑平糴，毋奪民財，考績毋專以積粟爲能。至清軍之弊，洪熙以前在旗校，宣德以後在里胥。弊在旗校者，版籍猶存，若里胥則並版籍而淆亂之，宜考故册洗奸弊。災傷民，乞省恤。惜薪司薪炭約支數年，災荒郡縣，宜盡與停免，四方顏料雜辦亦然。此救民急務也。」帝多採納之。

八年，文武大臣以災異陳時政，經爲具奏草，而斥戲樂一事，語尤切直。帝密令中官廉草奏者，尚書耿裕曰：「疏首吏部，裕實具草。」經曰：「疏草出經手，即有罪，罪經。」世兩賢之。

明年，代葉淇爲戶部尚書。時孝宗寬仁，而戶部尤奸蠹所萃，挾勢行私者不可勝紀。少不如意，讒毀隨之。經悉按祖宗成憲，無所顧。寬逋緩征，裁節冗濫，四方告災，必覆奏蠲除。每委官監稅課，入多者與下考，苛切之風爲之少衰。

奉御趙瑄獻雄縣地爲東宮莊。經等劾瑄違制，下詔獄。而帝復從鎮撫司言遣官勘實，經等復爭之曰：「太祖、太宗定制，閑田任民開墾。若因奸人言而籍之官，是土田予奪，盡出奸人口，小民無以爲生矣。」既而勘者及巡撫高銓言閑田止七十頃，悉與民田錯。於是從經言仍賦之民，治瑄罪。中官何鼎劾外戚張鶴齡下獄，經疏救之，忤旨切責。

雍王祐橒乞衡州稅課司及衡陽縣河泊所，經言不可許。帝納之，命自今四方稅課，王府不得請。中官織造者，請增給兩浙鹽課二萬引，經等言：「鹽筴佐邊，不宜濫給。且祖宗朝織染諸局供御有常數，若曰取用有加，則江南、兩浙已例外增造。若曰工匠不足，則仰食公家不下千餘人，所爲何事。是知供用未必缺，而徒導陛下以勞民傷財之事也。」帝不從。經恐歲以爲常，再疏請斷其後，乃命歲予五千引。

先是，倉場監督內官依成化末年例裁減。十一年秋，帝復增用少監莫英等三人。經上疏力爭，帝以已遣不聽。內靈臺請錦衣餘丁百人供灑掃，經等諫，不納。經曰：「祖宗設內臺，其地至密。今一旦增百人，將必有漏洩妄言者。」帝悟，立已之。

崇王見澤乞河南退灘地二十餘里，經言不宜予。興王祐杬前後乞赤馬諸河泊所及近湖地千三百餘頃，經三疏爭之，竟不許。帝以肅寧諸縣地四百餘頃賜壽寧侯張鶴齡，其家人因侵民地三倍，且毆民至死，下巡撫高銓勘報。銓言可耕者無幾，請仍賦民，不許。時王府、勳戚莊田例畝徵銀三分，獨鶴齡奏加徵二分，且概加之沙鹻地。經抗章執奏，命侍郎許進偕太監朱秀覆覈。經言：「地已再勘，今復遣使，徒滋煩擾。昔太祖以劉基故減青田賦，徵米五合，欲使基鄉里子孫世世頌基。今興濟篤生皇后，正宜恤民減賦，俾世世戴德，何乃使小民銜怨無已也。」頃之，進等還言此地乃憲廟皇親柏權及民恒產，不可奪。帝竟予鶴齡，如其請加稅，而命償權直，除民租額。經等復諫曰：「東宮、親王莊田徵稅自有例，鶴齡不宜獨優。權先帝妃家，亦戚畹也，名雖償直，實乃奪之。天下將謂陛下惟厚椒房親，不念先朝外戚。」帝終不納。

大同缺戰馬，馬文升請太倉銀以市。經言：「糧馬各有司存。祖訓六部毋相壓，兵部侵戶部權，非祖訓。」帝爲改撥太僕銀給之。給事中魯昂請盡括稅役金錢輸太倉，經曰：「不節織造、賞賚、齋醮、土木之費，而欲括天下財，是舛也。」內官傳旨索太倉銀三萬兩爲燈費，持不與。

經剛介方正，好強諫，雖重忤旨不恤，宦官、貴戚皆憚而疾之。太監李廣死，帝得朝臣與餽遺簿籍，大怒。科道因劾諸臣交通狀，有及經者，經上疏曰：「昨科道劾廷臣奔競李廣，闌入臣名。雖蒙恩不問，實含傷忍痛，無以自明。夫人奔競李廣，冀其進言左右，圖寵眷耳。陛下試思廣在時，曾言及臣否。且交結餽遺簿籍具在，乞檢會否有臣姓名。更嚴鞫廣家人，臣但有寸金、尺帛，即治臣交結之罪，斬首市曹，以爲奔競無恥之戒。若無干涉，亦乞爲臣洗雪，庶得展布四體，終事聖明。若令含汙忍垢，即死塡溝壑，目且不瞑。」帝慰答之。十三年，星變，自陳乞休。報許，賜敕馳驛，加太子太保，以侶鍾代。廷臣爭上章留之，中外論薦者至八十餘疏，咸報寢。

武宗卽位，言官復薦，召爲南京戶部尙書，遭繼母憂未任。正德三年，服闋。經壻兵部尙書曹元方善劉瑾，言經雖老尙可用，乃召爲禮部尙書。固辭不許，強赴召。受事數月卽謝病去。五年三月卒，年七十一。贈太保，謚文端。

子晉，進士。浙江右參政。

耿裕，字好問，刑部尚書九疇子也。景泰五年進士。改庶吉士，授戶科給事中，改工科。天順初，以九疇爲右都御史，改裕檢討。九疇坐劾石亨貶，裕亦謫泗州判官。終父喪，補定州。

成化初，召復檢討，歷國子司業、祭酒。侯伯年幼者皆肄業監中，裕采古諸侯、貴戚言行可法者爲書授之，帝聞而稱善。歷吏部左右侍郎。坐尚書尹旻累，停俸者再。已，代旻爲尚書。大學士萬安與裕不協，而李孜省私其同鄉李裕，欲使代裕，相與謀中之。坐以事，調侍郎黎淳南京，而奪裕俸。言官復交劾，宥之。裕入謝，旣出，帝怒曰：「吾再寬裕罪，當再謝。今一謝，以奪俸故，意鞅鞅耶？」孜省等因而傾之，遂調南京禮部，而以李裕代。踰年，孝宗嗣位，轉南京兵部參贊機務。

弘治改元，召拜禮部尚書。時公私侈靡，耗費日廣。裕隨事救正，因災異條上時事及申理言官，先後陳言甚衆，大要歸於節儉。給事中鄭宗仁疏節光祿供應，裕等請納其奏。巡視光祿御史田奫以供費不足累行戶，請借太倉銀償之。裕等言，疑有侵盜弊，請敕所司禁防，帝皆從之。南京守備中官請增奉先殿日供品物，裕等不可。帝方踐阼，斥番僧還本土；止留乳奴班丹等十五人。其後多潛匿京師，轉相招引，齋醮復興。言官以爲言，裕等因力請驅斥。帝乃留百八十二人，餘悉逐之。禮部公廨火，裕及侍郎倪岳、周經等請罪，被劾下獄。已，釋之，停其俸。

初，撒馬兒罕及土魯番皆貢獅子，甘肅鎮守太監傅悳先圖形以進，巡按御史陳瑤請却之。裕等乞從瑤請，而治悳違詔罪，帝不從。後番使再至，留京師，頻有宣召。裕等言：「番人不道，因朝貢許其自新。彼復潛稱可汗，興兵犯順。陛下優假其使，適遇倔强之時，彼將謂天朝畏之，益長桀驁。且獅子野獸，無足珍異。」帝卽遣其使還。

尋代王恕爲吏部尙書，加太子太保。御用監匠人李綸等以內降得官，裕言：「先有詔，文官不由臣部推舉傳乞除授者，參送法司按治。今除用綸等，不信前詔，不可。」給事中呂獻等皆論奏，裕亦再疏爭，終不聽。

裕爲人坦夷諒直，諳習朝章。秉銓數年，無愛憎，亦不徇毀譽，銓政稱平。自奉澹泊。兩世貴盛，而家業蕭然，父子並以名德稱。九年正月卒，年六十七。贈太保，謚文恪。

倪岳，字舜咨，上元人。父謙，奉命祀北岳，母夢緋衣神入室，生岳，遂以爲名。謙終南京禮部尚書，謚文僖。

岳，天順八年進士。改庶吉士，授編修。成化中，歷侍讀學士，直講東宮。二十二年擢禮部右侍郎，仍直經筵。弘治初，改左侍郎。岳好學，文章敏捷，博綜經世之務。尚書耿裕方正持大體，至禮文制度率待岳而決。六年，裕改吏部，岳遂代爲尚書。

詔召國師領占竹於四川，岳力諫，帝不從。給事中夏昂、御史張禎等相繼爭之，事竟寢。時營造諸王府，規制宏麗，踰永樂、宣德之舊，岳請頒成式。又以四方所報災異，禮部於歲終類奏，率爲具文，乃詳次其月日，博引經史徵應。勸帝勤講學，開言路，寬賦役，慎刑罰，黜奸貪，進忠直，汰冗員，停齋醮，省營造，止濫賞。帝頗採納焉。

左侍郎徐瓊與后家有連，謀代岳。九年，南京吏部缺尚書，廷推瓊。詔加岳太子太保往任之，〔四〕而瓊果代岳。尋改岳南京兵部參贊機務。還，代屠滽爲吏部尚書，嚴絕請托，不徇名譽，銓政稱平。

岳狀貌魁岸，風采嚴峻，善斷大事。每盈廷聚議，決以片言，聞者悅服。同列中，最推遜馬文升，然論事未嘗苟同。前後陳請百餘事，軍國弊政剔抉無遺。疏出，人多傳錄之。論西北用兵害尤切，其略云：

近歲毛里孩、阿羅忽、孛羅出、乩加思蘭大爲邊患。蓋緣河套之中，水草甘肥，易於屯牧，故賊頻據彼地，擁衆入掠。諸將怯懦，率嬰城自守。苟或遇敵，輒至挫衄。旣莫敢折其前鋒，又不能邀其歸路。敵進獲重利，退無後憂，致兵鋒不靖，邊患靡寧。命將徂征，四年三舉，絕無寸功。或高臥而歸，或安行以返。析圭擔爵，優游朝行，輦帛輿金，充牣私室。且軍旅一動，輒報捷音，賜予濫施，官秩輕授。甚至妄殺平民，謬稱首級。敵未敗北，輒以奔遁爲辭。功賞所加，非私家子弟卽權門廝養。而什伍之卒，轉餉之民，則委骨荒城，膏血野草。天怒人怨，禍幾日深，非細故也。

京營素號冗怯。留鎭京師，猶恐未壯根本，顧乃輕於出禦，用褻天威。臨陣輒奔，反墮邊軍之功，爲敵人所侮。且延綏邊也，去京師遠，宣府、大同亦邊也，去京師近。彼有門庭之喩，此無陛楯之嚴，可乎？頃兵部建議：令宣府出兵五千，大同出兵一萬，併力以援延綏，而不慮其相去旣遠，往返不逮，人心苦於轉移，馬力疲於奔軼。夫聲東擊西者，賊寇之奸態也。擣虛批亢者，兵家之長策也。精銳旣盡乎西，老弱乃留於北，萬一北或有警，而西未可離，首尾衡決，遠近坐困，其可爲得計哉。

至於延綏士馬屯集，糧糗不貲，乃以山西、河南之民任飛芻轉粟之役。徒步千里，夫運而妻供，父輓而子荷，道路愁怨，井落空虛。幸而得至，束芻百錢，斗粟倍直，不幸遇賊，身且斃矣，他尚何云。輸將不足則有輕齎，輕齎不足又有預徵。水旱不可先知，豐歉未能逆卜，徵如何其可預也。又令民輸芻粟補官，而媚權貴私親故者，或出空牒以授，倉庾無升合之入。至若輸粟給鹽，則豪右請託，率占虛名鬻之，而商賈費且倍蓰。官爵日輕，鹽法日沮，而邊儲之不充如故也。

又朝廷出帑藏給邊，歲爲銀數十萬。山西、河南輸輕齎於邊者，歲不下數十萬。銀日積而多則銀益賤，粟日散而少則粟益貴。而不知者，遂於養兵之中，寓養狙之術。或以茶鹽，或以銀布，名爲準折糧價，實則侵剋軍需。故朝廷有糜廩之虞，軍士無果腹之樂。至兵馬所經，例須應付。居平，人日米一斗，馬日芻一束，追逐，一日之間或一二堡，或三四城，豈能俱給哉？而典守者巧爲竊攘之謀，凡所經歷悉有開支，罔上行私，莫此爲甚。

及訪禦敵之策，則又論議紛紜。有謂復受降之故險，守東勝之舊城，使聲援交接，掎角易制。夫欲復城河北，卽須塞外屯兵。出孤遠之軍，涉荒漠之地，輜重爲累，饋餉惟艱。彼或抄掠於前，躡襲於後。曠日持久，軍食乏絕。進不得城，退不得歸，一敗而聲威大損矣。又有謂統十萬之衆，裹半月之糧，奮揚武威，掃蕩窟穴，使河套一空。事非不善也。然帝王之兵，以全取勝；孫、吳之法，以逸待勞。今欲鼓勇前行，窮搜遠擊，乘危履險，覬萬一之倖。贏糧遠隨則重不及事，提兵深入則孤不可援。且其間地方千里，無城郭之居，委積之守。彼或往來遷徙，罷我馳驅。我則情見勢屈，爲敵所困。既失坐勝之機，必蹈覆沒之轍。其最無策者，又欲棄延綏勿守，使兵民息肩，不知一民尺土皆受之祖宗，不可忽也。向失東勝，故今日之害萃於延綏，而關陝震動。今棄延綏，則他日之害鍾於關陝，而京師震動。賊愈近而禍愈大矣。因陳重將權、增城堡、廣斥堠、募民壯、去客兵、明賞罰、嚴間諜、實屯田、復邊漕數事。時兵部方主用兵，不能盡用也。

十四年十月卒，年五十八。贈少保，謚文毅。明世父子官翰林，俱謚文，自岳始。

閔珪，字朝瑛，烏程人。天順八年進士。授御史。出按河南，以風力聞。成化六年擢江西副使，進廣東按察使。久之，以右僉都御史巡撫江西。南、贛諸府多盜，率强宗家僕。珪請獲盜連坐其主，法司議從之。尹直輩謀之李孜省，取中旨責珪不能弭盜，左遷廣西按察使。

孝宗嗣位，擢右副都御史，巡撫順天。入爲刑部右侍郎，進右都御史，總督兩廣軍務，與總兵官毛銳討古田獞。副總兵馬俊、參議馬鉉自臨桂深入，〔五〕敗死，軍遂退。詔停俸討賊。珪復進兵，連破七寨，他賊悉就撫。

弘治七年遷南京刑部尚書，尋召爲左都御史。十一年，東宮出閣，加太子少保。十三年代白昂爲刑部尚書，再加太子太保。以災異與都御史戴珊共陳時政八事，又陳刑獄四事，多報可。

珪久爲法官，議獄皆會情比律，歸於仁恕。宣府妖人李道明聚衆燒香，巡撫劉聰信千戶黃珍言，株連數十家，謂道明將引北寇攻宣府。及逮訊無驗，珪乃止坐道明一人，餘悉得釋，而抵珍罪，聰亦下獄貶官。帝之親鞫吳一貫也，將置大辟，珪進曰：「一貫推案不實，罪當徒。」帝不允，珪執如初。帝怒，戴珊從旁解之。帝乃霽威，令更擬。珪終以原擬上，帝不悅，召語劉大夏。對曰：「刑官執法乃其職，未可深罪。」帝默然久之，曰：「朕亦知珪老成不易得，但此事太執耳。」卒如珪議。

正德元年六月，以年踰七十再疏求退，不允。及劉瑾用事，九卿伏闕固諫，韓文被斥，珪復連章乞休。明年二月詔加少保，〔六〕賜敕馳傳歸。六年十月卒，年八十二。贈太保，謚莊懿。

從孫如霖，南京禮部尚書。如霖曾孫洪學，吏部尚書。洪學從弟夢得，兵部戎政尚書。

他爲庶僚者復數人。

戴珊，字廷珍，浮梁人。父哻，由鄉舉官嘉興教授，有學行。富人數輩遣其奴子入學，哻不可。賄上官强之，執愈堅，見忤，坐他事去。

珊幼嗜學，天順末，與劉大夏同舉進士。久之，擢御史，督南畿學政。成化十四年遷陝西副使，仍督學政。正身率教，士皆愛慕之。歷浙江按察使，福建左、右布政使，終任不攜一土物。

弘治二年以王恕薦擢右副都御史，撫治鄖陽。蜀盜野王剛流劫竹山、平利。珊合川、陝兵，檄副使朱漢等討擒其魁，餘皆以脅從論，全活甚衆。入歷刑部左、右侍郎，與尚書何喬新、彭韶共事。晉府寧化王鍾鈵淫虐不孝，勘不得實，再遣珊等勘之，遂奪爵禁錮。進南京刑部尚書。久之，召爲左都御史。

十七年，考察京官，珊廉介不苟合。給事中吳蕣、王蓋自疑見黜，連疏詆吏部尚書馬文升，並言珊縱妻子納賄。珊等乞罷，帝慰留之。御史馮允中等言：「文升、珊歷事累朝，淸德素著，不可因浮詞廢計典。」乃下蕣、蓋詔獄，命文升、珊卽舉察事。珊等言：「兩人逆計當黜，故先劾臣等。今黜之，彼必曰是挾私也。苟避不黜，則負委任，而使詐諼者得志。」帝命上兩人事蹟，皆黜之。已，劉健等因召對，力言蓋罪輕，宜調用。帝方嚮用文升、珊，卒不納。

帝晚年召對大臣，珊與大夏造膝宴見尤數。一日，與大夏侍坐。帝曰：「時當述職，諸大臣皆杜門。如二卿者，雖日見客何害。」袖出白金賚之，曰：「少佐而廉。」且屬勿廷謝，曰：「恐爲他人忌也。」珊以老疾數求退，輒優詔勉留，遣醫賜食，慰諭有加。珊感激泣下，私語大夏曰：「珊老病子幼，恐一旦先朝露，公同年好友，何惜一言乎？」大夏曰：「唯唯。」後大夏燕對畢，帝問珊病狀，言珊實病，乞憫憐聽其歸。帝曰：「彼屬卿言耶？主人留客堅，客則强留。珊獨不能爲朕留耶？且朕以天下事付卿輩，猶家人父子。今太平未兆，何忍言歸。」大夏出以告珊，珊泣曰：「臣死是官矣。」帝旣崩，珊以新君嗣位不忍言去，力疾視事。疾作，遂卒。贈太子太保，謚恭簡。

贊曰：孝宗之爲明賢君，有以哉。恭儉自飭，而明於任人。劉、謝諸賢居政府，而王恕、何喬新、彭韶等爲七卿長，相與維持而匡弼之。朝多君子，殆比隆開元、慶曆盛時矣。喬新、韶雖未究其用，而望著朝野。史稱宋仁宗時，國未嘗無嬖倖，而不足以累治世之體，朝未嘗無小人，而不足以勝善類之氣。孝宗初政，亦略似之。不然，承憲宗之季，而欲使政不旁撓，財無濫費，滋培元氣，中外乂安，豈易言哉。

校勘記

〔一〕廣昌知縣張傑復以爲言乃贈太子太保　張傑，武宗實錄卷一六五正德十三年八月庚寅作「張滐」。又，太子太保，作「太子少傅」。

〔二〕明年賜諡文肅　明年指正德十二年。按武宗實錄卷一六五、國榷卷五〇頁三一五七都繫於正德十三年八月庚寅。

〔三〕通政經歷沈祿者　沈祿，本書卷一八二王恕傳作「高祿」。

〔四〕詔加岳太子太保往任之　太子太保，孝宗實錄卷一八〇弘治十四年十月甲寅條作「太子少保」。

〔五〕參議馬鉉自臨桂深入　馬鉉，本書卷三一七桂林傳作「馬鋐」。

〔六〕明年二月詔加少保　二月，本書卷一一一七卿年表繫于正德二年「閏正月」，武宗實錄卷二二繫於正德二年閏正月癸亥。

明史卷一百八十四

列傳第七十二

周洪謨　楊守陳弟守阯　子茂元　茂仁　張元禎陳音　傅瀚
張昇　吳寬　傅珪　劉春　吳儼　顧清　劉瑞

周洪謨，字堯弼，長寧人。正統十年，進士及第。授編修。博聞强記，善文詞，熟國朝典故，喜談經濟。

景泰元年疏勸帝親經筵，勤聽政，因陳時務十二事。再遷侍讀。天順二年掌南院事。憲宗嗣位，復陳時務，言人君保國之道有三：曰力聖學，曰修內治，曰攘外侮。力聖學之目一：曰正心。修內治之目五：曰求眞才，去不肖，旌忠良，罷冗職，恤漕運。攘外侮之目六：曰選將帥，練士卒，講陳法，治兵器，足饋餉，靖邊陲。帝嘉納焉。

成化改元，廷議討四川山都掌蠻，洪謨上方略六事，詔付軍帥行之。進學士。尋爲南京祭酒。上言南監有紅板倉二十間，高皇后積粟以養監生妻孥者，宜修復，帝允行之。母喪服闋，改北監。十一年，言士風澆浮，請復洪武中學規。帝嘉納，命禮部榜諭。崇信伯費淮入監習禮，久不至。洪謨劾之，奪冠帶，以儒巾赴監，停歲祿之半，學政肅然。先聖像用冕旒十二，而舞佾豆籩數不稱，洪謨請備天子制。又言：「古者鳴球琴瑟爲堂上之樂，笙鏞柷敔爲堂下之樂，而干羽則舞於兩階。今舞羽居上，樂器居下，非古制，當改。」尙書鄒幹駁止之，洪謨再疏爭。帝竟俞其議。

遷禮部右侍郎。久之，轉左。以蔡傳所釋璿璣玉衡，後人遵用其制，考驗多不合，宜改製，帝即屬洪謨。洪謨易以木，旬日而就。十七年進尙書。二十年加太子少保。二十一年，星變，有所條奏，帝多採納。

弘治元年四月，天壽山震雷風雹，樓殿瓦獸多毀。洪謨復力勸修省，帝深納之。洪謨矜莊寡合，與萬安同鄉，安居政府時頗與之善。至是，言官先後論奏，致仕歸。又三年卒，年七十二。謚文安。

洪謨嘗言：「士人出仕，或去鄉數千里，既昧土俗，亦拂人情，不若就近選除。王府官終身不遷，乖祖制，當稍變更。都掌蠻及白羅羅羿子數叛，〔一〕宜特設長官司，就擇其人任之，庶無後患。」將歿，猶上安中國、定四裔十事。其好建白如此。

楊守陳，字維新，鄞人。祖範，有學行，嘗誨守陳以精思實踐之學。舉景泰二年進士，改庶吉士，授編修。成化初，充經筵講官，進侍講。英宗實錄成，遷洗馬。尋進侍講學士，同修宋元通鑑綱目。母憂服闋，起故官。孝宗出閤，爲東宮講官。時編文華大訓，事涉宦官者皆不錄。守陳以爲非，備列其善惡得失。書成，進少詹事。

孝宗嗣位，宮僚悉遷秩，執政擬守陳南京吏部右侍郎，帝舉筆去「南京」字。左右言劉宣見爲右侍郎，帝乃改宣左，而以守陳代之。修憲宗實錄，充副總裁。弘治改元正月，上疏曰：

孟子言「我非堯、舜之道不敢陳於王前」。夫堯、舜之道何道？書曰「人心惟危，道心惟微，惟精惟一，允執厥中」，此堯、舜之得於內者深，而爲出治之本也。詢四岳，闢四門，明四目，達四聰，此堯、舜之資於外者博，而爲致治之綱也。臣昔忝宮僚，伏覩陛下朗讀經書，未嘗勤睿問以究聖賢奧旨。儒臣略陳訓詁，未嘗進詳說以極帝王要道。是陛下得於內者未深也。今視朝，所接見者，大臣之丰采而已。君子、小人之情狀，小臣、遠臣之才行，何由識？退朝所披閱者，百官之章奏而已。諸司之典則，羣吏之情弊，何由見？宮中所聽信者，內臣之語言而已。百官之正議，萬姓之繁言，何由聞？恐陛下資於外者未博也。

願遵祖宗舊制，開大小經筵，日再御朝。大經筵及早朝，但如舊儀。若小經筵，必擇端方博雅之臣，更番進講。凡所未明，輒賜清問。凡聖賢經旨，帝王大道，以及人臣賢否，政事得失，民情休戚，必講之明而無疑，乃可行之篤而無弊。若夫前朝經籍，祖宗典訓，百官章奏，皆當貯文華殿後，陛下退朝披覽。日令內閣一人、講官二人居前殿右廂，有疑則詢，必洞晰而後已。一日之間，居文華殿之時多，處乾清宮之時少，則欲寡心清，臨政不惑，得於內者深而出治之本立矣。午朝則御文華門，大臣臺諫更番侍直。事已具疏者用揭帖，略節口奏，陛下詳問而裁決之。在外文武官來覲，俾條列地方事，口陳大要，付諸司評議。其陛辭赴任者，隨其職任而戒諭之。有大政則御文華殿，使大臣各盡其謀，勿相推避。不當則許言官駁正。其他具疏進者，召閣臣面議可否，然後批答。而於奏事、辭朝諸臣，必降詞色，詳詢博訪，務竭下情，使賢才常接於目前，視聽不偏於左右，合天下之耳目以爲聰明，則資於外者博而致治之綱舉矣。

若如經筵、常朝祇循故事，凡百章奏皆付內臣調旨批答，臣恐積弊未革，後患滋深。且今積弊不可勝數。官鮮廉恥之風，士多浮競之習。敎化凌夷，刑禁弛懈。俗侈而財滋乏，民困而盜日繁。列衞之城池不修，諸郡之倉庫鮮積。甲兵朽鈍，行伍空虛。

將驕惰而不知兵，士疲弱而不習戰。一或有警，何以禦之？此臣所以朝夕憂思，至或廢寢忘食者也。

帝深嘉納。後果復午朝，召大臣面議政事，皆自守陳發之。尋以史事繁，乞解部務。章三上，乃以本官兼詹事府，專事史館。二年卒。謚文懿，贈禮部尚書。

弟守阯。子茂元、茂仁。守阯，字維立。成化初，鄉試第一，入國學。祭酒邢讓下獄，率六館生伏闕訟冤。十四年，進士及第。授編修。秩滿，故事無遷留都者。會從兄守隨爲李孜省所逐，欲幷逐守阯，乃以爲南京侍讀。

弘治初，召修憲宗實錄，直經筵，再遷侍講學士。給事中龐泮等以救知州劉遜悉下獄，吏部尙書屠滽奏遣他官攝之。守阯貽書，極詆滽失。十年大計京官。守阯時掌院事，言：「臣與掌詹事府學士王鏊，俱當聽部考察。但臣等各有屬員。進與吏部會考所屬，則坐堂上，退而聽考，又當候階下。我朝優假學士，慶成侍宴，班四品上，車駕臨雍，坐彝倫堂內，視三品，此故事也。今四品不與考察，則學士亦不應與。臣等職講讀撰述，稱否在聖鑒，有不待考察者。」詔可。學士不與考察，自守阯始。修會典，充副總裁。尋遷南京吏部右侍郎。嘗署兵部，陳時弊五事。改署國子監。考績入都，會典猶未成，仍留爲總裁。事竣，遷左侍郎還任，進二秩。武宗立，引年乞休，不待報竟歸，詔加尚書致仕。劉瑾亂政，奪其加官。瑾敗乃復，久之卒。

守阯博極羣書，師事兄守陳，學行相埒。其爲解元、學士、侍郎，皆與兄同。又對掌兩京翰林院，人尤豔稱之。守陳卒，守阯爲位哭奠者三年。

茂元，字志仁。成化十一年進士。授刑部主事。歷郎中，出爲湖廣副使，改山東。弘治七年，河決張秋，詔都御史劉大夏治之，復遣中官李興、平江伯陳銳繼往。興威虐，縶辱按察使。茂元攝司事，奏言：「治河之役，官多而責不專。有司供億，日費百金。諸臣初祭河，天色陰晦，帛不能燃。所焚之餘，宛然人面，具耳目口鼻，觀者駭異。鬼神示怪，夫豈偶然。乞召還興、銳等，專委大夏，功必可成。且水者陰象，今后戚家威權太盛，假名姓肆貪暴者，不可勝數，請加禁防，以消變異。晝工、藝士，宜悉放遣。山東旣有內臣鎭守，復令李全鎭臨清，宜撤還。」疏入，下山東撫、按勘，奏言：「焚帛之異誠有之，所奏供億，多過其實。」於是興、銳連章劾茂元妄，詔遣錦衣百戶胡節逮之。父老遮道愬節，乞還楊副使。及陛見，茂元長跪不伏，帝怒，置之詔獄。節遍叩中官，備言父老愬冤狀，中官多感動。會言者交論救，部擬贖杖還職，特謫長沙同知。謝病歸。久之，起安慶知府，遷廣西左參政。正德四年，劉瑾遣御史孫迪校勘錢穀，索賄不予。瑾又惡茂元從父守隨，遂勒致仕。瑾誅，起官江西，尋遷雲南左布政使。以右副都御史巡撫貴州，改蒞南京都察院，終刑部右侍郎。

茂仁，字志道，成化末進士。歷刑部郎中。遼東鎮守中官梁玘被劾，偕給事中往按，盡發其罪。終四川按察使。

張元禎，字廷祥，南昌人。五歲能詩，寧靖王召見，命名元徵。巡撫韓雍器之曰「人瑞也」，乃易元禎。舉天順四年進士，改庶吉士，授編修。

憲宗嗣位，疏請行三年喪，不省。其年五月，疏陳三事：「一，勤講學。願不廢寒暑，所講必切於修德爲治之實，不必以亂亡忌觸爲諱。講退，更凝神靜味，驗之於身心政化。講官，令大臣公舉剛明正大之人，不拘官職大小。一，公聽政。請日御文華殿，午前進講，午後聽政。天下章奏，命諸臣詳議面陳可否，陛下親臨決其是非。暇則召五品以下官，隨意問以時事得失利病，令下情得以畢達。一，廣用賢。請命給事中、御史，各陳兩京堂上官賢否。如有不盡，亦許在京五品官指陳之，以爲進退。又令共薦有德望者，以代所去之位，則大臣皆得其人。於是命之各言其所屬及方面郡縣官之賢否，付內閣吏部陞黜之。中外羣臣，有剛正敢言者，舉爲臺諫，不必論其言貌、官職、出身。但不宜委之堂上官，恐憚其剛方，而薦柔媚者以充數，所舉之人感其推薦，不敢直斥其非。是以古者大臣不舉臺諫。」疏入，以言多窒礙難行，寢之。預修英宗實錄，與執政議不合，引疾家居，講求性命之學。閱二十年，中外交薦，皆不赴。

弘治初，召修憲宗實錄，進左贊善。上言：「人君不以行王道爲心，非大有爲之主也。陛下毓德青宮，已負大有爲之望。邇者頗崇異端，嬖近習，以蠱此心；殖貨利，耽玩好，以荒此心；開倖門，塞言路，以昧此心。則不能大有爲矣。願定聖志，一聖學，廣聖智。」疏反覆累萬言，帝頗納之。實錄成，遷南京侍講學士，以養母歸。久之，召爲會典副總裁。至則進學士，充經筵日講官，帝甚傾向。元禎體清癯，長不踰中人，帝特設低几聽之。數月，以母憂去。服闋，遷南京太常卿。已，修通鑑纂要，復召爲副總裁。以故官兼學士，改掌詹事府。帝晚年德益進。元禎因請講筵增講太極圖、通書、西銘諸書。帝亟取觀之，喜曰：「天生斯人，以開朕也。」欲大用之，未幾晏駕。

武宗立，擢吏部左侍郎兼學士入東閣，專典誥敕。元禎素有盛譽。林居久，晚乃復出。館閣諸人悉後輩，見元禎言論意態，以爲迂濶，多姍笑之。又名位相軋，遂騰謗議，言官交章劾元禎。元禎七疏乞休，劉健力保持之。健去，元禎亦卒。天啓初，追謚文裕。

陳音，字師召，莆田人。天順末進士。改庶吉士，授編修。成化六年三月，以災異陳時政，言：「講學莫先於好問。陛下雖間御經筵，然勢分嚴絕，上有疑未嘗問，下有見不敢陳。願引儒臣賜坐便殿，從容咨論，仰發聖聰。異端者，正道之反，法王、佛子、眞人，宜一切罷遣。」章下禮部。越數日，又奏：「國家養士百年，求其可用，不可多得。如致仕尚書李秉，在籍修撰羅倫、編修張元禎、新會舉人陳獻章皆當世人望，宜召還秉等，而置獻章臺諫。言官多緘默，願召還判官王徽、評事章懋等，以開言路。」忤旨切責。

司禮太監黃賜母死，廷臣皆往弔，翰林不往。侍講徐瓊謀於衆，音大怒曰：「天子侍從臣，相率拜內豎之室，若淸議何！」瓊愧沮。秩滿，進侍講。汪直黨韋瑛夜帥邏卒入兵部郎中楊士偉家，縛士偉，考掠及其妻子。音與比隣，乘墉大呼曰：「爾擅辱朝臣，不畏國法耶！」其人曰：「爾何人，不畏西廠！」音厲聲曰：「我翰林陳音也。」久之，遷南京太常少卿。劉吉父喪起復，音貽書勸其固辭，吉不悅。後吏部擬用音，吉輒阻之曰「腐儒」，以故十年不得調。嘗與守備中官爭事，爲所劾，事卒得直。弘治五年，吉罷，始進本寺卿。越二年卒。

音負經術，士多遊其門者。然性健忘，世故瑣屑事皆不解。世多以不慧事附之以爲笑，然不盡實也。

傅瀚，字曰川，新喻人。天順八年進士。選庶吉士，除檢討。嗜學强記，善詩文。再遷左諭德，直講東宮。孝宗嗣位，擢太常少卿兼侍讀，歷禮部左、右侍郎。尋命兼學士入東閣，專典誥敕，兼掌詹事府事。

弘治十三年代徐瓊爲禮部尚書。保定獻白鵲，疏斥之。陝西巡撫熊翀以鄠縣民所得玉璽來獻，以爲秦璽復出也。瀚率同列言：「秦璽完毁，具載簡册。今所進璽，形色、篆紐皆不類，蓋後人倣爲之。且帝王受命在德不在璽，太祖製六璽，列聖相承，百三十餘載，天休滋至，受命之符不在秦璽明矣。請姑藏内府。」帝是其言，薄賞得璽者。

京師星變、地震、雨雹，四方多變異。瀚條上軍民所不便者，請躬行節儉以先天下。光祿寺滷行戶物價至四萬餘兩。瀚言由供億之濫，願敦儉素，俾冗費不生。所條奏，率傅正議。十五年卒，贈太子太保，謚文穆。

張昇，字啓昭，南城人。成化五年進士第一。授修撰，歷諭德。弘治改元，遷庶子。

大學士劉吉當國，昇因天變，疏言：「陛下即位，言者率以萬安、劉吉、尹直爲言，安、直被斥，吉獨存。吉乃傾身阿佞，取悅言官，昏暮款門，祈免糾劾，許以超遷。由是諫官緘口，奸計始遂。貴戚萬喜依憑宮壼，凶焰熾張，吉與締姻。及喜下獄，猶爲營捄。父存則異居各爨，父歿則奪情起官。談笑對客，無復戚容。盛納豔姬，恣爲淫黷。」且歷數其納賄、縱子等十罪。吉憤甚，風科道劾昇誣詆，調南京工部員外郎。吉罷，復故官，歷禮部左、右侍郎。十五年代傅瀚爲尚書。

孝宗崩，眞人陳應循、西番灌頂大國師那卜堅參等以祓除，率其徒入乾淸宮，昇請置之法。詔奪眞人、國師、高士等三十餘人名號，逐之。昇在部五年，遇災異，輒進直言。亦數爲言者所攻，然自守謹飭。

武宗嬉遊怠政，給事中胡煜、楊一渶、張襘皆以爲言，章下禮部。昇因上疏，請親賢遠佞，克謹天戒。帝是之而不能用，昇遂連疏乞休，不允。正德二年，秦府鎭國將軍誠澂請襲封保安王，昇執不可。忤劉瑾，謝病。詔加太子太保，乘傳歸，月米、歲夫如制。卒於家。

吳寬，字原博，長洲人。以文行有聲諸生間。成化八年，會試、廷試皆第一，授修撰。侍孝宗東宮，秩滿進右諭德。孝宗卽位，以舊學遷左庶子，預修憲宗實錄，進少詹事兼侍讀學士。

弘治八年〔三〕擢吏部右侍郎。丁繼母憂，吏部員缺，命虛位待之。服滿還任，轉左，改掌詹事府，入東閣，專典誥敕，仍侍武宗東宮。宦豎多不欲太子近儒臣，數移事間講讀。寬率其僚上疏曰：「東宮講學，寒暑風雨則止，朔望令節則止，一年不過數月，一月不過數日，一日不過數刻。是進講之時少，輟講之日多，豈容復以他事妨誦讀。古人八歲就傅，卽居宿於外，欲離近習，親正人耳。庶民且然，矧太子天下本哉？」帝嘉納之。

十六年進禮部尚書，餘如故。先是，孝莊錢太后崩，廷議孝肅周太后萬歲後，並葬裕陵，祔睿廟，禮皆如適。至是，孝肅崩，將祔廟，帝終以並祔爲疑，下禮官集議。寬言魯頌閟宮、春秋考仲子之宮皆別廟，漢、唐亦然。會大臣亦多主別廟，帝乃從之。時詞臣望重者，寬爲最，謝遷次之。遷既入閣，嘗爲劉健言，欲引寬共政，健固不從。他日又曰：「吳公科第、年齒、聞望皆先於遷，遷實自愧，豈有私於吳公耶。」及遷引退，舉寬自代，亦不果用。中外皆爲之惜，而寬甚安之，曰：「吾初望不及此也。」年七十，數引疾，輒慰留，竟卒於官。贈太子太保，謚文定。授長子奭中書舍人，補次子奐國子生，異數也。

寬行履高潔，不爲激矯，而自守以正。於書無不讀，詩文有典則，兼工書法。有田數頃，嘗以周親故之貧者。友人賀恩疾，遷至邸，旦夕視之。恩死，爲衣素一月。

傅珪，字邦瑞，清苑人。成化二十三年進士。改庶吉士。弘治中，授編修，尋兼司經局校書。與修大明會典成，遷左中允。武宗立，以東宮恩，進左諭德，充講官，纂修孝宗實錄。時詞臣不附劉瑾，瑾惡之。謂會典成於劉健等，多所糜費，鐫與修者官，降珪修撰。俄以實錄成，進左中允，再遷翰林學士，歷吏部左、右侍郎。

正德六年代費宏爲禮部尙書。禮部事視他部爲簡，自珪數有執爭，章奏遂多。帝好佛，自稱大慶法王。番僧乞田百頃爲法王下院，中旨下部，稱大慶法王與聖旨並。珪佯不知，執奏：「孰爲大慶法王，敢與至尊並書，大不敬。」詔勿問，田亦竟止。

珪居閒類木訥者。及當大事，毅然執持，人不能奪，卒以此忤權倖去。教坊司臧賢請易牙牌，製如朝士，又請改鑄方印，珪格不行。賢日夜騰謗於諸閹間，冀去珪。流寇擾河南，太監陸誾謀督師，下廷議，莫敢先發。珪厲聲曰：「師老民疲，賊日熾，以冒功者多，僨事者漏罰，失將士心。先所遣已無功，可復遣耶？今賊橫行郊圻肘腋間，民囂然思亂，禍且夕及宗社。吾儕死不償責，諸公安得首鼠兩端。」由是議罷。疏上，竟遣誾，而中官皆憾珪。御史張羽奏雲南災，珪因極言四方災變可畏。八年五月，復奏四月災，因言：「春秋二百四十二年，災變六十九事。今自去秋來，地震天鳴，雹降星殞，龍虎出見，地裂山崩，凡四十有二，而水旱不與焉，災未有若是甚者。」極陳時弊十事，語多斥權倖，權倖益深嫉之。會戶部尚書孫交亦以守正見忤，遂矯旨令二人致仕。兩京言官交章請留，不聽。

珪歸三年，御史盧雍稱珪在位有古大臣風，家無儲蓄，日給爲累，乞頒月廩、歲隸，以示優禮。又謂珪剛直忠讜，當起用。吏部請如雍言，不報。而珪適卒，年五十七。遺命毋請卹典。撫、按以爲言，詔廕其子中書舍人。嘉靖元年錄先朝守正大臣，追贈太子少保，謚文毅。

劉春，字仁仲，巴人。成化二十三年進士及第。授編修，屢遷翰林學士。正德六年擢吏部右侍郎，進左。八年代傅珪爲禮部尚書。淮王祐棨、鄭王祐檡皆由旁支襲封，而祐棨稱其本生爲考，祐檡幷欲追封入廟。交城王秉杋由鎭國將軍嗣爵，而進其妹爲縣主。春皆據禮駁之，遂著爲例。

帝崇信西僧，常襲其衣服，演法內廠。有綽吉我些兒者，出入豹房，封大德法王，遣其徒二人還烏思藏，請給國師誥命如大乘法王例，歲時入貢，且得齎茶以行，春持不可。帝命再議，春執奏曰：「烏思藏遠在西方，性極頑獷。雖設四王撫化，其來貢必有節制，使不爲邊患。若許其齎茶，給之誥敕，萬一假上旨以誘羌人，妄有請乞，不從失異俗心，從之則滋害。」奏上，罷齎茶，卒與誥命。春又奏：「西番俗信佛教，故祖宗承前代舊，設立烏思藏諸司，及陝西洮、岷，四川松潘諸寺，令化導番人，許之朝貢。貢期、人數皆有定制。比緣諸番僻遠，莫辨眞僞。中國逃亡罪人，習其語言，竄身在內，又多創寺請額。番貢日增，宴賞繁費。乞嚴其期限，酌定人數，每寺給勘合十道，緣邊兵備存勘合底簿，比對相同，方許起送。幷禁自後不得濫營寺宇。」報可。廣東布政使羅榮等入覲，各言鎭守內臣入貢之害。春列上累朝停革貢獻詔旨，且言四方水旱盜賊，軍民困苦狀，乞罷諸鎭守臣。不納。

春掌禮三年，愼守彝典。宗藩請封、請婚及文武大臣祭葬、贈謚，多所裁正。遭憂，服闋起南京吏部尙書。尋以禮部尙書專典誥敕，掌詹事府事。十六年卒。贈太子太保，謚文簡。

劉氏世以科第顯。春父規，御史。弟台，雲南參政。子彭年，巡撫貴州右副都御史。彭年子起宗，遼東苑馬寺卿。起宗子世賞，廣東左布政使。台子鶴年，雲南布政使，以淸譽聞。鶴年孫世曾，巡撫雲南右副都御史，有征緬功。皆由進士。

吳儼，字克溫，宜興人。成化二十三年進士。改庶吉士，授編修，歷侍講學士，掌南京翰林院。正德初，召修孝宗實錄，直講筵。劉瑾竊柄，聞儼家多貲，遣人啗以美官。儼峻拒之，瑾怒。會大計羣吏，中旨罷儼官。瑾誅，復職歷禮部左、右侍郎，拜南京禮部尚書。

十二年，武宗北巡，儼抗疏切諫。明年復偕諸大臣上疏曰：「臣等初聞駕幸昌平，曾具疏極論，不蒙採納。既聞出居庸，幸宣、大，宰輔不及知，羣臣不及從，三軍之士不及衞，京師內外人心動搖。徐、淮以南，荒饉千里，去冬雨雪爲災，民無衣食，安保其不爲盜。所禦之寇尙遠隔陰山，而不虞之禍或猝起於肘腋，臣所大懼也。」不報。

十四年卒官。贈太子少保，謚文肅。

顧清，字士廉，松江華亭人。弘治五年舉鄉試第一。明年，成進士，改庶吉士，授編修。與同年生毛澄、羅欽順、汪俊，相砥以名節。進侍讀。

正德初，劉瑾竊柄，淸邑子張文冕爲謀主，附者立尊顯。淸絕不與通，瑾銜之。四年摘會典小誤，挫諸翰林，淸降編修。又以諸翰林未諳政事，調外任及兩京部屬，淸得南京兵部員外郎。會父憂，不赴。瑾誅，還侍讀，擢侍讀學士掌院事。尋遷少詹事，充經筵日講官，進禮部右侍郎。時澄已爲尚書，清協恭守職，前後請建儲宮，罷巡幸，疏凡十數上。世宗嗣位，爲御史李獻所劾，罷歸。

清學端行謹，恬於進取。家居，薦者相繼，悉報寢。嘉靖六年詔舉老成堪用內閣者，廷推及清，乃以爲南京禮部右侍郎。上言：「錦衣職侍衞，祖宗朝非機密不遣。正德間，營差四出，海內騷然，陛下所親見。近乃遣千戶勘揚州高淪爭私財事，囚其女婦，慘毒備加。請自今悉付所司，停旂校無遣。」從之。

屢疏引疾，詔進尙書致仕。時方進表入都，道卒。謚文僖。

劉瑞，字德符，內江人。父時敫，官山東僉事，以廉惠稱。瑞舉弘治九年進士，選庶吉士，授檢討。好學潔修，遇事輒有論建。淸寧宮災，請罷醮壇。時召內閣講官延訪治道，又言：「故閣李廣門下內臣，宜悉治罪。前太監汪直，先帝罪人，今來覬用，當斥遠之。副使楊茂元、郎中王雲鳳以直言獲罪，宜召復其官。京師之萬春宮，興濟眞武廟，壽寧侯第，在外之興、岐、衡、雍、汝、涇諸府，土木繁興，宜悉罷不急者。都勻之捷，鄧廷瓚冒其功，賀蘭之征，王越啓其釁，請追正欺罔之罪。」報聞。闕里廟成，遣大學士李東陽祭告。瑞請更定先師封謚，不果行。

武宗卽位，疏陳端治本九事。請召祭酒章懋，侍郎王鏊，都御史林俊、雍泰，而超擢參政王綸、副使王雲鳳、僉事胡獻、知府楊茂元、照磨余濂。〔三〕由是，諸臣多獲進用。劉瑾用事，瑞卽謝病。貧不能還鄉，依從母子李充嗣於澧州。瑾榜瑞爲奸黨，又以前薦雍泰除其名，罰米輸塞上。坐是益困，授徒自給。瑾誅，以副使督浙江學校，召爲南京太僕少卿。嘉靖二年，由南太常卿就遷禮部右侍郎。因災變偕同官條上六事，且言齋醮無益且妨政，織造多費且病民。帝多納用之。大禮議起，瑞偕九卿合疏。極言大宗、小宗之義，凡數千言。四年卒官。贈尙書。隆慶初，謚文肅。

贊曰：周洪謨等以詞臣歷卿貳。或職事拳拳，或侃侃建白，進講以啓沃爲心，守官以獻替自效。於文學侍從之選，均無愧諸。

校勘記

〔一〕都掌蠻及白羅羅羿子數叛　羿子，原作「昇子」，據本書卷三一二永寧宣撫司傳、憲宗實錄卷一九八成化十五年十二月丁巳條改。

〔二〕弘治八年　明史稿傳六三吳寬傳作「弘治九年」。

〔三〕照磨余濂　原作「照磨金濂」，據明史稿傳六三劉瑞傳及武宗實錄卷七弘治十八年十一月壬午條改。按余濂見本書卷一八〇王獻臣傳及孝宗實錄卷二一八弘治十八年十一月乙未條。

明史卷一百八十五

列傳第七十三

李敏 葉淇　賈俊 劉璋　黃紱　張悅 張鎣　佀鍾　曾鑑
梁璟 王詔　徐恪　李介 子昆　黃珂　王鴻儒　叢蘭
吳世忠

李敏，字公勉，襄城人。景泰五年進士。授御史。天順初，奉敕撫定貴州蠻。還，巡按畿內。以薊州餉道經海口，多覆溺，建議別開三河達薊州，以避其險，軍民利之。成化初，用薦超遷浙江按察使。再任湖廣。歷山西、四川左、右布政使。十三年擢右副都御史，巡撫大同。敵騎出沒塞下，掩殺守墩軍，敏伏壯士突擒之。修治垣塹，敵不敢犯。十五年召為兵部右侍郎。踰四年，病歸。河南大饑，條上救荒數事。詔以左副都御史巡撫保定諸府。二十一年改督漕運，尋召拜戶部尚書。先是，敏在大同，見山東、河南轉餉至者，道遠耗費，乃會計歲支外，悉令輸銀。民輕齎易達，而將士得以其贏治軍裝，交便之。至是，幷請畿輔、山西、陝西州縣歲輸糧各邊者，每糧一石徵銀一兩，以十九輸邊，依時値折軍餉，有餘則召糴以備軍興。帝從之。自是北方二稅皆折銀，由敏始也。崇文門宣課司稅，多爲勢要所侵漁。敏因馬文升言請增設御史主事監視。御史陳瑤斥敏聚斂，敏再疏求去。帝慰留之。貴戚請隙地及鷹房、牧馬場千頃，敏執不可，事得寢。

當憲宗末，中官、佞倖多賜莊田。既得罪，率辭而歸之官，罪重者奪之，然不以賦民。敏請召佃，畝科銀三分，帝從之，然他莊田如故也。會京師大水，敏乃極陳其害，言：「今畿輔皇莊五，爲地萬二千八百餘頃；勛戚、中官莊三百三十有二，爲地三萬三千一百餘頃。官校招無賴爲莊頭，豪奪畜產，戕殺人，汚婦女，民心痛傷，災異所由生。皇莊始正統間，諸王未封，相閒地立莊。王之藩，地仍歸官，其後乃沿襲。普天之下，莫非王土，何必皇莊。請盡革莊戶，賦民耕，畝概徵銀三分，充各宮用度。無皇莊之名，而有足用之效。至權要莊田，亦請擇佃戶領之，有司收其課，聽諸家領取。悅民心，感和氣，無切於此。」時不能用。

南京御史與守備太監蔣琮相訐，御史咸遠謫，而琮居職如故。敏再疏力爭，皆不聽。

弘治四年得疾乞休，帝爲遣醫視療。已，復力請，乃以葉淇代，詔敏乘傳歸。未抵家卒。贈太子少保，謚恭靖。

敏生平篤行誼，所得祿賜悉以分昆弟、故人。里居時，築室紫雲山麓，聚書數千卷，與學者講習。及巡撫大同，疏籍之於官，詔賜名紫雲書院。大同孔廟無雅樂，以敏奏得頒給如制云。

葉淇，字本清，山陽人。景泰五年進士。授御史。天順初，石亨譖之下吏，考訊無驗，出爲武陟知縣。成化中累官大同巡撫。孝宗立，召爲戶部侍郎。弘治四年代李敏爲尚書，尋加太子少保。哈密爲土魯番所陷，守臣請給其遺民廩食，處之內地，淇曰：「是自貽禍也。」寢其奏。奸民獻大名地爲皇莊，淇議歸之有司。內官龍綬請開銀礦，淇不可。帝從之。已，綬請長蘆鹽二萬引，鬻於兩淮以供織造費。淇力爭，竟不納。

淇居戶部六年，直亮有執，能爲國家惜財用。每廷議用兵，輒持不可。惟變開中之制，令淮商以銀代粟，鹽課驟增至百萬，悉輸之運司，邊儲由此蕭然矣。九年四月乞休，歸卒。贈太子太保。

從子贊，進士，歷官刑部右侍郎，以清操聞。

賈俊，字廷杰，束鹿人。以鄉舉入國學。天順中，選授御史。歷巡浙江、山西、陝西、河南、南畿，所至有聲。

成化十三年自山東副使超拜右僉都御史，巡撫寧夏。在鎮七年，軍民樂業，召爲工部右侍郎。二十一年奉敕振饑河南。尋轉左，數月拜尙書。時專重進士，舉人無至六卿者，俊獨以重望得之。及孝宗踐阼，尙書王恕、李敏、周洪謨、余子俊、何喬新，都御史馬文升，皆一時民譽，俊參其間，亦稱職。

諸王府第、塋墓悉官予直，而儀仗時繕修。內官監欲頻興大工，俊言王府旣有祿米、莊田，請給半直；儀仗非甚敝，不得煩有司；公家所宜營，惟倉庫、城池，餘皆停罷。帝報可。弘治四年，中官奏修沙河橋，請發京軍二萬五千及長陵五衞軍助役。內府寶鈔司乞增工匠。浙江及蘇、松諸府方罹水災而織造錦綺至數萬匹。俊皆執奏，並得寢。

工部政務與內府監局相表裏，而內官監專董工役，職尤相關。俊不爲所撓，工役大省。太廟後殿成，加太子少保。足疾，致仕。詔許乘傳歸，給夫廩如制。踰年卒。

俊廉愼，居工部八年，望孚朝野。

代之者劉璋，字廷信，延平人。天順初進士。歷官中外有聲。居工部，亦數有爭執，名亞於俊。

黃紱，字用章，其先封丘人。曾祖徙平越，遂家焉。紱登正統十三年進士，除行人，歷南京刑部郎中。剛廉，人目之曰「硬黃」。大猾譚千戶者，占民蘆場，莫敢問，紱奪還之民。成化九年遷四川左參議。久之，進左參政。按部崇慶，旋風起輿前，不得行。紱曰：「此必有冤，吾當爲理。」風遂散。至州，禱城隍神，夢若有言州西寺者。寺去州四十里，倚山爲巢，後臨巨塘。僧夜殺人沉之塘下，分其貲。且多藏婦女於窟中。紱發吏兵圍之，窮詰，得其狀，誅僧毀其寺。倉吏倚皇親乾沒官糧巨萬，紱追論如法，威行部中。歷四川、湖廣左、右布政使。奏閉建昌銀礦。兩京工興，湖廣當輸銀二萬，例徵之民，紱以庫羨充之。荆王奏徙先壟，紱恐爲民擾，執不可。

二十二年擢右副都御史，巡撫延綏。劾參將郭鏞，都指揮鄭印、李鐸、王琮等抵罪，計捕奸豪張綱。申軍令，增置墩堡，邊政一新。出見士卒妻衣不蔽體，歎曰：「健兒家貧至是，何面目臨其上。」亟豫給三月餉，親爲拊循。會有詔毀庵寺，紱因盡汰諸尼，以給壯士無妻者。及紱去，多攜子女拜送於道。

弘治三年拜南京戶部尚書。言官以紱進頗驟，頻有言。帝不聽，就改左都御史，焚差歷簿於庭曰：「事貴得人耳，資勞久近，豈立官意哉。」

紱歷官四十餘年，性卞急，不能容物。然操履潔白，所至有建樹。六年乞休，未行卒。

張悅，字時敏，松江華亭人。舉天順四年進士，授刑部主事，進員外郎。成化中出爲江西僉事，改督浙江學校。力拒請託，校士不糊名，曰：「我取自信而已。」遷四川副使，進按察使。遭喪，服闋補湖廣。王府承奉張通縱恣，悅繩以法。及入覲，中官尚銘督東廠，衆競趨其門，悅獨不往。銘銜甚，伺察無所得。銘敗，召拜左僉都御史。孝宗立，遷工部右侍郎，轉吏部左侍郎。王恕爲尚書，悅左右之，嘗兩攝選事。弘治六年夏，大旱，求言。陳遵舊章、卹小民、崇儉素、裁冗食、禁濫罰數事，又上修德、圖治二疏，並嘉納。俄遷南京右都御史，就改吏部尚書。九年復改兵部，參贊機務。以年至，累疏乞休。詔加太子少保，馳傳歸。卒贈太子太保，謚莊簡。

時與悅同里而先爲南京兵部尙書者張鎣，字廷器，正統十三年進士。景泰初，擢御史。歷江西副使按察使、陝西左布政使。成化三年以右副都御史巡撫寧夏。寧夏城，土築，鎣始甃以甎。道河流，漑靈州屯田七百餘頃。以父喪去。服除，起撫河間諸府，改大同，歷刑部左、右侍郎。十八年擢本部尙書。明年加太子少保。又明年，再以憂歸。弘治元年起南京兵部尙書，卒官，贈太子太保，謚莊懿。

侶鍾，字大器，鄆城人。成化二年進士。授御史，巡鹽兩淮。按浙江還，掌諸道章奏。汪直諷鍾劾馬文升，鍾不可，被譖杖闕下。以都御史王越薦，擢大理寺丞，再遷右少卿。寇入大同，廷議遣大臣巡視保定諸府，乃以命鍾。居數月，卽擢右副都御史巡撫其地。河間瀕海民地爲勢家所據，鍾奪還之。召爲刑部右侍郎。丁內艱，僦運艘載母柩南還。督漕總兵官王信奏之，逮下吏。會當路方逐尹旻黨，而鍾與旻爲同鄉，乃貶二秩爲曲靖知府。改徽州，復入爲大理寺左少卿。

弘治三年，以右副都御史巡撫蘇、松諸府，盡心荒政。召爲戶部侍郎總督倉場，尋改吏部。十一年遷右都御史。居二年，進戶部尚書。

十五年上天下會計之數，言：「常入之賦，以蠲免漸減，常出之費，以請乞漸增，入不足當出。正統以前軍國費省，小民輸正賦而已。自景泰至今，用度日廣，額外科率。河南、山東邊餉，浙江、雲南、廣東雜辦，皆昔所無。民已重困，無可復增。往時四方豐登，邊境無調發，州縣無流移。今太倉無儲，內府殫絀，而冗食冗費日加於前。願陛下惕然省憂，力加損節，且敕廷臣共求所以足用之術。」帝乃下廷臣議。議上十二事，其罷傳奉冗官，汰內府濫收軍匠，清騰驤四衞勇士，停寺觀齋醮，省內侍、畫工、番僧供應，禁王府及織造濫乞鹽引，令有司徵莊田租，皆權倖所不便者。疏留數月不下，鍾乃復言之。他皆報可，而事關權幸者終格不行。

奸商投外戚張鶴齡，乞以長蘆舊引十七萬免追鹽課，每引納銀五分，別用價買各場餘鹽如其數，聽鬻販，帝許之。後奸民援例乞兩淮舊引至百六十萬，鍾等力持，皆不聽。自此鹽法大壞，奸人橫行江湖，官司無如何矣。

東廠偵事者發鍾子瑞受金事，鍾屢疏乞休，命馳驛歸。正德時，劉瑾摭鍾在部時事，至罰米者三。又數年卒。

曾鑑，字克明，其先桂陽人，以戍籍居京師。天順八年進士。授刑部主事。通州民十餘人坐爲盜，獄已具，鑑辨其誣。已，果獲眞盜。成化末，歷右通政，累遷工部左侍郎。弘治十三年進尙書。

孝宗在位久，海內樂業，內府供奉漸廣，司設監請改造龍毯、素毯一百有奇。鑑等言：「毯雖一物，然徵毛毳於山、陝，採綿紗諸料於河南，召工匠於蘇、松，經累歲，勞費百端，祈賜停止。」不聽。內府針工局乞收幼匠千人，鑑等言：「往年尙衣監收匠千人，而兵仗局效之，收至二千人。軍器局、司設監又效之，各收千人。弊源一開，其流無已。」於是命減其半。太監李興請辦元夕煙火，有詔裁省，因鑑奏盡罷之。十六年，帝納諸大臣言召還織造中官，中官鄧瑢以請，帝又許之。鑑等極言，乃命減三之一。其冬，言諸省方用兵，且水旱多盜賊，乞罷諸營繕及明年煙火、龍虎山上淸宮工作。帝皆報從。

正德元年，雷震南京報恩寺塔，守備中官傅容請修之。鑑言天心示儆，不宜重興土木以勞民力，乃止。御馬監太監陳貴奏遷馬房，欽天監官倪謙覆視，請從之。給事中陶諧等劾貴假公營私，并劾謙阿附，不聽。鑑執奏，謂馬房皆由欽天監相視營造，其後任意增置者，宜令拆毀改正，葺以己資，庶牧養無妨而民不勞。報可。內織染局請開蘇、杭諸府織造，上供錦綺爲數二萬四千有奇。鑑力請停罷，得減三分之半。太監許鏞等各齎敕於浙江諸處抽運木植，亦以鑑言得寢。

孝宗末，閣部大臣皆極一時選，鑑亦持正。及與韓文等請誅宦官不勝，諸大臣留者率巽順避禍，鑑獨守故操。有詔賜皇親夏儒第，帝嫌其隘，欲拓之。鑑力爭，不從。明年春，中官黃準守備鳳陽，從其請，賜旗牌。鑑等言大將出征及諸邊守將，乃有旗牌，內地守備無故事，乃寢。其年閏正月致仕，旋卒。贈太子太保。

梁璟，字廷美，崞縣人。天順八年進士。授兵科給事中。成化時，屢遷都給事中。項忠征荊、襄，驅流民復業。璟劾其縱兵逼迫，較賊更慘，語具忠傳。延綏用兵，令山西預征芻粟，民相率逃亡。璟疏陳其困，得寬減。畿輔八府舊止設巡撫一人，駐薊州以禦邊，不能兼顧。璟請順天、永平二府分設一巡撫，以薊州邊務屬之，令巡撫陳濂專撫保定六府兼督紫荊諸關。朝議從之，遂爲定制。已，與同官韓文、王詔等奏請起致仕尚書王竑、李秉，而斥都御史王越，幷及宮闈隱事，被撻文華殿。武靖伯趙輔西征不敢戰，稱病求還，復謀典營府事。璟等極論其罪，乃令養疾歸。

九載秩滿，擢陝西左參政，分守洮、岷。西番入寇，督兵斬其魁。內艱服闋，還原任，歷左、右布政使。先後在陝十五年，多政績。

孝宗嗣位，遷右副都御史，巡撫湖廣。弘治二年，民饑，請免徵兩京漕糧八十九萬餘石，從之。帝登極詔書已罷四方額外貢獻，而提督武當山中官復貢黃精、梅筍、茶芽諸物。武當道士先止四百，至是倍之，所度道童更倍，咸衣食於官，月給油蠟、香楮，灑掃夫役以千計。中官陳喜又攜道士三十餘人，〔一〕各領護持敕，所至張威虐。璟皆奏請停免，多見採納。外艱服除，再撫四川。七年召拜南京吏部右侍郎。久之，就進戶部尚書。致仕歸，卒。

王詔，字文振，趙人。生有異姿，學士曹鼐奇之，妻以女。天順末，登進士，授工科給事中。睿皇后崩，值秋享太廟，時議謂不當以卑廢尊。詔言禮有喪不祭，無已，則移日俟釋服。議雖不行，識者是焉。勘牧馬草場，劾會昌侯孫繼宗、撫寧侯朱永侵占罪。時方面官缺，令京卿三品保舉。詔言恐長奔競風，不聽。累遷都給事中。八年七月敕修隆善寺工竣，授工匠三十人官尙寶少卿，任道遜等以書碑皆進秩。詔上疏力諫，不省。已，偕梁璟等論及宮闈事，帝大怒，召至文華殿面詰之。詔仰呼曰：「臣等言雖不當，然區區犬馬之誠，知爲國而已。」乃杖而釋之。出爲湖廣右參政。原傑經略荆、襄，詔襄理功爲多。以父憂去。服除再任，遷右布政使。

弘治元年轉貴州左布政使。其冬，以右副都御史巡撫雲南。土官好爭襲，所司入其賄，變亂曲直，生邊患。詔不通苞苴，一斷以法，且去弊政之不便者。諸夷歸命，邊徼寧戢。有故官不能歸者，妻子多鬻爲奴。詔爲資遣，得歸者甚衆。洪武中，尚書吳雲繼王禕死事，後禕謚忠文，歲祀之，而不及雲。詔以爲請，乃謚雲忠節，與禕並祀。四年召拜南京兵部右侍郎，未上，卒。

徐恪，字公肅，常熟人。成化二年進士。授工科給事中。中官欲出領抽分廠，恪等疏爭。中官怒，請即遣恪等，將摭其罪，無所得乃已。出爲湖廣左參議，遷河南右參政。陝西饑，當轉粟數萬石。恪以道遠請輸直，上下稱便。

弘治初，歷遷左、右布政使。徽王府承奉司違制置吏，恪革之。王奏恪侵侮，帝賜書誡王。河徙逼開封，有議遷藩府三司於許州者，恪言非便，遂寢。四年拜右副都御史，巡撫其地。奏言：「秦項梁、唐龐勛、元方谷珍輩往往起東南。今東南民力已竭，加水旱洊臻，去冬彗掃天津，直吳、越地。乞召還織造內臣，敕撫按諸臣加意拊循，以弭異變。」帝不從。故事，王府有大喪，遣中官致祭，所過擾民。成化末，始就遣王府承奉。及帝卽位，又復之。恪請如先帝制，幷條上汰冗官、清賦稅、禁科擾、定贖例、革抽分數事，多議行。戶部督逋急，恪以災變請緩其事。御史李興請於鄖陽別設三司，割南陽、荆州、襄陽、漢中、保寧、夔州隸之。恪陳五不可，乃止。

恪素剛正。所至，抑豪右，祛奸弊。及爲巡撫，以所部多王府，持法尤嚴，宗人多不悅。平樂、義寧二王遂訐恪減祿米、改校尉諸事。勘無驗，坐恪入王府誤行端禮門，欲以平二王忿。帝知恪無他，而以二王幼，降敕切責，命湖廣巡撫韓文與恪易任。吏民罷市，泣送數十里不絕。屬吏以羨金贐，揮之去。至則值岐王之國，中使攜鹽數百艘，抑賣於民，爲恪所持阻不行。其黨密搆於帝。居一歲，中旨改南京工部右侍郎。恪上疏曰：「大臣進用，宜出廷推，未聞有傳奉得者。臣生平不敢由他途進，請賜罷黜。」帝慰留，乃拜命。勢要家濫索工匠者，悉執不予。十一年考績入都，得疾，遂致仕，卒。

李介，字守貞，高密人。成化五年進士。選庶吉士，改御史，巡鹽兩浙，還掌河南道事。以四方災傷，陳時政數事，帝多採用之。介敢言，遇事不可，輒率同列論奏。忤帝意，兩撻於庭。九載滿，擢大理丞，進少卿。

弘治改元，遷右僉都御史，巡撫宣府。尋召佐院事。歷兵部左、右侍郎。十年夏，北寇謀犯大同，命介兼左僉都御史，往督軍餉，且經略之。比至，寇已退，乃大修戎備。綜核官田牛具錢還之軍，以其資償軍所逋馬價，邊人感悅。先後條上便宜二十事。卒，贈尚書。

子昆，字承裕。弘治初進士。歷禮部主事。中官何鼎建言下獄，臺諫救之，咸被責。昆復論救，弗聽。父憂歸，起改兵部主事。帝將建延壽塔於城外，昆復疏諫。正德初，羣小用事。請黜邪枉，進忠直，杜宦戚請乞，節中外侈費，皆不報。進員外郎，忤尚書劉宇，貶知解州。屢遷陝西左布政使。十年以右副都御史巡撫甘肅。與總督彭澤經略哈密，兵部尚書王瓊劾澤處置失宜，語連昆，下吏。法司言昆設謀遏强寇，功不可掩。瓊不從，謫浙江副使。世宗立，瓊得罪。復官，巡撫順天。尋召爲兵部右侍郎，嘉靖初，改左。大同軍亂，殺巡撫張文錦。昆奉命往撫，承制曲赦之，還請收卹文錦。帝方惡其激變，不從。遇疾歸，久之卒。

黃珂，字鳴玉，遂寧人。成化二十年進士。授龍陽知縣。治行聞，擢御史，出按貴州。金達長官何碖謀不軌，計擒之，改設流官。賊婦米魯亂，奏劾巡撫錢鉞、總兵官焦俊等，皆得罪。改按畿輔，歷山西按察使。

正德四年擢右僉都御史巡撫延綏。安化王寘鐇反，傳檄四方，用討劉瑾爲名。他鎮畏瑾，不敢以聞。珂封上其檄，因陳便宜八事，而急令副總兵侯勛、參將時源分兵扼河東，賊遂不敢出。亦不剌寇邊，珂偕總兵官馬昂督軍戰，敗之木瓜山。六年復寇邊，珂檄副總兵王勛等七將分據要害夾擊，復敗之。屢賜璽書、銀幣。

是年秋，入爲戶部右侍郎，總督倉場。河南用兵，出理軍餉。主客兵十餘萬，追奔轉戰，遷止無常。珂隨方轉輸，軍興無乏，錄功增俸一級。改刑部，進左侍郎，已改佐兵部。寧王宸濠謀復護衞，珂執議獨堅。九年擢南京右都御史，尋就拜工部尚書。以年至乞休歸，卒。贈太子少保，諡簡肅。

王鴻儒，字懋學，南陽人。少工書，家貧爲府書佐。知府段堅愛其書，留署中，親教之。遣入學校爲諸生，遂舉鄉試第一。成化末，登進士，授南京戶部主事。累遷郎中，擢山西僉事，進副使，俱督學政。居九年，士風甚盛。孝宗嘗語劉大夏曰：「藩臬中若王鴻儒，他日可大用也。」

正德改元，謝病歸。劉瑾擅政，收召名流。四年夏，起爲國子祭酒，以父喪去。再起南京戶部侍郎，歷吏部右侍郎，尋轉左。十四年遷南京戶部尚書。甫履任，宸濠反，命督軍餉。疽發於背，遂卒，謚文莊。

鴻儒爲學，務窮理致用，爲世所推。在吏部，清正自持，門無私謁。

弟鴻漸，鄉試亦第一。以進士累官山東右布政使，以廉靜稱。

叢蘭，字廷秀，文登人。弘治三年進士。爲戶科給事中。中官梁芳、陳喜、汪直、韋興，先以罪擯斥，復夤緣還京。蘭因清寧宮災，疏陳六事，極論芳等罪，諸人遂廢。尋言：「吏部遵詔書，請擢用建言詿誤諸臣，而明旨不盡從，非所以示信。失儀被糾，請免送詔獄。畿內征徭繁重，富民規免，他戶代之，宜釐正。」章下所司。進兵科右給事中。都督僉事吳安以傳奉得官，蘭請罷之。時命撥團營軍八千人修九門城濠，蘭言：「臣頃簡營軍，詔許專事訓練，無復差撥，命下未幾，旋復役之，如前詔何。」遂罷遣。遷通政參議。小王子犯大同，命經略紫荆、倒馬諸關塞蹊隧可通敵騎者百十所。

正德三年進左通政。明年冬出理延綏屯田。安化王寘鐇反，蘭奏陳十事，中言：「文武官罰米者，鬻產不能償。朝臣謫戍，刑官妄引新例鍛鍊成獄，沒其家貲。校尉徧行邊塞，勢焰薰灼，人不自保。」劉瑾大惡之，矯旨嚴責。給事中張瓚、御史汪賜等遂希旨劾蘭。瑾方憂邊事，置不問。數月，瑾誅，進通政使。俄擢戶部右侍郎，督理三邊軍餉。

六年，陝西巡撫都御史藍章以四月寇亂，移駐漢中。會河套有警，乃命蘭兼管固、靖等處軍務。蘭上言：「陝西起運糧草，數爲大戶侵牟，請委官押送。每鎭請發內帑銀數萬，預買糧草。御史張彧淸出田畝，請蠲免子粒，如弘治十八年以前科則。靈州鹽課，請照例開中，召商糴糧。軍士折色，主者多剋減，乞選委鄰近有司散給。」從之。

是年冬，南畿及河南歲侵，命蘭往振。未赴而河北賊自宿遷渡河，將逼鳳陽。乃命蘭以本官巡視廬、鳳、滁、和，兼理振濟。河南白蓮賊趙景隆自稱宋王，掠歸德，蘭遣指揮石堅、知州張思齊等擊斬之。九月，賊平，論功賚金幣，增俸一級，召還理部事。部無侍郎缺，乃命添註。明年，大同有警，命巡視居庸、龍泉諸關。尋兼督宣、大軍餉，進右都御史，總制宣、大、山東軍務。令內地皆築堡，寇至收保如塞下。寇五萬騎自萬全右衞趨蔚州大掠，又三萬騎入平虜南城，以失事停半歲俸。

十年夏，改督漕運，尋兼巡撫江北。中官劉允取佛烏思藏，道蘭境，入謁，辭不見。允需舟五百餘艘、役夫萬餘人，蘭馳疏極陳其害。不報。居四年，以事忤兵部尚書王瓊，解漕務，專任巡撫。寧王宸濠反，蘭移鎮瓜州。十五年遷南京工部尚書。

世宗卽位，御史陳克宅劾蘭附江彬。帝以蘭素清謹，釋勿問。蘭遂乞休去。卒，贈太子少保。

吳世忠，字懋貞，金谿人。弘治三年進士。授兵科給事中。兩畿及山東、河南、浙江民饑，有詔振恤，所司俟勘覆。世忠極言其弊，因條上興水利、復常平二事，多施行。已，請恤建文朝殉難諸臣，乞賜爵謚，崇廟食，且錄其子孫，復其族屬，爲忠義勸。章下禮官，寢不行。尙書王恕被訐求去，上疏請留之。壽寧侯張鶴齡求勘河間賜地，其母金夫人復求不已。帝命遣使，世忠言：「侯家仰托肺腑，豈宜與小民爭尺寸。命部勘未已，內臣繼之。內臣未已，大臣又繼之。剝民斂怨，非國家福，尤非外戚之福。」不聽。

大同總兵官神英、副總兵趙昶等，因馬市令家人以違禁綵繒易馬，番人因闌入私易鐵器。旣出塞，復潛兵掠蔚州，陷馬營，轉剽中東二路。英等擁兵不救，巡撫劉瓛、鎭守中官孫振又不以實聞。十一年，事發，世忠往勘。上疏備陳大同邊備廢弛，士卒困苦之狀。因極言英、瓛等貪利畏敵，蕩無法度。英落職，瓛、振召還，昶及遊擊劉淮、參將李嶼等俱逮問。已而瓛改大理少卿，昶以大理丞吳一貫覆讞僅鐫級。世忠復極論瓛罪，且詆一貫，帝皆不問。闕里文廟災，陳八事，不能盡用。

寇犯延綏、大同，世忠言：「國初設七十二衞，軍士不下百萬。近軍政日壞，精卒不能得一二萬人。此兵足憂也。太倉之儲，本以備軍。近支費日廣，移用日多。倘興師十萬，犒賜無所取給。此食足憂也。正統己巳之變尙有石亨、楊洪，邇所用李杲、阮興、趙昶、劉淮之屬，先後皆敗。今王璽、馬昇又以失事告。此將帥足憂也。國家多事，大臣有以鎭之。邇者忠正多斥，貪庸獲存。既鮮匡濟之才，又昧去就之節，安能懾強敵壯國勢乎。此任人足憂也。政多舛乖，民日咨怨。京軍斂力役，京民苦催科，畿甸覬恩尤切。顧使不樂其生至此，臨難誰與死守。此民心足憂也。天變屢徵，火患頻發。雲南地震壓萬餘家，大同馬災踣二千匹。此天意足憂也。願順好惡以收人心，肅念慮以回天意，遣文武重臣經略宣、大，以飭邊防。策免諸臣不肖者，而起素有才望，如何喬新、劉大夏、倪岳、戴珊、張敷華、林俊諸人，以任國事。則賊將望風遠遁，而邊境可無憂矣。」帝以言多詆毀，切責之。尋乞大同增置臺堡，以閒田給軍耕墾，不徵其稅。江西歲饑盜起，請簡巡撫，黜有司貪殘者。又請築京師外城。所司多從其議。再遷吏科左給事中，擢湖廣參議，坐事降山東僉事。

正德四年閏九月召爲光祿少卿，旋改尙寶司卿。其年冬，與通政叢蘭等出理邊屯，世忠往薊州。明年奏言：「占種盜賣，積弊已久。若一一究問，恐人情不安，請量爲處分。」從之。劉瑾敗，言官劾其嘗請清核屯田，助瑾爲虐。世忠故方鯁，朝議寬之，得免。再遷大理少卿。八年擢右僉都御史巡撫延綏。寇在河套，逐之失利，乃引疾歸。

贊曰：明至英宗以後，倖門日開。傳奉請乞，官冗役繁，用度奓汰，盛極孽衰，國計坐絀。李敏諸人斤斤爲國惜財，抵抗近倖，以求紓民。然涓滴之助，無補漏卮。國家當承平殷阜之世，侈心易萌。近習乘之，靡費日廣。易曰「節以制度，不傷財，不害民」，又曰「不節若，則嗟若」，此恭儉之主所爲凜凜也。

校勘記

〔一〕中官陳喜又攜道士三十餘人　陳喜，原作「陳善」，據明史稿傳六二梁璟傳、孝宗實錄卷二五弘治二年四月壬子條改。

明史卷一百八十六

列傳第七十四

韓文 顧佐 陳仁 張敷華 楊守隨 弟守隅 許進 子誥 讚 論

雍泰 張津 陳壽 樊瑩 熊繡 潘蕃 胡富 張泰 吳文度

張鼐 冒政 王璟 朱欽

韓文，字貫道，洪洞人，宋宰相琦後也。生時，父夢紫衣人抱送文彥博至其家，故名之曰文。成化二年舉進士，除工科給事中。覈韋州軍功，劾寧晉伯劉聚，都御史王越、馬文升等濫殺妄報。尋劾越薦李秉、王竑，語頗涉兩宮，帝怒，撻之文華殿庭。已，進右給事中，出爲湖廣右參議。中貴督太和山，乾沒公費。文力遏之，以其羨易粟萬石，備振貸。九谿土酋與鄰境爭地相攻，文往諭，皆服。閱七年，轉左。

弘治改元，王恕以文久淹，用爲山東左參政。居二年，用倪岳薦，擢雲南左布政使。以右副都御史巡撫湖廣，移撫河南，召爲戶部右侍郎。母喪除，起改吏部，進左。十六年拜南京兵部尚書。歲侵，米價翔踴。文請預發軍餉三月，戶部難之。文曰：「救荒如救焚，有罪，吾自當之。」乃發廩十六萬石，米價爲平。明年召拜戶部尚書。

文凝厚雍粹，居常抑抑。至臨大事，剛斷無所撓。武宗卽位，賞賚及山陵、大婚諸費，需銀百八十萬兩有奇，部帑不給。文請先發承運庫，詔不許。文言：「帑藏虛，賞賚自京邊軍士外，請分別給銀鈔，稍益以內庫及內府錢，幷暫借勳戚賜莊田稅，而敕承運庫內官核所積金銀，著之籍。且盡罷諸不急費。」帝不欲發內帑，命文以漸經畫。文持大體，務爲國惜財。眞人陳應循、大國師那卜堅參等落職，文請沒其貲實國帑。舊制，監局、倉庫內官不過二三人，後漸添注，或一倉十餘人，上林苑、林衡署至三十二人，文力請裁汰。淳安公主賜田三百頃，復欲奪任丘民業，文力爭乃止。

孝宗時，外戚慶雲、壽寧侯家人及商人譚景淸等奏請買補殘鹽至百八十萬引，文條鹽政夙弊七事，論殘鹽尤切。孝宗嘉納，未及行而崩，卽入武宗登極詔中，罷之。侯家復奏乞，下部更議，文等再三執奏，弗從，竟如侯請。正德元年，內閣及言官復論之，詔下廷議。文言：「鹽法之設，專以備邊。今山、陝饑，寇方大入，度支匱絀，飛輓甚難。奈何壞祖宗法，忽邊防之重。」景淸復陳乞如故，文等劾其桀悍，請執付法官。帝不得已，始寢前命。榮王乞霸州莊田，崇王請自徵莊田租，勿令有司與，文皆持却之。保定巡撫王璟請革皇莊，廷議從之，帝命再議。文請命巡撫官召民佃，畝徵銀三分輸內庫，而盡撤中官管莊者，大學士劉健等亦力言內臣管莊擾民。乃命留中官各一人、校尉十人，餘如文議。中旨索寶石、西珠，文請屏絕珍奇，以養儉德。報可。帝將大婚，取戶部銀四十萬兩，文連疏請，得免四之一。

文司國計二年，力遏權倖，權倖深疾之。而是時青宮舊奄劉瑾等八人號「八虎」，日導帝狗馬、鷹兔、歌舞、角觝，不親萬幾。文每退朝，對僚屬語及，輒泣下。郎中李夢陽進曰：「公大臣，義共國休戚，徒泣何爲。諫官疏劾諸奄，執政持甚力。公誠及此時率大臣固爭，去『八虎』易易耳。」文捋鬚昂肩，毅然改容曰：「善。縱事勿濟，吾年足死矣，不死不足報國。」卽偕諸大臣伏闕上疏，略曰：「人主辨奸爲明，人臣犯顏爲忠。況羣小作朋，逼近君側，安危治亂胥此焉關。臣等伏覩近歲朝政日非，號令失當。自入秋來，視朝漸晚。仰窺聖容，日漸淸削。皆言太監馬永成、谷大用、張永、羅祥、魏彬、丘聚、劉瑾、高鳳等造作巧僞，淫蕩上心。擊毬走馬，放鷹逐犬，俳優雜劇，錯陳於前。至導萬乘與外人交易，狎暱媟褻，無復禮體。日遊不足，夜以繼之，勞耗精神，虧損志德。遂使天道失序，地氣靡寧，雷異星變，桃李秋華，考厥占候，咸非吉徵。此輩細人，惟知蠱惑君上以便己私，而不思赫赫天命，皇皇帝業，在陛下一身。今大婚雖畢，儲嗣未建。萬一遊宴損神，起居失節，雖齏粉若輩，何補於事。高皇帝艱難百戰，取有四海。列聖繼承，以至陛下。先帝臨崩顧命之語，陛下所聞也。奈何姑息羣小，置之左右，以累聖德。竊觀前古奄宦誤國，爲禍尤烈，漢十常侍、唐甘露之變，其明驗也。今永成等罪惡旣著，若縱不治，將來益無忌憚，必患在社稷。伏望陛下奮乾剛，割私愛，上告兩宮，下諭百僚，明正典刑，以回天地之變，泄神人之憤，潛削禍亂之階，永保靈長之業。」疏入，帝驚泣不食。瑾等大懼。

時內閣劉健、謝遷等方持言官章不肯下，文疏復入。帝遣司禮太監李榮、王岳等詣閣議。一日三至，健等持益堅。岳素剛直，獨曰：「閣議是。」是夜，八人者環泣帝前。帝怒，立收岳下詔獄，而外廷固未之知也。明日，文倡九卿科道再詣闕固爭。俄有旨，宥八人不問。健、遷倉皇致仕去。八人各分據要地，瑾掌司禮，時事遂大變。

瑾恨文甚，日令人伺文過。踰月，有以僞銀輸內庫者，遂以爲文罪。詔降一級致仕，郎中陳仁謫鈞州同知。給事中徐昂乞留文原官，中旨謂顯有囑託，落文職，以顧佐代，並除昂名。二年三月榜奸黨姓名，自劉健、謝遷外，尚書則文爲首，餘若張敷華、楊守隨、林瀚等凡五十三人，列於朝堂。文子高唐知州士聰，刑部主事士奇，皆削籍。文出都門，乘一藍輿，行李一車而已。瑾恨未已，坐以遺失部籍，逮文及侍郎張縉下詔獄。數月始釋，罰米千石輸大同。尋復罰米者再，家業蕩然。瑾誅，復官，致仕。世宗卽位，遣行人齎璽書存問，賚羊酒。令有司月給廩四石，歲役夫六人終其身。復加太子太保，廕一孫光祿寺署丞。嘉靖五年卒，年八十有六。贈太傅，謚忠定。

士聰，舉人。罷官後，不復仕。士奇進士，終湖廣參政。少子士賢，亦由舉人爲開封同知。孫廷瑋，進士，行太僕卿。

顧佐，字良弼，臨淮人。成化五年進士。授刑部主事，歷郞中。按錦衣指揮牛循，中官顧雄、鍾欽罪，無所撓。出爲河間知府。弘治中，再遷大理少卿，擢右僉都御史巡撫山西。宗室第宅，官爲繕，費不貲，佐請悉令自營治。正統末，權發太原、平陽民戍邊，後久不代，佐奏令更代。入爲左副都御史，勘罷遼東總兵官李杲、太監任良、巡撫張玉。歷戶部左、右侍郞，出理陝西軍食。善區畫，儲蓄餘三年。正德改元，代韓文爲尙書。劉瑾憾文，掊摭萬端。部有故册逸，欲以爲文罪，逼佐上其事。佐不可，坐事奪俸三月。佐乃再疏乞歸，從之。瑾憾不置，三罰米輸塞上，至千餘石。家貧，稱貸以償。卒，贈太子太保。

省。陳仁，字子居，莆田人。成化末進士。弘治中，官戶部郎中。闕里先聖廟災，疏請修省。陝西進古璽，仁抗疏斥其僞。詔召番僧領占竹於四川，仁疏諫。又請復建文忠臣方孝孺等官。多格不行。正德初，瑾以贗銀事坐尚書文罪，仁並謫。後瑾誅，累擢至浙江右布政使。

張敷華，字公實，安福人。父洪，御史，死土木難。敷華少負氣節。年七歲，里社樹爲祟，麾羣兒盡伐之。景泰初，錄死事後，入國學。舉天順八年進士，選庶吉士。成化元年，與劉大夏願就部曹。除兵部主事，歷郎中。廉重不撓，名等於大夏。

十一年出爲浙江參議。景寧礦盜起，至數千人。敷華諭散之，執其魁十二人。居浙十餘年，歷布政使。弘治初，遷湖廣。歲饑，令府縣大修學宮，以傭直資餓者。擢右副都御史，巡撫山西。中道奔喪，服闋還故官。部內賦輸大同，困於折價。敷華請太原以北可通車者仍輸米，民便之。改撫陝西，製婚娶、喪葬之式，納民於禮。妖僧據終南山爲逆，廷議用兵，尙書馬文升曰：「張都御史能辦此。」敷華果以計縛僧歸。遷南京兵部右侍郎。

十二年改右都御史，總督漕運兼巡撫淮、揚諸府。高郵湖堤圮，浚深溝以殺水勢。又築寶應堤。民利賴焉。改掌南京都察院。與吏部尚書林瀚、僉都御史林俊、祭酒章懋，稱「南都四君子」，就遷刑部尚書。

正德元年召爲左都御史。其冬，大臣與言官請去劉瑾等，內閣力主之。帝猶豫，敷華乃上言：「陛下宴樂逸遊，日狎憸壬，政令與詔旨相背，行事與成憲交乖，致天變上干，人心下拂。今給事中劉蒞，御史朱廷聲、徐鈺等連章論列，但付所司。英國公懋與臣等列名上請，但云『朕自處置』。臣竊歎惑，請略言時政之弊。如四十萬庫藏已竭，而取用不已。六七歲童子何知，而招爲勇士。織造已停，傳奉已革，尋復如故。鹽法、莊田方遣官清覈，而奏乞之疏隨聞。中官監督京營、鎮守四方者，一時屢有更易。政令紛拏，弊端滋蔓。夫國家大事，百人爭之不足，數人壞之有餘。願陛下審察。」疏入，不報。

既而朝事大變，宦官勢益張。至除夕朝罷，忽傳旨與楊守隨俱致仕。敷華即日就道。至徐州洪，坐小艇，觸石幾溺死。瑾恨未已，欲借湖廣倉儲浥爛，坐以贓罪。修撰康海過瑾曰：「吾秦人愛張公如父母，公忍相薄耶？」瑾意稍解，猶坐敷華奸黨，與守隨等榜名朝堂。明年六月病且革，衣冠揖家廟，就榻而卒。瑾誅後二年，贈太子少保，謚簡肅。

敷華性剛介。弘治時，劉大夏常薦之，帝曰：「敷華誠佳，但爲人太峻耳。」爲部郞奉使，盜探其囊，得七金而已。

孫鰲山，官御史。

楊守隨，字維貞，鄞人，侍郎守陳從弟也。舉成化二年進士，授御史。巡視漕運，聚大同軍餉，巡按江西，所至以風采見憚。

六年疏陳六事，言：「郕王受命艱危時，削平禍亂，功甚大。歿乃謚以『戾』，公論不平。此非先帝意，權奸逞私憾者爲之也。亟宜改易，彰陛下親親之仁。尙書李秉効忠守法，一時良臣，爲蕭彥莊誣劾致仕，乞即召還。律令犯公罪者不罷，近御史朱賢、婁芳等並除名，乞復其官，且戒所司毋法外加罪，一以律令從事。西征之役，以數萬甲兵討出沒不常之寇，千里轉輸，曠日持久，恐外患未平，內地先敝，乞速班師，戒邊臣慎封守。近例，軍官犯罪未結正者，遇赦即原，致此曹遷延，以希倖免。自今衆證明白者，即據律定案，毋使逃罪。雖遇赦免，亦不得管軍。在外官俸、兵餉，有踰年不給者，由郡縣蓄積少也。請於起運外，量加存留，以濟乏匱。」疏奏，時不能從。太常少卿孫廣安母喪起復，守隨與給事中李和等連章論之，乃令守制。

八年冬以災異陳時政九事。廷議四方災傷，停遣刷卷御史。會昌侯孫繼宗請幷停在京者，守隨言：「繼宗等任情作奸，恐罪及，假此祈免。」帝置繼宗不問，而刷卷如故。山東饑，廷議吏納銀免考，授冠帶。守隨極言不可，帝卽罷之。擢應天府丞，未上，母憂歸。服除無缺，添註視事。初，李孜省授太常寺丞，因守隨言改上林監副，憾之。至是譖於帝，中旨責守隨不當添註，調南寧知府。

弘治初，召爲應天府尹，勘南京守備中官蔣琮罪。琮嗾其黨郭鏞劾守隨按給事方向獄不公，謫廣西右參政。久之，進按察使。八年召爲南京右僉都御史，提督操江。歷兩京大理卿。九載滿，進工部尚書，仍掌大理寺。刑部獄送寺覆讞者多加刑，主事朱瑬論其非。守隨言：「自永樂間，寺已設刑具。部因多未得實，安得不更訊。」帝乃寢瑬奏。孝宗崩，中官張瑜等以誤用御藥下獄，守隨會訊杖之。

正德元年四月，守隨奏：「每歲熱審，行於京師而不行於南京，五歲一審錄，詳於在京而略於在外，皆非是。請更定其制。」報可。中官李興擅伐陵木論死，令家人以銀四十萬兩求變其獄。守隨持之堅，獄不得解。廷臣之爭餘鹽也，中旨詰是何大事。守隨語韓文曰：「事誠有大於是者。」文遂偕九卿伏闕論「八黨」。文等旣逐，守隨憤，獨上章極論之曰：

陛下嗣位以來，左右近臣，不能祗承德意，盡取先朝良法而更張之，盡誣先朝碩輔而剗汰之。天下嗷嗷，莫措手足，致古今罕見之災，交集數月以內。陛下獨不思其故乎？

內臣劉瑾等八人，奸險佞巧，誣罔恣肆，人目爲「八虎」，而瑾尤甚，日以荒縱導陛下。或在西海擎鷹搏兔，或於南城躡峻登高，禁內鼓鉦震於遠邇，宮中火礮聲徹晝夜。淆雜尊卑，陵夷貴賤，引車騎而供執鞭之役，列市肆而親商賈之爲。致陛下日高未朝，漏盡不寢。此數人者，方且竊攬威權，詐傳詔旨，放逐大臣，刑誅臺諫，邀阻封章，廣納貨賂。傳奉冗員，多至千百，招募武勇，收及孩童。紫綬金貂盡予爪牙之士，蟒衣玉帶濫授心腹之人。附己者進官，忤意者褫職。內外臣僚，但知畏瑾，不知畏陛下。向也二三大臣受遺夾輔，今則有潛交默附，漏泄事機者矣。向也南北羣僚，矢心痛疾，今則有畫策主文，依附時勢者矣。而且數易邊境將帥之臣，大更四方鎮守之職，志欲何爲？

夫太阿之柄不可授人。今陛下於兵刑財賦之區，機務根本之地，悉以委之。或掌團營，或主兩廠，或典司禮，或督倉場，大權在手，彼復何憚。於是大行殺戮，廣肆誅求。府藏竭於上，財力匱於下，武勇疲於邊。上下胥讒，神人共憤。陛下猶不覺悟，方且謂委任得人，何其舛也。伏望大奮乾綱，立置此曹重典，遠鑒延熹之失，毋使臣蹈

蕃、武已覆之轍。〔一〕

疏入，帝不省。瑾輩深銜之，傳旨致仕。守隨去，李興遂以中旨免死矣。瑾憾未釋。三年四月坐覆讞失出，逮赴京繫獄，罰米千石輸塞上。踰年，復坐庇鄉人重獄，除名，追毁誥命，再罰米二百石。守隨家立破。瑾誅，復官。又十年卒，年八十五。贈太子少保，謚康簡。

從弟守隅，由進士歷官江西參政，有政績。寧府祿米，石徵銀一兩，後漸增十之五。守隅入請於王，裁減如舊。瑾惡守隨，並罷守隅官。瑾死後，起官四川，終廣西布政使。

許進，字季升，靈寶人。成化二年進士。除御史。歷按甘肅、山東，皆有聲。陳鉞激變遼東，爲御史强珍所劾，進亦率同官論之。汪直怒，搆珍下獄，摘進他疏譌字，廷杖之幾殆。滿三考，遷山東副使。辨疑獄，人稱神明。分巡遼東，坐累，徵下詔獄。孝宗嗣位，釋還。弘治元年擢右僉都御史巡撫大同。小王子久不通貢，遣使千五百餘人款關，進以便宜納之。請於朝，詔許五百人至京師。已而屢盜邊，進被劾，不問。三年復窺邊，進等整軍待之。新寧伯譚祐以京軍援，乃遁去。又乞通貢，進再爲請，帝許之。當是時，大同士馬盛强，邊防修整。貢使每至關，率下馬脫弓矢入館，俛首聽命，無敢譁者。會進與分守中官石岩相訐，岩徵還，進亦謫兗州知府。

七年遷陝西按察使。土魯番阿黑麻攻陷哈密，執忠順王陝巴去，使其將牙蘭守之。尚書馬文升謂復哈密非進不可，乃薦爲右僉都御史，巡撫甘肅。明年涖鎮，告諸將曰：「小醜陸梁，謂我不敢深入耳。堂堂天朝不能發一鏃塞外，何以慰遠人。」諸將難之。乃獨與總兵官劉寧謀，厚結小列禿，使以四千騎往，殺數百人，小列禿中流矢卒。小列禿故與土魯番世相讎，及死，其子卜六阿歹益憤。進復厚結之，使斷賊道，無令東援牙蘭，而重犒赤斤、罕東及哈密遺種之居苦峪者，令出兵助討。十一月，副將彭清以精騎千五百出嘉峪關前行，寧與中官陸誾統二千五百騎繼之。越八日，諸軍俱會，羽集乜川。薄暮大風揚沙，軍士寒栗僵臥。進出帳外勞軍，有異烏悲鳴，將士多雨泣。進慷慨曰：「男兒報國，死沙場幸耳，何泣爲！」將士皆感奮。夜半風止，大雨雪。時番兵俱集，惟罕東兵未至，衆欲待之。進曰：「潛師遠襲，利在捷速，兵已足用，不須待也。」及明，冒雪倍道進。又六日奄至哈密城下。牙蘭已先遁去，餘賊拒守。官軍四面並進，拔其城，獲陝巴妻女。賊退保土剌。土剌，華言大臺也。守者八百人，諸軍再戰不下。問其俘，則皆哈密人爲牙蘭所劫者，進乃令勿攻。

或欲盡殲之，進不可，遣使撫諭卽下。於是探牙蘭所嚮，分守要害，而疏請懷輯罕東諸衞爲援，散土魯番黨與孤其勢，遂班師。錄功，加右副都御史。明年移撫陝西，歷戶部右侍郎，進左。十三年，火篩大舉犯大同，邊將屢敗。敕進與太監金輔、平江伯陳銳率京軍禦之，無功。言官劾輔等玩寇，幷論進，致仕去。

武宗卽位，乃起爲兵部左侍郎，提督團營。正德元年代劉大夏爲尙書。七月應詔陳時政八事，極言內監役京軍，守皇城內侍橫索月錢諸弊，多格不行。又以帝狎比羣小，請崇聖學，以古荒淫主爲戒，不納。中官王岳奏官校王縉等緝事捕盜功，各進一秩。進言：「邊將出萬死馘一賊，始獲晉級。此輩乃冒濫得之，孰不解體？」又言：「團營軍非爲營造設，宜悉令歸伍。」居兵部半歲，改吏部，明年加太子少保。

進以才見用，能任人，性通敏。劉瑾弄權，亦多委蛇徇其意，而瑾終不悅。方進督團營時，與瑾同事。每閱操，談笑指揮，意度閒雅，瑾及諸將咸服。一日操畢，忽呼三校前，各杖數十。瑾請其故，進出權貴請託書示之。瑾陽稱善，心不喜。至是，欲去進用劉宇代。焦芳以干請不得，亦因擠進。三年八月，南京刑部郎中闕，適無實授員外郎，進循故事以署事主事二人上。瑾以爲非制，令對狀。進不引咎，三降嚴旨譙責。不得已請罪，乃令致仕。未幾，坐用雍泰削其籍。二子誥、讚在翰林，俱輸贖調外任。尋與劉健等六百七十五人，並追奪誥命。瑾又摘進在大同時籍軍出雇役錢，失勾校，欲籍其家。會瑾誅得解，復官致仕。未聞命卒，年七十四。嘉靖五年謚襄毅。

子誥、讚、詩、詞、論。詩，工部郎中。詞，知府。

誥，字廷綸，進次子也。弘治十二年進士。授戶科給事中。出視延綏軍儲，論丁糧、丁草之害，帝褒納之。尋劾監督中官苗逵貪肆罪，進刑科右給事中。正德元年，父進爲兵部尚書。故事，大臣子不得居言職，遂改翰林檢討。及進忤劉瑾削籍，並謫誥全州判官。父喪歸。久之，薦起尚寶丞，復引疾歸，家居授徒講學。嘉靖初，起南京通政參議，改侍講學士，直經筵，遷太常卿掌國子監。請於太學中建敬一亭，勒御製敬一箴註、程子四箴、范浚心箴於石，帝悅從之。帝將正文廟祀典，誥請用木主。文華殿東室舊有釋像，帝命撤去。誥所撰道統書言宜崇祀五帝、三王，以周公、孔子配，帝卽採用其言。十一年擢吏部右侍郎。其冬，拜南京戶部尚書，弟讚亦長戶部。兄弟並司兩京邦計，縉紳以爲榮。卒官，贈太子太保，謚莊敏。

誥官祭酒時，諸生旅櫬不能歸者三十餘，皆爲葬之，衣食不繼者並周卹。然頗善傅會。時有白鵲之瑞，誥獻論，司業陳寰獻頌，並宣付史館。給事中張裕、謝存儒，御史馮恩皆劾誥，裕至比之祝欽明。帝怒，下裕獄，謫福建布政司照磨，存儒亦調邊方。恩詆誥學術迂邪，誥求罷。帝曰：「恩所詆乃指前日去土偶用木主事也，爾以是介意邪？」其爲帝眷寵如此。

讚，字廷美，進第三子也。弘治九年進士。授大名推官。亦以辨疑獄知名，召拜御史。正德元年改編修。劉瑾逐進，讚亦出爲臨淄知縣。累遷浙江左布政使。

嘉靖六年入爲光祿卿，歷刑部左、右侍郞。知州金輅謫戍，賂武定侯郭勛。勛遣人篡取之，指揮王臣不與。縛臣以歸，掠取其賄。事覺，讚等請論如律。帝憐勛，諭法司毋刑輅等，輅等遂不承。尙書高友璣在告，坐畏縮，被劾去。讚請如常訊，具得勛納賄狀，乃再奪其祿。

八年，進尙書。詔許六部歷事監生發廷臣奸弊。有詹啓者，訐吏部侍郞徐縉，下都御史汪鋐訊。啓語塞，已論罪，啓復訐縉及通政陳經等。再下鋐訊，鋐力斥其妄。會太常卿彭澤欲傾縉代之，僞爲縉書抵張孚敬求解，復甚孚敬劾縉賄己。縉疏辨，詔法司會錦衣衞訊。讚等卒論啓誣罔，而縉行賄事莫能白，坐除名。帝方嘉啓能奉詔言事，竟宥啓罪。於是無賴子率持朝士陰事，索貲財，妄搆事端入奏，諸司爲惕息。軍人童源訐中官張永造塋，犯天壽山龍脈，復嗾永弟容僕王謙等發容違法事。奸人張雄又爲謙草奏，詆讚與兄誥及汪鋐、廖道南、史道，內臣黃錦輩數十人受容重賂，源亦上疏助之。鞫得實，源等並戍極邊，告訐始少衰。

十年改讚戶部尙書。馳驛歸省母，母先卒。服未闋，詔以爲吏部尙書，服除始入朝。帝以讚醇謹，虛位待。及至，論列不當意。詔選宮僚，閣臣多引私黨，言官劾罷十餘人，帝以屬吏部。讚乃舉霍韜、毛伯溫、顧璘、呂柟、鄒守益、徐階、任瀚、薛蕙、周鈇、趙時春等，詔璘、柟、蕙仍故官，餘俱用之。屢加少保兼太子太保。九廟災，自陳免。居半歲，帝難其代，復起讚任之。請發內帑，借百官俸，括富民財，開鬻爵之令，以濟邊需。時議內地築墩堡，讚謂非計。帝以借俸、括財非盛世事，已之，墩堡議亦寢。翟鑾、嚴嵩柄政，多所請托。郎中王與齡勸讚發之。嵩辨之强，帝眷嵩，反切責讚，除與齡籍。讚自是懾嵩不敢抗，亦頗以賄聞矣。鑾罷，帝謀代者。嵩以讚柔和易制，引之。詔以本官兼文淵閣大學士參預機務。政事一決於嵩，讚無所可否。久之加少傅。以年踰七十，數乞休。帝責其忘君愛身，落職閒住。歸三年卒。後復官，贈少師，謚文簡。

論，字廷議，進少子也。嘉靖五年進士。授順德推官，入爲兵部主事，〔三〕改禮部。好談兵。幼從父歷邊境，盡知阨塞險易，因著九邊圖論上之。帝喜，頒邊臣議行，自是以知兵聞。累遷南京大理寺丞。會廷推順天巡撫，論名列第二。帝曰「是上九邊圖論者」，卽拜右僉都御史，任之。白通事以千餘騎犯黃崖口，論督將士敗之。再犯大木谷，復爲官軍所卻。錄功，進右副都御史。歲餘，以病免。俺答薄都城，起故官撫山西。錄防秋功，進兵部右侍郎，召理京營戎政。以築京師外城轉左。

三十三年出督宣、大、山西軍務。奸人呂鶴初與丘富以左道惑衆。富叛降俺答，爲之謀主。鶴遣其黨闌出塞外，引寇入犯，爲偵卒所獲。論遣兵捕鶴，並誅其黨。以功進右都御史，再以功進兵部尚書，廕子錦衣世千戶。翁萬達爲總督，築大同邊牆六百里，里建一墩臺於牆內。後以兵少牆不能守，盡撤而守臺。論言：「兵旣守臺，則寇攻牆不得用其力。及寇入牆，卒震駭逃散。請改築於牆外，每三百步建一臺，俾矢石相及。去牆不得越三十步，高廣方四丈五尺，其顚損三之一，上置女牆、營舍，守以壯士十人。下築月城，穴門通出入。度工費不過九萬金，數月而足。」詔立從之。寇萬騎犯山西，論督軍遮破之朔州川。其犯宣府、龍門者，亦爲將士所敗，先後俘斬五百三十有奇。加太子太保，廕子如初。

三十五年，兵部尙書楊博以父喪去，召論代之。當是時，嚴嵩父子用事，將帥率以賄進。南北用兵，帝責中樞甚急。丁汝夔、王邦瑞、趙錦、聶豹，咸不得善去。論時已老，重自顧念。一切將帥黜陟，兵機進止，悉聽世蕃指揮，望由此損。俺答子辛愛憤總督楊順納其逃妾，擁衆圍大同右衞城數重，城中析屋而爨。帝聞，深以爲憂，密問嵩。嵩意欲棄之而難於發言，則請降諭問本兵。諭請復右衞軍馬，歲辦五十萬金，故爲難詞，冀以動帝。帝顧亟措餉發兵，易置文武將吏，右衞圍亦尋解。給事中吳時來劾楊順，因言諭雷同附和，日昏酣，置邊警度外。帝遂削諭籍。嵩微爲之解，亦不能救也。

三十八年復起故官，督薊、遼、保定軍務。把都兒犯薊西，諭厚集精銳以待。至則爲遊擊胡鎮所破。分掠沙兒嶺、燕子窩，又却，乃遁去。事聞，厚賚銀幣。尋又奏密雲、昌平二鎮防秋，須餉銀三十餘萬。給事中鄭茂言諭奏請過多，請察其侵冒弊，詔諭回籍聽勘。給事中鄧棟往覈，具得虛冒狀，奪官閒住。未幾卒，年七十二。隆慶初，復官，謚恭襄。

曾孫浩然，由世廕歷官太子太保，左都督。浩然子達胤，錦衣指揮。李自成陷京師，不屈死。其從兄佳胤，弘農衞指揮。崇禎十四年賊破靈寶，持刀赴鬭，死焉。

雍泰，字世隆，咸寧人。成化五年進士。除吳縣知縣。太湖漲沒田千頃，泰作堤爲民利，稱雍公堤。民妾亡去，妾父訟其夫密殺女匿屍湖石下。泰詰曰：「彼密殺汝女，汝何以知匿所。且此非兩月尸，必汝殺他人女，冀得賂耳。」一考而服。

召爲御史，巡鹽兩淮。竈丁無妻者，泰爲婚匹。出知鳳陽府。父憂去，服闋起知南陽。余子俊督師，薦爲大同兵備副使，擢山西按察使。泰剛廉，所至好搏擊豪强。太原知府尹珍塗遇弗及避，泰召至，跽而數之。珍不服，泰竟笞珍。珍訴於朝，且告泰非罪杖人死，逮下詔獄。王恕請寬泰罪，會事經赦，乃降湖廣參議。弘治四年轉浙江右布政使，復以母憂去。

十二年起右副都御史，巡撫宣府。官馬死，軍士不能償，泰言於朝，以官帑市。邊軍貧，有妻者輒鬻，泰請官爲資給。尚書周經因令貧者給聘財，典賣者收贖，軍盡歡。參將王傑有罪，泰劾之，下泰逮問。泰又請按千戶八人，帝以泰屢抑武臣，方詔都察院行勘。而參將李稽坐事畏泰重劾，乞受杖，泰取大杖決之。稽乃奏泰凌虐，帝遣給事中徐仁偕錦衣千戶往按。傑復使人走登聞鼓下，訟泰妄逮將校至八十六人，并及其壻納賂事。法司覈上，褫爲民。

武宗立，給事中潘鐸等薦泰有敢死之節，克亂之才。吏部尚書馬文升遂起泰南京右副都御史，提督操江，固辭不赴。正德三年春，許進爲吏部，復起前官。七月擢南京戶部尚書。劉瑾，泰鄉人也，怒泰不與通，甫四日即令致仕。謂進私泰，遂削二人籍，而追斥馬文升及前薦泰者尚書劉大夏、給事中趙士賢、御史張津等爲民，其他罰米輸邊者又五十餘人。泰歸，居韋曲別墅，不入城市。瑾誅，復官，致仕。年八十卒。卒時榻下有聲若霆者。

泰奉身儉素。貴賓至，不過二肉。爲尚書，無緋衣。及卒，家人始製以斂。天啓中，追謚端惠。

張津，字廣漢，博羅人。成化末進士，除建陽知縣。築城郭，遏礦盜，建朱熹、蔡元定諸賢祠，置祭田畀其子孫。憂歸，補大冶，徵授御史。弘治十四年冬，吏部缺尚書，廷臣推馬文升、閔珪，而津偕同官文森、曾大有請用致仕尚書周經、兩廣總督劉大夏。忤旨下詔獄。給事御史論救，得釋。已，言：「陛下延訪大臣，而庶官不預，非所以明目達聰也。乞命卿佐侍從及考滿朝覲諸外僚，咸得以時進見，通達下情。」武宗初，巡按廣西，劾總鎭中官韋經擅移官帑。預平富賀賊，被賚，出爲泉州知府。坐嘗舉泰，勒爲民。劉瑾敗，起寧波知府，遷山東左參政，擢右僉都御史，提督操江，進右副都御史，巡撫應天諸府。所部水旱，請停織造。車駕北巡，疏諫，不報。浙孝豐奸民據深山拒捕，積二十年莫能制。津托別事赴浙，悉縛之。加戶部右侍郎，巡撫如故。帝自宣府還，復欲北幸，津疏切諫，不報。卒，贈南京戶部尚書。

陳壽，字本仁，其先新淦人。祖志弘，洪武間代兄戍遼東，遂籍寧遠衞。壽少貧甚，得遺金，坐守至夜分，還其主。從鄉人賀欽學，登成化八年進士，授戶科給事中。視宣大邊防，劾去鎭守中官不檢者。又嘗劾萬貴妃兄弟及中官梁芳、僧繼曉，繫詔獄。得釋，屢遷都給事中。

弘治元年，王恕爲吏部，擢壽大理丞。劉吉憾恕，諷御史劾壽不習刑名，冀以罪恕。竟調壽南京光祿少卿，就轉鴻臚卿。

十三年冬，以右僉都御史巡撫延綏。火篩數盜邊，前鎭巡官俱得罪去。壽至，蒐軍實，廣間諜，分布士馬爲十道，使互相應援，軍勢始振。明年，諸部大入，先以百餘騎來誘。諸將請擊之，壽不可。自出帳，擁數十騎，據胡牀指麾飲食。寇望見，疑之，引去。諸道襲擊，斬獲甚多。朝廷方遣苗逵等重兵至，而壽已奏捷。孝宗嘉之，加祿一等。逵欲乘勝搗巢。駐延綏久，戰馬三萬匹日費芻菽不貲。壽請出牧近塞，就水草，衆有難色。壽跨馬先行，衆皆從之，省費數十萬。當戰捷時，或勸注子弟名籍，壽曰：「吾子弟不知弓槊，寧當與血戰士同受賞哉。」竟不許。

十六年以右副都御史掌南院。正德初，劉瑾矯詔逮南京科道戴銑、薄彥徽等，壽抗章論救。瑾怒，令致仕。尋坐延綏倉儲虧損，罰米二千三百石、布千五百匹。貧不能償，上章自訴。瑾廉知壽貧，特免之。中官廖堂鎭陝西貪暴，楊一淸以壽剛果，九年正月起撫其地。堂初奉詔製氈幄百六十間，贏金數萬，將遺權倖。壽檄所司留備振，復戒諭堂勿假貢獻名有所科取。堂怒，將傾之。壽四疏乞休，不得。堂爪牙數十輩散府縣漁利，壽命捕之，皆逃歸，氣益沮。其秋，拜南京兵部侍郎，陝人號呼擁輿，移日不得行。踰年，乞骸骨，就進刑部尙書，致仕。

壽爲給事中，言時政無隱，獨不喜劾人，曰：「吾父戒吾勿作刑官，易枉人。言官枉人尤甚，吾不敢妄言也。」嘉靖改元，詔進一品階，遣有司存問，時年八十有三。壽廉，歷官四十年，無家可歸。寓南京，所居不蔽風雨。其卒也，尙書李充嗣、府尹寇天敍爲之歛。又數年，親舊賻助，始得歸葬新淦。

樊瑩，字廷璧，常山人。天順末，舉進士，引疾歸養。久之，授行人，使蜀不受餽，土官作却金亭識之。

成化八年擢御史。山東盜起，奉命捕獲其魁。清軍江北，所條奏多著爲例。改按雲南。交阯誘邊氓爲寇，馳檄寢其謀。出知松江府。運夫苦耗折，瑩革民夫，令糧長專運，而寬其綱，用以優之。賦役循周忱舊法，稍爲變通，民困大甦。憂歸，起知平陽。

弘治初，詔大臣舉方面官。侍郎黃孔昭以瑩應，尚書王恕亦器之，擢河南按察使。黃河爲患，民多流移。瑩巡振，全活甚衆。河南田賦多積弊，巡撫都御史徐恪欲考本末，衆難之。瑩曰：「視萬猶千，視千猶百耳，何難。」恪以屬瑩部吏鈎考，旬日間，宿蠹一淸。四年遷應天府尹。守備中官蔣琮與言官訐奏，所蔓引多至罪黜。瑩承命推鞫，初若不爲異者，琮大喜。後奏其傷孝陵山脈事，琮遂下獄，充淨軍。

七年遷南京工部右侍郎，尋改右副都御史巡撫湖廣。錦田賊結兩廣瑤、僮爲寇，瑩諭散餘黨，戮首惡十八人。歲餘，以疾乞休。家居七年，中外交薦，起故官撫治鄖陽，旋改南京刑部右侍郎。

十六年，雲南景東衞晝晦七日，宜良地震如雷，曲靖大火數發，貴州亦多災異，命瑩巡視。至則劾鎭巡官罪，黜文武不職者千七百人。廉知景東之變，乃指揮吳勇侵官帑，圖脫罪，因雲霧晦冥虛張其事，劾罪之。還進本部尙書。

武宗踐阼，致仕歸。劉瑾以會勘隆平侯爭襲事，連及瑩，削籍。明年又坐減松江官布，罰米五百石輸邊。瑩素貧，至是益窘。三年十一月卒，年七十五。〔三〕瑾敗，復官，贈太子少保，謚清簡。

瑩性誠慤，農月坐籃輿戴笠，子孫舁行田間，曰：「非徒視稼，欲子孫習勞也。」其後人率敎，多愿朴力學者。

熊繡，字汝明，道州人，其先以戍籍自豐城徙焉。繡舉成化二年進士，授行人。奉使楚府，巡茶四川，力拒餽遺。擢御史，巡按陝西。左布政于璠以官帑銀餽苑馬卿邵進，繡發其罪。璠遁赴京訐繡，帝幷下繡吏，謫知清豐，璠、進亦除名。久之，鳳翔闕知府，擢繡任之。

弘治初，遷山東左參政，進右布政使。七年以右副都御史巡撫延綏。楡林初僅小堡，屯兵備冬。景泰中，始移巡撫、總兵官居之，遂爲西北巨鎭，城隘弗能容，繡因請增築千二百餘丈。涖鎭數年，練兵積粟，邊政修舉。歷兵部左、右侍郎，尚書劉大夏深倚信之。騰驤四衞勇士額三四萬人，率虛籍。歲糜錢穀數十萬，多入奄人家。廷臣屢請稽核，輒被撓。十八年命繡淸釐，未竟而孝宗崩。朝政漸變，繡力持不顧，得詭冒者萬四千人。御馬太監甯瑾等疏請復舊，給事御史交章劾瑾，大夏亦力爭。武宗不得已從之，而宥瑾等不問。

正德元年擢右都御史，總督兩廣軍務兼巡撫事。既抵鎭，盡裁幕府供億，秋毫無所取。二年與總兵官伏羌伯毛銳討平賀縣僮。劉瑾以前汰勇士事深疾繡，伺察無所得。召掌南京都察院事，尋以中旨罷之。已，復摭延綏倉儲浥爛爲繡罪，罰米五百石，責繡躬輸於邊。繡家遂破。

十年閏四月卒，無子。巡撫秦金頌其淸節於朝，贈刑部尙書。太僕少卿何孟春以繡承繼孫幼且貧，無以爲養，請如主事張鳳翔孔琦例，賜月廩，且乞予謚。遂謚莊簡，給其孫米月一石。

潘蕃，字廷芳，崇德人。初冒鍾姓，旣顯始復。成化二年舉進士，授刑部主事。歷郎中。雲南鎭守中官錢能爲巡撫王恕所劾，詔蕃按，盡得其實。出爲安慶知府，改鄖陽。時府治初設，陝、洛流民畢聚。蕃悉心撫循，皆成土著。累遷山東、湖廣左右布政使。弘治九年以右副都御史巡撫四川，兼提督松潘軍務。宣布威信，蠻人畏服，單車行松、茂莫敢犯。遷南京兵部右侍郎，就改刑部。

十四年進右都御史，總督兩廣。帳下士舊不下萬人，蕃汰之，纔給使令而已。黎寇符南蛇亂海南，聚衆數萬。蕃令副使胡富調狼土兵討斬之，平賊巢千二百餘所。論功，進左都御史。已，又平歸善劇賊古三仔、唐大鬢等。思恩知府岑濬與田州知府岑猛相讐殺，攻陷田州，猛窮乞援。蕃諭濬罷兵，不從，乃與鎭守太監韋經、總兵官伏羌伯毛銳集兵十餘萬，分六哨討之。濬死，傳首軍門，斬級四千七百，盡平其地。迴軍討平南海縣豐湖賊褟元祖。捷聞，璽書嘉勞。蕃奏，思恩宜設流官，猛搆兵失地，宜降同知，俾還守舊土。兵部尚書劉大夏議，猛世濟凶惡，不宜歸舊治，請兩府皆設流官，而降猛爲千戶，徙之福建。帝從之。正德改元之正月召爲南京刑部尚書。踰年，致仕。

初，蕃去兩廣，岑猛據田州不肯徙，知府謝湖畏猛悍，亦逗遛。事聞，逮湖詔獄。湖委罪蕃及韋經、毛銳，經復委罪於尚書大夏。劉瑾方惡大夏，遂幷逮四人。大夏以不從蕃言爲罪，而蕃亦坐不能撫猛，俱謫戍肅州。三年九月也。旣而瑾從戶部郎中莊襗言，遣太監韋霦覈廣東庫藏，奏應解贓罰諸物多朽敝，梧州貯鹽利軍賞銀六十餘萬兩不以時解。逮問蕃及前總督大夏、前左布政使仁和沈銳等八百九十九人，罰米輸邊。銳廉介，已遷南京刑部右侍郎，乞休歸，至是奪職。瑾誅，蕃以原官致仕。踰六年，卒。銳至嘉靖初，始復職致仕。

方蕃解官歸，無屋，稅他人宅居之。與鄉人飲，露坐花下，醉則任所之。其風致如此。

胡富，字永年，績溪人。成化十四年進士。授南京大理評事。弘治初，歷福建僉事。福寧繫囚二百餘人，富一訊皆定，囹圄頓空。以憂去，起補山東，遷廣東副使。四會猺亂，剿擒五百餘人。瀧水猺出沒無時，富度其所經地，得荒田三千餘頃，招僮戶耕牧其中。猺畏僮不敢出擾，居民得田作。符南蛇圍儋州，富與參議劉信往覘。賊突至，殺信，富手斬劇賊一人，賊乃退。還益兵討平之。歷陝西左、右布政使。

正德初，入爲順天府尹。三年進南京大理寺卿，就遷戶部右侍郎。五年正月坐大理時勘事遲緩，勒致仕，亦瑾意也。瑾敗，起故官。七年拜本部尚書。南都倉儲僅支一年，富在部三載，有六年積。上十餘事，率權貴所不便，格不行，遂引年歸。嘉靖元年卒。〔四〕贈太子少保，謚康惠。

張泰，字叔亨，廣東順德人。成化二年進士。除知沙縣。時經鄧茂七之亂，泰撫綏招集，流亡盡復。入爲御史，偕同官諫萬貴妃干政，廷杖幾斃。出督京畿學校，以憂去，家居十餘年。

弘治五年起故官，按雲南。孟密土舍思揲搆亂，以兵遏木邦宣慰使罕空法於孟乃砦。守臣撫諭，拒不聽。泰與巡撫張誥集兵示必討，思揲懼，始罷兵。滇池溢，爲民災，泰築堤以弭其患。還朝，乞罷織造內臣，減皇莊及貴戚莊田被災稅賦，給畿省災民牛種。詔止給牛種，餘不行。寇入永昌，甘肅遊擊魯麟委罪副總兵陶禎，而總兵官劉寧疏言守臣不和，詔泰往勘。泰奏鎮守太監傅悳、故總兵官周玉侵據屯田，巡撫馮續減削軍餉，寇數入莫肯爲禦，失士卒六百餘、馬駝牛羊二萬皆不以聞。帝怒，下之吏。悳降內使，錮南京，續編氓口外。泰又言甘州膏腴地悉爲中官、武臣所據，仍責軍稅；城北草湖資戍卒牧馬，今亦被占。請悉歸之軍，且推行於延、寧二鎮，詔皆從之。遷太僕少卿，改大理。

初，薊州民田多爲牧馬草場所侵，又侵御馬監及神機營草場、皇莊，貧民失業，草場亦虧故額。孝宗屢遣給事中周旋，侍郎顧佐、熊翀等往勘，皆不能決。至是命泰偕錦衣官會巡撫周季麟復勘。泰密求得永樂間舊籍，參互稽考，田當歸民者九百三十餘頃，而京營及御馬監牧地咸不失故額。奏入，駁議者再，尚書韓文力持之，留中未下。及武宗嗣位，文再請，始出泰奏，流亡者咸得復業。

尋遷右副都御史督儲南京。奏釐革十二事，多報可。正德二年召爲工部右侍郎，踰年遷南京右都御史。泰清謹。劉瑾專權，朝貴爭賂遺。泰奏表至京，惟餽土葛，瑾憾之。其年十月令以南京戶部尙書致仕。明年七月卒，摭他事罰米數百石。瑾誅，予葬祭如制。

吳文度，字憲之，晉江人，從父客江寧，遂家焉。登成化八年進士，除龍泉知縣，徵授南京御史。偕同官孫需等論妖僧繼曉，被廷杖。尋遷汀州知府。瑤弗靖，設方略綏撫，瑤承賦如居民。弘治中歷江西左參政，山西、河南左、右布政使。正德元年遷右副都御史，巡撫雲南。師宗州賊阿本等作亂，諭不從，乃遣參議陳一經等督軍二萬攻之，別遣兵截盤江，據賊巢背，先後俘斬千人。入歷戶部侍郎。三年冬進南京右都御史。方文度召自雲南，劉瑾以地產金寶，屢責賄。文度無以應，瑾深銜之。會工部尙書李鐩致仕，廷推文度及南京戶部侍郎王珩，遂改文度南京戶部尙書，與珩俱致仕。命下，舉朝駭異。既歸，所居屋僅數椽。瑾誅，未及用而卒。珩，趙人。起家進士，亦以清操聞。

張鼐，字用和，歷城人。成化十一年進士。授襄陵知縣，入爲御史。憲宗末年數答言官，鼐力諫。又嘗劾妖僧繼曉、方士鄧常恩等。帝心惡之。出按江西。盜賊多强宗佃僕，鼐與巡撫閔珪交奏其事。尹直等搆之，乃貶珪而坐鼐尹旻黨，謫郴州判官。

弘治初，擢河南僉事，進參議，以協治黃陵岡遷副使。十五年進按察使。鼐官河南久，屢遭河患，督治有方，民爲立祠。是年秋擢右僉都御史巡撫遼東。時軍政久弛，又許餘丁納貲助驛遞，給冠帶，復其身，邊人競援例避役。鼐言不可，因條上定馬制、核屯糧、清隱占、稽客戶、減軍伴數事，悉允行。尋劾分守中官劉恭貪虐罪，築邊牆自山海關迄開原靉陽堡凡千餘里。遼撫自徐貫後，歷張岫、張玉、陳瑤、韓重四人，多得罪去，至鼐稱能。

武宗立，移撫宣府。正德改元，召還，尋進右副都御史署院事。有知縣犯贓當褫職，卒殺人當抵死。劉瑾納重賄，欲寬之，鼐執不可，出爲南京右都御史。焦芳子黃中欲强市其居，畀通政魏訥，〔五〕鼐不從，芳父子亦怨之。會瑾遣給事中王翊等覈遼東軍餉，還奏芻粟多浥爛，遂以爲守臣罪，逮鼐及繼任巡撫馬中錫、鄧章，〔六〕前參政冒政，參議方矩，郎中王藎、劉繹，下詔獄，令其家人輸米遼東。鼐坐輸二千石，以力不辦，繫遼東。久之，總兵官毛倫等具奏諸人苦狀，請得折價，瑾勉從之。閱三年事始竟，皆斥爲民。瑾誅，復官。鼐前卒，世宗初予卹。

冒政，泰州人。鼐同年進士，歷官右副都御史，巡撫寧夏。守官廉，劉瑾覬賄不得，遂假遼東事逮之，罰米至三千石。瑾誅，復職致仕。久之，卒。

王璟，字廷采，沂人。成化八年進士。爲登封知縣。歷兩京御史。弘治十四年以南京鴻臚卿拜右僉都御史，理兩浙鹽政。振荒浙江，奏行荒政十事，多所全活。十七年冬巡撫保定。武宗立，太監夏綬乞於眞定諸府歲加葦場稅，少監傅琢請履畝覈靜海、永清、隆平諸縣田，太監張峻欲稅寧晉小河往來客貨，詔皆許之。又以莊田故，遣緹騎逮民魯堂等二百餘人，畿南騷動。璟抗疏切諫，尚書韓文等力持之，管莊內臣稍得召還。

正德元年四月引疾致仕，命馳傳歸。三年坐累奪官閒住。六年起撫山西。製火槍萬餘，槍藏箭六，皆傅毒藥，用以禦寇，寇不敢西。累遷右都御史。已，遷左，以張綸爲右都御史代之。後陳金以太子太保左都御史入院，位璟上，人號璟「中都御史」焉。時羣小用事，大臣靡然附之，璟獨守故操。再進太子太保。世宗立，致仕，卒贈少保，謚恭靖。

初，璟自保定巡撫歸，其後兵科給事中高淓勘滄州鹽山牧地，劾六十一人，及璟與前巡撫都御史高銓，銓卽滂父也。詔去職者勿問，璟、銓並獲免。

銓，江都人，累官南京戶部尚書。正德二年廷推左都御史，瑾勒令致仕。尋坐事逮下獄，復坐隆平侯家襲爵事除名，罰米五百石。後瑾益事操切，每遣使勘核，多務苛急承瑾意，滂遂幷銓在劾中。滂後官至光祿少卿，以劾父不齒於人。瑾誅，銓復官致仕，卒。贈太子少保。

朱欽，字懋恭，邵武人。師吳與弼，以學行稱。舉成化八年進士，授寧波推官。治最，徵授御史。出督漕運，按河南，淸軍廣西，並著風節。

弘治中，遷山東副使，歷浙江按察使。十五年入覲。吏部舉天下治行卓異者六人，欽與焉。僉都御史林俊又舉欽自代，乃稍遷湖廣左布政使。

武宗立，以右副都御史巡撫山東。中官王岳被謫，道死。欽上言：「岳謫守祖陵，罪狀未暴，賜死道路，不厭人心。臣知岳爲劉瑾輩所惡，必瑾譖毀以至此。望陛下察岳非辜，懲瑾讒賊。」疏至，瑾屏不奏，銜之。欽以山東俗淫酗，嚴禁市酤，令濟南推官張元魁察之，犯者罪及鄰。比有懼而自縊者，其母欲奏訴，元魁與知府趙璜賄之乃已。瑾使偵事校尉發之，俱逮下詔獄，勒欽致仕，璜除名，元魁謫戍。瑾憾欽未已，摭前湖廣時小故，下巡按御史逮問。俄坐山東勘地事，斥爲民。又坐修曲阜先聖廟會計數多，罰輸米六百石塞下。又坐撫山東時，以民夫給事尚書秦紘家，再下巡按御史逮問。瑾誅，乃復官。十五年卒，年七十七。與弼之門以宦學顯者，欽爲稱首。

贊曰：武宗初，劉、謝受遺輔政，韓文、張敷華等爲列卿長，當路多正人，國事有賴。「八虎」潛伏左右，雖未敢顯與朝士爲難，固腹心之蠹也。夫以外攻內，勢所甚難。況相權之輕，遠異前代，雖抱韓琦之忠，初無書敕之柄。區區爭勝於筆舌間，此難必之剛明之主，而以望之武宗，庸有濟乎。一擊不勝，反噬必毒，消長之機，間不容髮。宦豎之貽禍烈也，吁可畏哉！

校勘記

〔一〕毋使臣蹈蕃武已覆之轍　按「蕃武」係指後漢的陳蕃、竇武。蕃，原誤作「藩」，據明史稿傳六五楊守隨傳改。

〔二〕入爲兵部主事　世宗實録卷五六四嘉靖四十五年閏十月乙未條作「入爲户部主事」。

〔三〕三年十一月卒年七十五　此十字原置於「明年又坐減松江官布，罰米五百石輸邊。瑩素貧，至是益窘」之前。但樊瑩死於正德三年，罰米事當在武宗即位以後，正德三年以前。原文顯係倒置。今據明史稿傳六五樊瑩傳、武宗實録卷四四正德三年十一月癸亥條改正。

〔四〕嘉靖元年卒　原脱「卒」字。世宗實録卷一三、國榷卷五二頁三二五八均稱胡富卒於嘉靖元年四月戊戌，玆據補。

〔五〕畀通政魏訥　魏訥，原作「魏納」。武宗實録卷六六正德五年八月乙酉條及辛丑條凡兩見，都作「魏訥」，據改。

〔六〕逮黨及繼任巡撫馬中錫鄧章　鄧章，本書卷一八七何鑑傳、武宗實録卷三一正德二年十月甲申條及卷九一正德七年八月己酉條都作「鄧璋」。

明史卷一百八十七

列傳第七十五

何鑑　馬中錫　陸完　洪鍾陳鎬　蔣昇　陳金　俞諫

周南孫祿　馬昊

何鑑，字世光，浙江新昌人。成化五年進士。授宜興知縣。徵拜御史，巡宣府、大同。劾巡撫鄭寧以下數十人不職，按裨將孟璽等罪。還巡太倉。總督太監卒犯法，逮治之，爲所搆，下錦衣獄。得釋，再按江北。鳳陽皇陵所在，近境取寸木法皆死，陵軍多倚禁虐民。鑑請以山麓爲限，他樵採勿禁，遂著爲令。出爲河南知府。振累歲饑，條行荒政十事。歷四川左、右布政使。

弘治六年以右副都御史巡撫江南，兼理杭、嘉、湖三府稅糧。蘇、松水災，用便宜發漕米十五萬石振之。與侍郎徐貫疏吳淞、白茆諸渠，泄水入海，水患以除。復巡撫山東，遷刑部侍郎。母憂去。

十八年還朝。時承平久，生齒日繁。孝宗覽天下戶籍數乃視國初反減，咎所司溺職，欲釐正之。敕鑑以故官兼左僉都御史往河南、湖廣、陝西閱實戶口。得戶二十三萬五千有奇，口七十三萬九千有奇，因疏善後十事及軍民利病以聞。會孝宗已崩，武宗悉採納之。

正德二年拜南京兵部尚書參贊機務。鑑前撫江南，嘗按千戶張文冕罪，文冕亡去。至是搆於劉瑾，而瑾亦嗛鑑不與通，遂坐以事連罰米。貧不能償，奏愬獲免。

六年正月召爲刑部尚書。時大盜並起，劉寵、劉宸、楊虎、劉惠、齊彥名、朱諒等亂畿輔，方四、曹甫、藍廷瑞、鄢本恕等躪四川，汪澄二、羅光權、王浩八、王鈺五等擾江西，皆稱王，四方告急無虛日。兵部尚書王敞不能辦賊。帝旣命洪鍾、陳金、馬中錫督師分討，其年五月，罷敞，以鑑代之。鑑乃選將練兵，錄民間材武士，令鄉聚悉樹柵浚溝，團結相救。河南、山西兵守黃河，斷太行。京操班軍，留守所在城邑。每漕艘運卒一人屯河濱，護運道，通行旅。文武大吏軼賊，請敕峻責之，而褒縣令能擊賊者。以中錫玩寇，奏遣陸完代還，調邊將從完討賊。賊連爲邊軍所破，奔迸四出。會中官谷大用、伏羌伯毛銳率師駐臨淸，賊遂謀以十二月朔伺帝省牲南郊，乘間犯駕，先一日趨霸州。鑑立奏聞，夜設備。厥明，帝召問鑑。鑑請早出安人心，遂成禮而還。賊知有備，西掠保定諸州縣以去。河南巡撫鄧璋請濟師，鑑言：「山東賊不及萬，官軍奚啻十倍。緣勢要私人營充頭目，撓律攘功，失將士心。請盡遣若屬還。都指揮以下失事，即軍前行戮。益調邊軍助㨗。」帝悉從之。尋以捷書屢聞，加鑑太子少保。

明年正月，賊突霸州，京師戒嚴。鑑令邊兵亟邀賊，賊遁去。賊渠楊虎、朱諒死，其黨分擾山東、河南。鑑以山東賊劉寵、劉宸、齊彥名等，責邊將許泰、郤永、劉暉、李鋐；以河南賊劉惠、趙鐩、邢老虎等，責邊將馮禎、時源、神周、金輔。未幾，毛銳敗績，與大用俱召還。鑑乃請用彭澤，與仇鉞同辦河南賊，而以山東賊專委陸完。五月，河南賊平。七月，山東餘賊亦平。陳金、洪鍾亦以次平江西、四川諸賊。帝喜，加鑑太子太保，廕子錦衣世百戶。鑑乃上言：「羣盜蕩平，民罹兵久，乞量免田租，多方振贍。黜貪殘長吏，停不急工役。還民故業，貸以牛種，復其家三年。有訐舊事及怙惡者，並置於理。」帝悉報可。

先是，七月中，鑑以羣盜未盡，請留邊將劉暉戍山東，時源戍河南，郤永戍畿輔，李鋐戍淮、揚，各假總兵之職，俟事寧始罷。仇鉞言，邊軍久勞，風土不習，人馬俱病。今賊已漸平，請留三之一討賊，餘悉遣還。廷議，二人議俱是，請四將各千人鎮壓，他將許泰、神周、金輔、溫恭輩俱統所部還邊鎮。帝許之，命延綏軍徑還，遼東、宣府、大同軍過闕勞賜。

帝時好弄兵。羣小寵幸者言，邊軍憨健過京軍遠甚，宜留之京營，帝以爲然。至十一月，三鎮軍畢至，遂命留之，以京軍往代。鑑力陳不可，廷臣集議，復極言其害，帝竟不從。自是，邊軍於大內團操，號爲「外四家軍」，而江彬進用矣。

八年，宣府送迤北降人脫脫太等至京，命充御馬監勇士。鑑等上言：「漢、魏徙氐、羌於關中，郭欽、江統皆勸晉武早絕亂階。苻堅處鮮卑於漢南，苻融亦慮其窺測虛實。今使降人出入禁中，假寵踰分，且生慢侮。萬一北寇聞之，潛使黠賊僞降，以爲間諜，寧不爲將來患哉。」帝不聽。

寧王宸濠謀復護衞，鑑力遏之。都督白玉以失事罷，厚賄豹房諸倖臣求復，鑑執不從。諸倖臣嗾詗事者發鑑家僮取將校金錢，言官遂交章劾鑑，致仕去。閱九年卒，年八十。〔一〕

馬中錫，字天祿，故城人。父偉，爲唐府長史，以直諫忤王，械送京師，而盡縶其家人。中錫以幼免，乃奔訴巡按御史。御史言於王，釋其家。復奉母走京師訴冤，父竟得白，終處州知府。

中錫舉成化十年鄉試第一，明年成進士，授刑科給事中。萬貴妃弟通驕橫，再疏斥之，再被杖。公主侵畿內田，勘還之民。又嘗劾汪直違恣罪。歷陝西督學副使。

弘治五年召爲大理右少卿。南京守備太監蔣琮與兵部郎中婁性、指揮石文通相訐，連數百人，遣官按，不服。中錫偕司禮太監趙忠等往，一訊得實。性除名，琮下獄抵罪。擢右副都御史，巡撫宣府。劾罷貪耄總兵官馬儀，革鎮守以下私役軍士，使隸尺籍。寇嘗犯邊，督軍敗之。引疾歸，中外交薦。

武宗卽位，起撫遼東。還屯田於軍，而劾鎭守太監朱秀置官店、擅馬市諸罪。正德元年入歷兵部左右侍郎。劉瑾初得志，其黨朱瀛冒邊功至數百人。尚書閻仲宇許之，中錫持不可。瑾大恚，中旨改南京工部。明年勒致仕。其冬，逮繫詔獄，械送遼東，責償所收腐粟。踰年事竣，斥爲民。瑾誅，起撫大同。中錫居官廉，所至革弊任怨，以故有名。

六年三月，賊劉六等起，吏部尚書楊一淸建議遣大臣節制諸道兵。乃薦中錫爲右都御史提督軍務，與惠安伯張偉統禁兵南征。

劉六名寵，其弟七名宸，文安人也，並驍悍善騎射。先是，有司患盜，召寵、宸及其黨楊虎、齊彥名等協捕，頻有功。會劉瑾家人梁洪徵賄於寵等不得，誣爲盜，遣甯杲、柳尙義繪形捕之，破其家。寵等乃投大盜張茂。茂家高樓重屋，複壁深窖，素招亡命爲逋逃主。宦官張忠與鄰，茂結爲兄，夤緣馬永成、谷大用、于經輩得出入豹房，侍帝蹴鞠，而乘間爲盜如故。後數爲河間參將袁彪所敗。茂窘，求救於忠。忠置酒私第，招茂、彪東西坐。酒酣，擧觴屬彪字茂曰：「彥實吾弟也，自今毋相厄。」又舉觴屬茂曰：「袁公善爾，爾愼毋犯河間。」彪畏忠，唯唯而已。已，茂爲甯杲所擒，寵等相率詣京謀自首。忠與永成爲請於帝，且曰：「必獻萬金乃赦。」寵、宸不能辦，逃去。既而瑾誅，有詔許自首。寵等乃出詣官。兵部奏赦之，令捕他盜自効。寵等憚要束，未幾復叛。黨日衆，所至陷城殺將吏。

中錫等受命出師，敗賊於彰德，既又敗之河間，進左都御史。然賊方熾，諸將率畏懦莫敢當其鋒，或反與之結。參將桑玉嘗遇賊文安村中。寵、宸窘蹙，跳民家樓上，欲自刭。而玉素受賊賂，故緩之。有頃，彥名持大刀至，殺傷數十人，大呼抵樓下。寵、宸知救至，出，射殺數人。玉大敗。參將宋振禦賊棗强，不發一矢，城遂陷，死者七千人。

當是時，寵、宸等自畿輔犯山東、河南，南下湖廣，抵江西。復自南而北，直窺霸州。楊虎等由河北入山西，復東抵文安，與寵等合，破邑百數，縱橫數千里，所過若無人。中錫雖有時望，不習兵。偉亦紈袴子，見賊强，諸將怯，度不能破賊，乃議招撫。謂盜本良民，由酷吏甯杲與中官貪黷所激，若推誠待之，可毋戰降也。遂下令：賊所在勿捕，過勿邀擊，饑渴則食飲之，降者待以不死。賊聞，欲就撫，相戒毋焚掠，猶豫未定。而朝廷以京軍弱，議發邊兵。中錫欲戰，則兵未集，欲撫，則賊時向背，終不得要領。既建議主撫，不能變。會寵等聞邊兵且至，退屯德州桑園。中錫肩輿入其營，與酒食，開誠慰諭之。衆拜且泣，送馬爲壽。寵慷慨請降，宸乃仰天咨嗟曰：「騎虎不得下。今奄臣柄國，人所知也。馬都堂能自主乎？」遂罷會。而是時方詔懸賞格購賊。寵等偵知之，益疑懼，徑去，焚掠如故。獨至故城，戒毋犯馬都堂家。由是，中錫謗大起，謂其以家故縱賊。言官交劾之，下詔切責。中錫猶堅持其說以請。兵部尚書何鑑謂賊誠解甲則貰死，卽不然，毋爲所誑。既而寵等終不降，乃遣侍郎陸完督師，而召中錫、偉還。

初，中錫受命討賊，大學士楊廷和謂楊一淸曰：「彼文士耳，不足任也。」竟無功，與偉同下獄論死。中錫死獄中，偉革爵。十一年，巡按御史盧雍追訟中錫冤，謂：「賊實聽撫，僉事許承芳忌之，潛請益兵，疑賊心。及賊再受約，方至軍門，而檻車已就道矣。」朝廷乃復中錫官，賜祭，予廕。

陸完，字全卿，長洲人。爲諸生。中官王敬至蘇，以事庭曳諸生。諸生競起擊之，完不與。惡完者中之，敬遂首列完名上聞。巡撫王恕極論敬罪，完乃得免。舉成化二十三年進士。謁選，恕方爲吏部，曰：「是嘗擊奄人者，當爲御史。」入臺，果有聲。

正德初，歷江西按察使。寧王宸濠雅重之，時召預曲宴，以金罍爲贈。三年冬，擢右僉都御史，巡撫宣府。劉瑾惡完赴闕後期，命以試職視事。明年夏，復改南院，督江防軍。完以都御史試職非故事，懼甚，賄瑾，召爲左僉都御史。五年春，拜兵部侍郎。瑾敗，言者劾其黨附，帝不問。

明年，霸州賊劉六、劉七等起，奉楊虎爲首。惠安伯張偉、右都御史馬中錫師出無功，逮繫論死。八月，詔完兼右僉都御史提督軍務，統京營、宣府、延綏軍討之。行及涿州，忽傳賊且逼京師，命還軍入衞。會副總兵許泰、游擊郤永等敗楊虎等於霸州，賊南走，京師始解嚴。指揮賀勇等再敗賊信安，副總兵馮楨復大敗之阜城，分兵追擊。賊東圍滄州。會劉六、七中流矢，乃解而南，陷山東縣二十。楊虎兵亦北殘威縣、新河。於是完頻請濟師。益發遼東、山西諸鎭兵逐賊。賊益南，圍濟寧，焚運舟，轉寇曹州。楨、泰、永擊斬二千餘人，獲其魁朱諒。錄功，進完右都御史，諸將皆增秩。中官谷大用、張忠意賊且暮平，乃自請督師。詔以大用總督軍務，伏羌伯毛銳充總兵官，忠監神鎗，統京軍五千人，會完討賊。

時劉六等縱橫沂、莒間，而楊虎陷宿遷，執淮安知府劉祥、靈璧知縣陳伯安，連陷虹、永城、虞城、夏邑及歸德州。邊兵追及，賊退至小黃河渡口。百戶夏時設伏蹙之，虎溺死。餘賊奔河南，推劉惠爲首，大敗副總兵白玉軍，攻陷沈丘，殺都指揮王保，執都指揮潘翀，北陷鹿邑。有陳翰者，與甯龍謀奉惠爲奉天征討大元帥，趙鐩副之。翰自爲侍謀軍國重務元帥府長史，與龍立東西二廠治事。分其軍爲二十八營，以應列宿，營各置都督，聚衆至十三萬。欲牽制官軍，於是惠、鐩擾河南，劉六及齊彥名等擾山東，黨分爲二。已而六復轉而北，永敗之濰縣。還趨霸州，帝將出郊省牲，聞之懼，急召完赴援，完擊破之文安。賊南至湯陰，完又督諸將追敗之，先後俘斬千人。

當是時，六等衆號數萬，然多脅從，精銳不過千餘人。自兵部下首功令，官軍追賊，賊輒驅良民前行，急則棄所掠逸去。官軍所殺皆良民，以故捷書屢奏，而賊勢不衰。

明年正月，六等復突霸州，京師戒嚴。詔完及大用、銳還禦近畿，賊乃西掠博野，攻蠡縣、臨城。大用、銳與遇於長垣，大敗。廷議召二人還，別命都御史彭澤同咸寧伯仇鉞辦河南賊，以畿輔、山東賊委完。完遣永追敗劉六於宋家莊。賊南犯滕縣，副總兵劉暉大敗之，賊遂奔登、萊海套。完師次平度，檄永、玉與游擊溫恭三道進攻，命副總兵張俊、李鋐及泰、暉分軍邀其奔逸。賊走，連戰皆大敗之，賊乃變服易馬而遁，先後擒斬二千六百餘人。賊止三百人北走，沿途招聚，勢復張。剽香河、寶坻、玉田，轉攻武清。游擊王杲敗沒，巡撫甯杲兵亦敗，畿輔復震動。而賊轉南至冠縣，暉襲敗之，指揮張勛又敗之平原。賊南奔邳州，渡河抵固始。會河南賊已平，劉六等勢益衰，遂走湖廣。奪舟至夏口，遇都御史馬炳然，殺之。復登陸，焚漢口，爲指揮滿弼等追及，劉六中流矢，與子仲淮赴水死。

劉七、齊彥名率五百人舟行，自黃州順流抵鎮江。南京告急，完疾趨而南。帝命彭澤、仇鉞會完軍進剿。大兵盡集江南、北，賊猶乘潮上下肆掠。操江武靖伯趙弘澤、都御史陳世良遇之，敗績，死者無算。七月，賊治舟孟瀆。完等至鎮江，留鉞防守，令恭以騎駐江北，暉、永以舟趨江陰，完率都指揮孫文、傅鎧趨福山港。賊懼，抵通州。颶風大作，棄舟走保狼山。完命同知羅瑋夜導軍登山南麓之。彥名中槍死，七中矢赴水死，餘賊盡平。還朝，進完太子少保左都御史，廕子錦衣世百戶。明年代何鑑爲兵部尚書。

完有才智，急功名，善交權勢。劉暉、許泰、江彬皆其部將，後並寵倖用事，完遂得其力。

時宸濠已萌異志。聞完爲兵部，致書盛陳舊好，欲復護衞及屯田。完答書，令以祖制爲詞。宸濠遂遣人輦金帛鉅萬，寓所善教坊臧賢家，徧遺用事貴人，屬錢寧爲內主。比奏下，完遂爲覆請，而以屯田屬戶部，請付廷議。內閣擬旨上，並予之。舉朝譁然。六科給事中高淓、十三道御史汪賜等力爭，章並下部，久不覆。南京給事中徐文溥繼言之，完乃請納諫官言，帝竟不許。十年改吏部尚書。

宸濠反，就執。中官張永至南昌，搜其籍，得完平日交通事，上之。帝大怒。還至通州，執完，收其母妻子女，封識其家。比還京，反縛之竿，揭姓名於首，雜俘囚中，列凱旋前部以入，將置極刑。值武宗崩，世宗立，法司覆奏完交外藩而遺金不却，處護衞而執奏不堅，當斬。完復乞哀，下廷臣覆讞。以平賊功，在八議之列，遂得減死，戍福建靖海衞。母年九十餘，竟死獄中。

初，完嘗夢至一山曰「大武」。及抵戍所，有山如其名，歎曰：「吾戍已久定，何所逃乎！」竟卒於戍所。

洪鍾，字宣之，錢塘人。成化十一年進士。爲刑部主事，遷郎中，奉命安輯江西、福建流民。還言福建武平、上杭、清流、永定，江西安遠、龍南，廣東程鄉皆流移錯雜，習鬬爭，易亂，宜及平時令有司立鄉社學，敎之詩書禮讓。

弘治初，再遷四川按察使。馬湖土知府安鼇恣淫虐，土人怨之刺骨，有司利其金置不問，遷延二十年。僉事曲銳請巡按御史張鸞按治，鍾贊決，捕鼇送京師，置極刑。安氏自唐以來世有馬湖，至是改流官，一方始靖。歷江西、福建左、右布政使。

十一年擢右副都御史，巡撫順天。整飭薊州邊備，建議增築塞垣。自山海關西北至密雲古北口、黃花鎭直抵居庸，延亙千餘里，繕復城堡二百七十所，悉城緣邊諸縣，因奏減防秋兵六千人，歲省輓輸犒賚費數萬計。所部潮河川去京師二百里，居兩山間，廣百餘丈，水漲成巨浸，水退則坦然平陸，寇得長驅直入。鍾言：「關以東三里許，其山外高內庳，約餘二丈，可鑿爲兩渠，分殺水勢，而於口外斜築石堰以束水。置關堰內，守以百人，使寇不得馳突，可免京師北顧憂，且得屯種河壖地。」兵部尚書馬文升等請從之。比興工，鑿山，山石崩，壓死者數百人。御史弋福、給事中馬予聰等劾鍾，巡撫張烜等請罷役，不聽。未幾，工成，侍郎張達偕司禮中官往視。還言石洞僅洩小水，地近邊垣多沙石，不利耕種。給事中屈伸等劾鍾欺妄三罪，諸言官及兵部皆請逮鍾。帝以鍾爲國繕邊，不當罪，停俸三月。

正德元年由巡撫貴州召督漕運兼巡撫江北。明年就進右都御史。蘇、松、浙江運舟由下港口及孟瀆河泝大江以達瓜洲，遠涉二百八十餘里，往往遭風濤。鍾言：「孟瀆對江有夾河，可抵白塔河口。舊置四閘，徑四十里。至宜陵鎮再折而北，即抵揚州運河。〔三〕開濬爲便。」從之。改掌南京都察院，就遷刑部尚書。四年冬，加太子少保兼左都御史，掌院事。

五年春，湖廣歲饑盜起。命鍾以本官總制軍務，陝西、河南、四川亦隸焉。沔陽賊楊淸、丘仁等僭稱天王、將軍，出沒洞庭間。圍岳州，陷臨湘，官軍屢失利。鍾及總兵官毛倫檄都指揮潘勳、柴奎，布政使陳鎬，副使蔣昇擊破之於麻穰灘，擒斬七百四十餘人，賊遂平。初，鍾掌院事，劉瑾方熾。及瑾誅，言官劾鍾徇瑾撻御史。朝議以鍾討賊，置不問。

時保寧賊藍廷瑞自稱順天王，鄢本恕自稱刮地王，其黨廖惠稱掃地王，衆十萬餘，置四十八總管，延蔓陝西、湖廣之境。廷瑞與惠謀據保寧，本恕謀據漢中，取鄖陽，由荆、襄東下。巡撫林俊方議遏通江，而惠已至，攻陷其城，殺參議黃瓚，僉事錢朝鳳等遁去。適官軍自他郡還，賊疑援兵至，亦遁。俊益發羅、回及石硅土兵助朝鳳進剿，參議公勉仁亦會。龍灘河漲，賊半渡，羅、回奮擊之，擒斬八百餘人，墜崖溺水甚衆。俊復遣知府張敏、何珊等追之，獲惠，餘衆奔陝西西鄉。鍾乃下令招撫，歸者萬餘人。既而賊收散亡，陷營山，殺僉事王源，縱掠蓬、劍二州。

鍾赴四川，與俊議多不合，軍機牽制，賊益熾。已，乃檄陝西、湖廣、河南兵分道進，湖廣兵先追及於陝西石泉。廷瑞走漢中，都指揮金冕圍之。陝西巡撫藍章方駐漢中，廷瑞遣其黨何虎詣章，乞還川就撫。章以廷瑞本川賊，恐急之必致死，陝且受患，遂令冕護之出境。廷瑞既入川，求降，鍾等令至東鄉聽撫。賊意在緩師，遷延累月，依山結營，要求營山縣或臨江市屯其衆，遣官爲質。鍾令漢中通判羅賢入其營。本恕來謁，約既定，會官軍有殺其樵採者，賊復疑懼，遂殺賢，剽如故。官軍爲七壘守之，賊不得逸，其黨漸潰。廷瑞以所掠女子詐爲己女，結婚於永順土舍彭世麟，冀得間逸去。世麟密白鍾，鍾授方略使圖之。及期，廷瑞、本恕暨其黨王金珠等二十八人咸來會。伏發悉就擒，惟廖麻子得脫。其衆聞變，驚潰渡河。鍾遣兵追擊，俘斬七百餘人，以功進太子太保。

未幾，廖痲子及其黨曹甫掠營山、蓬州。七年，總兵官楊宏，副使張敏、馬昊、何珊等合擊之。賊勢蹙，鍾乃議招撫。敏以單騎詣甫營，甫聽命，遂赴軍門受約束，歸散其黨。而痲子忿甫背己，殺之，幷其衆，轉掠川東。官軍不敢擊，潛躡賊後，馘良民爲功，土兵虐尤甚。時有謠曰：「賊如梳，軍如篦，土兵如鬀。」巡按御史王綸、紀功御史汪景芳劾鍾縱兵不戰。綸復奏鍾樂飲縱遊，致賊自合州渡江陷州縣。詔召鍾還，以彭澤代，鍾遂乞歸。嘉靖三年卒，謚襄惠。

陳鎬，會稽人。成化二十三年進士。旣平賊，就遷右副都御史，巡撫湖廣。蔣昇，祁陽人，鎬同年進士。

陳金，字汝礪，應城人，徙武昌。祖坦，夔州知府。父琳，廣西僉事。金舉成化八年進士，除婺源知縣，擢南京御史。弘治初，出按浙江，還因災異劾文武大僚十九人，侍郎丁永中、南京大理卿吳道宏、南寧伯毛文等多罷去。尋遷山西副使，歷雲南左布政使，討平竹子箐叛苗。

十三年就拜右副都御史，巡撫其地。孟養酋思祿與孟密酋思揲構兵積年。金奉詔發緬甸、干崖、隴川、南甸諸部兵，聚糧十二萬，爲征討計，而遣參議郭緒往撫之。思祿懼，遂罷兵修貢，金以功賚銀幣。貴州兵敗賊婦米魯，米魯退攻平夷衞及大河、扼勒諸堡。金發兵連破之，增俸一等，召爲南京戶部右侍郎。

正德改元，給事中周璽等劾不職大臣，金與焉。詔不問。金以母老乞歸，不允。尋以右都御史總督兩廣軍務。時內臣韋霦等建議，請輸兩廣各司所貯銀於京師。金疏不可，詔留二十餘萬。馬平、洛容僮猖獗，金偕總兵官毛銳發兵十三萬征之，俘斬七千餘人，進左都御史。斷藤峽苗時出剽。金念苗嗜魚鹽，可以利縻也，乃立約束，令民與苗市，改峽曰永通。苗性貪而黠，初陽受約，既乃不予直，殺掠益甚。潯州人爲語曰：「永通不通，來葬江中，誰其作者？噫，陳公！」蓋咎金失計也。

三年十月遷南京戶部尚書。明年冬，召爲左都御史，未聞命，以母喪歸。六年二月，江西盜起。詔起金故官，總制軍務。南畿、浙江、福建、廣東、湖廣文武將吏俱隸焉。許便宜從事，都指揮以下不用命者專刑戮。當是時，撫州則東鄉賊王鈺五、〔三〕徐仰三、傅傑一、揭端三等，南昌則姚源賊汪澄二、王浩八、殷勇十、洪瑞七等，瑞州則華林賊羅光權、陳福一等，而贛州大帽山賊何積欽等又起，官軍累年不能克。金以屬郡兵不足用，奏調廣西狼土兵。明年二月先進兵東鄉，遣參議徐蕃等分屯要害，而令副總兵張勇、土官岑璋、〔四〕岑猛各統官兵、目兵擊賊熟塘。進戰南壙，追敗之赤岸蔭嶺。擒仰三，馘鈺五等，克柵二百六十五，斬首萬一千六百餘級，俘七百五十餘人。五月移師姚源，令參政董朴、吳廷舉等分營餘干、安仁、貴溪、鄱陽、樂平遏賊，而親統大軍擣其巢，勇十重創死。會張勇以目兵至，毒弩射殺瑞七、成七等，〔五〕俘斬共五千餘人。七月乘勝斬光權。華林賊盡平。又督副使王秩等擊大帽山賊，獲積欽，俘斬千七百餘人。半歲間，剿賊幾盡。遂即東鄉立縣，並立萬年縣，招降人居之。前後每奏捷，輒賜璽書嘉勞，賚銀幣。加太子少保，廕子錦衣世百戶。

金累破劇賊，然所用目兵貪殘嗜殺，剽掠甚於賊，有巨族數百口闔門罹害者。所獲婦女率指爲賊屬，載數千艘去。民間謠曰：「土賊猶可，土兵殺我。」金亦知民患之，方倚其力，不爲禁。又不能持廉，軍資頗私入。功雖多，士民皆深怨焉。

東鄉之役，璋兵縱弩射，趫捷若飛，賊大窘。璋兵要賞千金，金靳不予，乃縱賊使逸。桀黠者多不死，尚數千人。金急欲成功，遂下令招撫。其破姚源賊也，金喜，謂功在旦夕，與將吏置酒高會。賊覘諸要害無守者，乃悉所有賂目兵，乘暮遁去。時賊絕爨已三日，自分必死，沿途棄稚弱，散婦女。及抵貴溪，始得一飽食，遂轉掠衢、徽間。金知失策，亦下令招降。賊首王浩八等故僞降以緩官兵，攻剽如故，卒不能盡賊。紀功給事中黎奭及兩京言官交章劾金。乃召金還，以俞諫代。金遂請終喪去。

十年再起，督兩廣軍務。府江賊王公珣等爲亂，金集諸道兵偕總兵官郭勛等分六路討之，斬公珣，大有所俘獲。加少保太子太保，廕子如初。復以饒平捷，詔子先受廕者進一秩。金承召還朝，道得疾歸，詔强起之。十四年冬入掌都察院事。世宗立，請老，命乘傳還。久之，卒。

俞諫，字良佐，桐廬人。父藎，舉進士，官御史，按江西，治外戚王氏、萬氏宗族恣横罪。坐事，謫澧州判官。大築陂堰，溉田可萬頃。累遷鄖陽知府。

諫舉弘治三年進士，授長淸知縣，擢南京御史。遷河南僉事，擒嵩賊呂梅。歷江西參議，平大帽山賊。遷廣東副使，中道召爲大理少卿。

正德六年擢右僉都御史，治水蘇、杭諸府，修治圩塘，民享其利。尋進右副都御史，提督操江。八年春，姚源降賊王浩八叛，詔以諫代陳金督江西、浙江、福建諸軍討之。時浩八衆萬餘，屯浙江開化，爲同知伍文定等所敗，遁還江西德興，以所執都指揮白弘、江洪爲質，求撫於按察使王秩。秩受之，爲傳送姚源。浩八奔據貴溪裴源山，餘衆復集，連營十里。諫令秩與副使胡世寧、參政吳廷舉列屯要害，斷其歸路，而躬與都督李鋐乘夜冒雨潛進，大破之，俘斬數千人，遂擒浩八。其黨潰走玉山。諫與南贛巡撫周南、江西巡撫任漢復擊斬七百餘人。餘賊奔姚源，諫督廷舉等進剿，逼擒之。

諫懲金失，一意用兵，而任漢懦。先爲布政使，嘗贊金主撫。雖亟上首功，追賊緩，餘黨復起。先是，東鄉賊爲金所敗乞降，隸世寧，號新兵，而剽掠如故。旣懼罪復叛，遣參將桂勇等討擒之。萬年雖立縣，賊尚衆，吏胥多賊黨，官府動息必知之。副使李情治峻急，衆欲叛，畏鋐在餘干不敢發。會鋐卒，王垂七、胡念二等遂作亂。殺情及饒州通判陳達、秦碧，指揮邢世臣等，焚廨舍。諫發兵擒之，亂乃定。言官劾諫及漢、南。兵部請召漢還，命諫兼領巡撫。明年擊臨川賊，斬其魁，而遣參將李隆擊新淦賊。賊踞萬山中，僭稱王且八年。隆等深入，悉就擒，俘斬千七百餘人。錄功，進諫右都御史，巡撫如故。劇賊徐九齡者，初嘯聚建昌、醴源，已，出沒江、湖間，積三十年，黃州、德安、九江、安慶、池州、太平咸被其害。諫討斬之，羣盜悉平。寧王宸濠諷御史張鰲山劾諫，十一年召還，遂乞致仕。

嘉靖改元，用薦起故官，總督漕運。靑州礦盜王堂等起顏神鎭，流劫東昌、兗州、濟南。都指揮楊紀及指揮楊浩等擊之，浩死，紀僅免。詔責山東將吏，於是諸臣分道逐賊，賊不河南復屯聚，流劫金鄉、魚臺間。突曹州，欲渡河不得，復掠考城並河西岸，至東明、長垣。及保定守臣咸告急。賊黨王友賢等轉掠祥符、封丘，南抵徐州。廷議以諸道巡撫權位相埒，乃命諫與都督魯綱並提督兩畿、山東、河南軍務，以便宜節制諸道兵討之。賊復流至考城。官軍方欲擊，而河南降賊張進引三百騎馳至。中都留守顏愷與俱前，方戰，進忽三麾其旗先却。賊乘之，官軍大潰，將士死者八百餘人。諫等連營進，賊始滅。其秋，召掌都察院事。踰年卒官，贈太子太保，謚莊襄。

周南，字文化，縉雲人。成化十四年進士。除六合知縣，擢御史，出按畿輔。弘治初，再按廣東，劾總兵官柳景。歷江西右布政使，擢右副都御史，巡撫大同。

武宗初立，寇入宣府，參將陳雄等邀擊，敗之。錄功，增南俸一秩，母喪歸。正德三年，劉瑾擅政，以大同倉粟有浥爛者，逮南及督糧郎中孫祿下詔獄，械送大同，責倍輸。會赦，大同總兵官葉椿等爲請，免其倍數。輸畢，釋爲民。瑾誅，以故官撫宣府不就，引病歸。明年起督南、贛軍務。南贛巡撫之設，自南始。〔六〕

汀州大帽山賊張時旺、黃鏞、劉隆、李四仔等聚衆稱王，攻剽城邑，延及江西、廣東之境，數年不靖，官軍討之輒敗。推官莫仲昭、知縣蔣璣、指揮楊澤等被執，賊勢愈熾。南集諸道兵擊之龍牙，擒時旺。義民林富別擊斬鏞於鐵坑。其他諸砦爲指揮孫堂等所破。而副使楊璋、僉事淩相等亦擊隆、四仔，擒之。先後斬獲五千人，仲昭等得逸還。捷聞，賜敕獎勞。南乃移師會總督陳金，共平姚源諸賊，境內遂寧。九年春進右都御史，總督兩廣軍務。踰年乞歸，卒。贈太子少保。

孫祿，棲霞人。弘治九年進士。由戶部主事歷郎中。瑾敗，起故官，累遷至應天府尹。

馬昊，本姓鄒，字宗大，寧夏人。弘治十二年進士。由行人選御史。正德初，遷山東僉事，坐累謫眞定推官。境內數有盜，昊教吏士習射，廣設方略，盜發輒獲。再坐累，謫判開州。眞定吏民伏闕請留，乃免。遷四川僉事。昊長身驍捷，善騎射，知兵。巨寇方四、曹甫等方熾，洪鍾討之久無功。昊至，閱所部，笑曰：「將不知兵，其何以戰？」於是擇健卒千人分數隊，隊立長，教之。會甫將襲江津，昊從巡撫林俊剿賊，大敗之，俘斬及焚死者二千餘人。明年，方四陷江津，破綦江，薄重慶。昊夜出百騎，舉火擊賊，賊驚潰。乘之，斬獲多，遂合羅、回土兵搏賊。賊陳左而伏兵其右，昊以正兵當左，身率百騎搗其伏。伏潰，趨左，左亦潰。四奔婺川，與甫相攻，衆遂散。四變姓名走，爲他將所獲。昊再被獎，進副使，與總兵官楊宏擊敗甫。

甫降，而其黨廖麻子併其衆，連陷銅梁、榮昌。坐奪冠帶。時洪鍾已召還，巡撫高崇熙恇怯，復主撫。麻子等陽受約，崇熙遽罷諸軍，令副使張敏徙開縣臨江市民，空其地處之，許給復三年，爲請於朝。昊力爭，謂臨江市蜀襟喉，上達重、敍，下連湖、湘，地土饒衍，奈何棄以資賊，自遺患。崇熙不從，昊乃益治兵觀變。其明年，賊果執敏叛。詔逮崇熙，而擢昊右僉都御史代之。賊圍中江，將趨成都。昊以五千騎與總督彭澤敗之。遊擊閻勳追斬麻子劍州，餘衆走，推其黨喻思俸爲主。總兵官陳珣追至富村，賊僞降。因北渡江，襲殺都指揮姚震，轉入巴山故巢。尋出走大安鎮，珣不敢前。而陝西兵與賊戰潰，賊遂越寧羌犯略陽。珣軍鼓譟，賊夜走，度廣元，爲官軍所遏，還趨通、巴招餘黨。諸將率稱病不擊賊，詔逮珣，且讓昊。昊乃與彭澤督諸軍獲思俸西鄉山中，復與澤平內江賊駱松祥，羣盜悉靖。錄功，進副都御史。

十年，亦不剌寇松潘，番人磨讓六少等乘機亂，爲之鄉導，西土大震。昊招土番爲間，發兵掩擊之。千戶張倫等夜率熟番攻破賊，獲磨讓六少，亦不剌遁去。昊以松潘地險阻，番人往往邀劫饋運，乃督參將張傑等修築牆柵，自三舍堡至風洞關，凡五十里。賜敕褒之。

烏蒙、芒部二府壤接筠連、珙縣，圜亙千里，山箐深阻，諸蠻僰人子、羿子、仲家子、苗子、倮、佫等雜居其中。有僰人子普法惡者，通漢語，曉符籙，妄言彌勒出世，自稱蠻王，煽諸夷作亂。流民謝文禮、謝文義應之。都指揮杜琮戰敗，文義奪其冑。十二年，昊督指揮曹昱進討，法惡敗，走保青山砦。昊分據水口，絕其汲道，闕南方圍待之。賊乏水渴，突南圍，官軍遮擊。法惡中流矢死，諸蠻大奔。以功，再進右都御史，廕子錦衣世百戶。

昊有才氣，能應變，揮霍自喜，所向輒有功。然官川中久，狎其俗，銳意立功名，卒以是敗。先是，亦不剌既遁，昊移兵攻小東路番砦未下，茂州羣蠻懼見侵，遂糾生苗圍城堡。參將芮錫等討之，兵敗，指揮龐昇等皆死。又嘗遣副總兵張傑、副使吳澧擊松潘南北二路番，不利，亡軍士三千餘人，匿不以聞。僰蠻平，不置戍守，遽班師。請改高縣為州，設長吏，增高、珙、筠連田租千八百石，令指揮魏武度田奪降人業給之軍民。而珙縣知縣步梁窺昊意，誘殺降人阿尚。杜琮以亡冑故，怨文義，潛使人購其頭。於是文義乘羣蠻怨，嗾之，遂大訌，攻高、慶符二縣，破其城。琮率兵禦之，又敗，死傷七百人。自黎雅以西，天全六番皆相繼亂。南京給事中孫懋暨巡按御史盧雍、黎龍先後劾昊。十四年遂遣官逮昊。行至河南，疏稱疾篤，留於家。世宗即位，始就逮，尋削籍歸。楊一清、胡世寧薦之，為桂萼所駁而止。久之，卒。

贊曰：何鑑綰中樞，能任諸將滅賊，蓋其時楊廷和在政府，閣部同心，故克奏㓜云爾。馬中錫雅負時望，而軍旅非其所長，適用取敗。然觀劉宸阻降之言，亦可以觀朝事矣。陸完交結之罪浮於首功，得從八議，有佚罰焉。洪鍾、陳金威略甚著，而士兵之謠，聞之心惻，斯又統戎旃者所當留意也。

校勘記

〔一〕年八十　國朝獻徵錄卷三九何公鑑墓志銘作「年九十」。

〔二〕至宜陵鎮再折而北卽抵揚州運河　宜陵鎮，原作「冥陵鎮」，據明史稿傳六六洪鍾傳改。按明一統志卷一二、讀史方輿紀要卷二三揚州府城北有宜陵鎮，無「冥陵鎮」。

〔三〕撫州則東鄉賊王鈺五　王鈺五，武宗實錄卷八七正德七年五月甲寅條作「王珏五」。

〔四〕土官岑𤅷　岑𤅷，武宗實錄卷八七正德七年五月甲寅條作「岑㙐」。

〔五〕毒弩射殺瑞七成七等　成七，武宗實錄卷九一正德七年八月己酉條作「鄒成七」，此脫「鄒」姓。

〔六〕明年起督南贛軍務南贛巡撫之設自南始　明年，指劉瑾被誅之明年，即正德六年。本書卷七三職官志稱南、贛等處地方，「弘治十年始設巡撫，正德十一年改提督軍務。」與此互異。

明史卷一百八十八

列傳第七十六

劉蒞，字惟馨，涪州人。弘治十二年進士。授戶科給事中。劾戶部尚書侶鍾縱子受賕，論外戚慶雲侯、壽寧侯家人侵牟商利，阻壞鹺法，又論文選郎張綵顚倒銓政。有直聲。

武宗踐阼，未數月，漸改孝宗之政。蒞疏諫曰：「先帝大漸，召閣臣劉健、李東陽、謝遷於榻前，託以陛下。今梓宮未葬，德音猶存，而政事多乖，號令不信。張瑜、劉文泰方藥弗愼，致先帝升遐，不卽加誅，容其奏辨。中官劉瑯貽害河南，宜按治，僅調之薊州。戶部奏汰冗員，兵部奏革傳奉，疏皆報罷。夫先帝留健等輔陛下，乃近日批答章奏，以恩侵法，以私撓公，是閣臣不得與聞，而左右近習陰有干預矣。願遵遺命，信老成，政無大小，悉咨內閣，庶事無壅蔽，權不假竊。」報聞。

正德元年，吏部尚書馬文升致仕，廷議推補。御史王時中以閔珪、劉大夏不宜在推舉之列。蒞恐耆德益疏，上疏極論其謬。章下所司，是蒞言，詔爲飭言官毋挾私妄奏。孝宗在位時，深悉內臣出鎭之害，所遣皆愼選。劉瑾竊柄，盡召還之，而代以其黨。蒞言：「用新人不若用舊人，猶養饑虎不若養飽虎。」不聽。尋與給事中張文等極言時政缺失五事，忤旨，奪俸三月。

劉健、謝遷去位，蒞與刑科給事中呂翀各抗章乞留，語侵瑾。先是，兵科都給事中艾洪劾中官高鳳姪得林營掌錦衣衞。諸疏傳至南京守備武靖伯趙承慶所，應天尹陸珩錄以示諸僚，兵部尙書林瀚聞而太息。於是給事中戴銑、御史薄彥徽等，各馳疏極諫，請留健、遷。

瑾等大怒，矯旨逮銑、彥徽等，下詔獄鞫治，並蒞、翀、洪俱廷杖削籍，承慶停半祿閒住，瀚、珩貶秩致仕。既而列健、遷等五十三人爲奸黨，蒞及翀、洪並預焉。瑾敗，起蒞金華知府，舉治行卓異，未及遷輒告歸。嘉靖初，起知長沙，遷江西副使卒。御史范永鑾訟於朝，特予祭葬。

呂翀，廣信永豐人。弘治十二年進士。其請留健、遷言：「二臣不可聽去者有五。孔子稱孟莊子之孝，以不改父之臣爲難。二臣皆先帝所簡以遺陛下，今陵土未乾，無故罷遣，何以慰在天之靈，不可一也。二臣雖以老疾辭，實由言違計沮，不得其職而去。陛下聽之，亦以其不善將順，非實有意優老也。在二臣得去就之義，在陛下有棄老成之嫌，不可二也。今民窮財殫，府藏虛罄，水旱盜賊、星象草木之變迭見雜出，萬一禍生不測，國無老成，誰與共事，不可三也。自古剛正者難容，柔順者易合。二臣既去，則柔順之人必進，將一聽陛下所爲，非國家之福，不可四也。書曰『無遺壽耇』。健等諳練有素，非新進可侔，今同日去國，天下後世將謂陛下喜新進而厭舊人，不可五也。」既削籍歸，後起雲南僉事。遷四川副使，修成都江堰以資灌溉，水利大興。嘉靖初卒。

艾洪，濱州人。弘治九年進士。授兵科給事中。武宗立，詔淸覈騰驤諸衞及在京七十二衞軍。給事中葛嵩劾抶無所徇，得各監局占役者七千五百餘人，有旨送各營備操。既而中官魏興、蕭壽等撓之，格不行。洪率同官抗論，竟不能得。又劾英國公張懋、懷寧侯孫應爵、新寧伯譚佑、彭城伯張信，並請斥陝西鎭監劉雲、薊州鎭監劉瑯。不聽。雲尋調南京守備，乞以其養子偉爲錦衣千戶。洪復率同官劾之，事乃寢。洪在兵科久，諫疏多可稱。削籍後，復罰米二百石輸宣府。後起官，終福建左參政。

葛嵩，字鍾甫，無錫人。弘治十二年進士。由行人擢禮科給事中。閱薊州軍儲，核貴戚所侵地，歸之民。正德初，以鼇營弊力抗權倖。請出先朝宮人，諫射獵，因劾魏國公徐俌。又偕九卿請誅劉瑾。瑾怒，斥爲奸黨，罷歸。

趙佑，字汝翼，雙流人。弘治十二年進士。由繁昌知縣召爲御史。

正德元年六月，災異求言，佑上言：「太監劉瑾、丘聚、馬永成輩日獻鷹犬，導騎射，萬一有銜橜之變，豈不爲兩宮憂。鎭守內臣鄧原、麥秀頗簡靜，而劉璟、梁裕擠代之。戶部議馬房草場召民佃種，甯瑾竟自奏止。李興擅伐陵木，已坐大辟，乃欲賂左右祈免。他如南京守備劉雲，倉場監督趙忠、韋雋、段循，俱夤緣增設。乞置瑾等於法，罷璟、裕毋遣，而汰革額外冗員。自今政事必諮大臣、臺諫，不爲近習所搖，則災變自弭。」奏入，羣奄大恨。

帝將大婚，詔取太倉銀四十萬兩。佑言：「左右以婚禮爲名，將肆無厭之欲。計臣懼禍而不敢阻，閣臣避怨而不敢爭。用如泥沙，坐致耗國。不幸興師旅，遘饑饉，將何以爲計哉？」九月，宛平郊外李花盛開，佑言：「此陰擅陽權，非偶然也。」帝皆不納。

是時，中官益橫，佑與同官朱廷聲、徐鈺交章極論。章下閣議，將重罪中官。事忽中變，劉健、謝遷去位。瑾遂大逐廷臣忤己者，指佑與廷聲、鈺及陳琳、潘鏜等爲奸黨，勒罷之。瑾誅，佑用薦起山西僉事卒。

朱廷聲字克諧，進賢人。弘治十二年進士。嘉靖中，終刑部右侍郎。

徐鈺字用礪，江夏人。弘治九年進士，終四川左布政使。

陳琳字玉疇，莆田人。弘治九年進士。〔一〕由庶吉士改御史，上端本修政十五事。出督南畿學政。劉瑾逐健、遷，逮戴銑、陸崑等，琳抗章言：「南京窮冬雷震，正旦日食，正宜修德弭災，委心元寮，博采忠言，豈宜自棄股肱，隔塞耳目。」瑾大怒，謫揭陽丞。瑾敗，遷嘉興同知。世宗時，終南京兵部右侍郎。

潘鏜字宗節，六安人。弘治九年進士。有孝行。爲滿城知縣，憂歸。繼知滑縣，擢御史，陳時務大計四事。孝宗嘉納之。正德初，以論高鳳爲中人所惡，傳旨鐣黨太監王岳，除其名。八年起廣東僉事，謝病歸。

戴銑，字寶之，婺源人。弘治九年進士，改庶吉士，授兵科給事中，數有建白。久之，以便養調南京戶科。武宗嗣位，偕同官請敕六科檢詳弘治間所行進賢、退奸、節財、訓兵、重祀、愼刑、救災、恤困諸大政，備錄進覽，凡裁決機務悉以爲準。報聞。踰月，言四方歲辦多非土產，勞費滋甚，宜蠲其所無。又請勤御經筵，俾密勿大臣從容獻納。旣乃與給事中李光翰、徐蕃、牧相、任惠、徐暹及御史薄彥徽等連章奏留劉健、謝遷，且劾中官高鳳。帝怒，逮繫詔獄，廷杖除名。銑創甚，遂卒。世宗立，追贈光祿少卿。

李光翰，新鄉人。弘治十二年進士。授南京戶科給事中。正德改元，災異求言。光翰偕同官疏劾太監苗逵、高鳳、李榮及保國公朱暉，且言大學士劉健等疏陳鹽法事，留中不報，將使老臣不安其位。帝不省。旣削籍歸，後起台州知府，與蕃同舉治行卓異，尋卒。

徐蕃，泰州人。弘治六年進士。授南京禮科給事中。武宗嗣位，復先朝所汰諸冗費，蕃等力爭，不納。後起江西參議，從都御史陳金討平東鄉寇。嘉靖時，累官工部右侍郎。

牧相，餘姚人。弘治十二年進士。授南京兵科給事中。論救宣府都御史雍泰，又公疏請罷禮部尚書崔志端等，皆不聽。正德元年奉命與御史呂鏜淸查御馬監，因陳濫役濫費之弊，及太監李棠扞詔旨營私罪。至是，受杖歸，授徒養母。後復官，擢廣西參議。命下，相已前卒。

任惠，灤州人。弘治九年進士。由行人擢南京吏科給事中。正德元年九月偕同官諫佚遊，語切直。後起山東僉事，未任卒。

徐暹，歷城人。弘治十五年進士。武宗卽位，擢南京工科給事中。正德改元，因災異上言七事，且請斥英國公張懋、尚書張昇等，撤諸添註內官，明正張瑜、劉文泰用藥失宜致悞先帝，及太監李興擅伐陵木，新寧伯譚佑、侍郎李鐩同事不舉之罪。帝下之所司。後起山西僉事，進副使。平巨盜混天王，民德之。卒於官。

陸崑，字如玉，歸安人。弘治九年進士。授淸豐知縣。以廉幹徵，擢南京御史。武宗卽位，疏陳重風紀八事：一，獎直言。古者，臣下不匡，其刑墨。宋制，御史入臺，踰十旬無言，有辱臺之罰。今郎署建言，如李夢陽、楊子器輩，當加旌擢，而言官考績，宜以章疏多寡及當否爲殿最。二，復面劾。舊制，御史上殿，被劾者趨出待罪，即唐人對仗讀彈文遺意。近率封章奏聞，批答未行，彌縫先入。乞遵舊典面奏，立取睿裁。三，明淑慝。尚書劉大夏、王軾以病乞休，侍郎張元禎、陳清屢劾不去，賢不肖倒置，實治亂消長之關。宜勉留二人，放元禎等還田里。四，覈命令。近者言妨左右，頻見留中。事涉所私，輒收成命。乞令諸曹章奏俱具數送閣，已行者得考稽，未行者易奏請。五，養銳氣。御史與都御史，例得互相糾繩，行事不宜牽制。六，均差遣。御史以南北爲限，顯分重輕。自今除巡按面命外，其他差遣及遷轉資格，宜均擬上請，以示一體。七，專委任。河南道有考覈之責，請擇人專任。八，勵庶官。郎中田岩、姚汀、張憲，員外郎李承勛、胡世寧、張嵿、顧璘等二十人，皆宜顯擢。章下所司。又劾中官高鳳、苗逵、保國公朱暉，因請汰南京增設守備內臣，廣開言路，屏絕宴遊騎射。帝不能從。

時「八黨」竊柄，朝政日非。崑偕十三道御史薄彥徽、葛浩、貢安甫、王蕃、史良佐、李熙、任諾、姚學禮、張鳴鳳、蔣欽、曹閔、黃昭道、王弘、蕭乾元等，上疏極諫曰：「自古奸臣欲擅主權，必先蠱其心志。如趙高勸二世嚴刑肆志，以極耳目之娛；和士開說武成毋自勤約，宜及少壯爲樂；仇士良教其黨以奢靡導君，勿使親近儒生，知前代興亡之故。其君惑之，卒皆受禍。陛下嗣位以來，天下顒然望治。乃未幾寵倖奄寺，顚覆典刑。太監馬永成、魏彬、劉瑾、傅興、羅祥、谷大用輩共爲蒙蔽，日事宴遊。上干天和，災祲疊告，廷臣屢諫，未蒙省納。若輩必謂宮中行樂，何關治亂，此正奸人欺君之故術也。陛下廣殿細旃，豈知小民窮簷蔀屋風雨之不庇；錦衣玉食，豈知小民祁寒暑雨凍餒之弗堪；馳騁宴樂，豈知小民疾首蹙頞赴訴之無路。昨日雷震郊壇，彗出紫微，夏秋亢旱，江南米價騰貴，京城盜賊橫行，可恣情縱欲，不一顧念乎？閣部大臣受顧命之寄，宜隨事匡救，弘濟艱難，言之不聽，必伏闕死諫，以悟聖意。顧乃怠緩悅從，巽順退託。自爲謀則善矣，如先帝付委、天下屬望何？伏望側身修行，亟屏永成輩以絕禍端，委任大臣，務學親政，以還至治。」

疏至，朝事已變，劉健、謝遷皆被逐。於是彥徽爲首，復上公疏，請留健、遷，而罪永成、瑾等。瑾怒，悉逮下詔獄，各杖三十，除名。昭道、弘、乾元逮捕未至，命卽南京闕下杖之。江西清軍御史王良臣聞崑等被逮，馳疏救，並逮下詔獄，杖三十，斥爲民。後列奸黨五十三人，崑、彥徽等並與焉。瑾誅，復崑官致仕。世宗初，起用，未行而卒。

薄彥徽，陽曲人。弘治九年進士。授四川道御史。嘗劾崔志端以羽士玷春卿，有直聲。至是，被杖歸，未及起官卒。

葛浩，字天宏，上虞人。弘治九年進士。由五河知縣擢御史，數陳時政闕失，孝宗多采納。正德元年，帝允司禮中官高鳳請，令其從子得林掌錦衣衞事。浩等爭之，言：「先帝詔錦衣官悉由兵部推舉，陛下亦悉罷傳奉乞官。今得林由傳奉，不關兵部，廢先帝命，壞銓舉法，虛陛下詔，一舉三失，由鳳致之。乞治鳳罪，而罷得林。」御史潘鏜亦言：「鳳、得林操中外大柄，中人效尤，弊將安底。」帝皆不聽。浩旣削籍，瑾憾未釋，復坐先所劾武昌知府陳晦不實，與安甫、蕃、熙、學禮、崑六人，逮杖闕下。瑾誅，起浩知邵武府。入覲，陳利弊五事，悉施行。嘉靖中，歷官兩京大理卿。帝郊祀，有犯蹕者，法司欲置重典，浩執奏，得不死。十年夏，雷震午門，自劾致仕歸，年九十二卒。

貢安甫，字克仁，江陰人。弘治九年進士。授長垣知縣。孝宗時，擢御史，嘗疏劾壽寧侯張鶴齡。正德初，考功郎楊子器以山陵事下詔獄，安甫疏力救。兵部尚書劉大夏爲中官所扼謝病去，戶部侍郎陳清遷南京工部尚書，安甫率御史請還大夏而罷清。報聞。彥徽等公疏，安甫筆也，瑾知之，故列奸黨以安甫首南御史。家居十年，終歲不入城市。後起山東僉事，甫三月，引疾歸。

史良佐，字禹臣，亦江陰人。弘治十二年進士。由行人擢御史。後起雲南副使。平十八寨苗，賜白金文綺。濬海口，溉田千頃，滇人頌之。

李熙，上元人。弘治九年進士。由將樂知縣擢御史。十八年，奸人徐俊等造謠言，帝遣官齎駕帖至南京，有所捕治，已而知其妄。熙公疏言：「陛下於此事威與明少損矣。儻奸人效尤，妄以蜚語中善類，害何可勝言。」事下法司，亦力言駕帖之害，帝納之。正德元年九月，以災異，復偕御史陳十事。瑾誅，得禍者皆起，熙獨廢。世宗嗣位，始起饒州知府，遷浙江副使，以清操聞。

姚學禮，巴人，家京師。弘治六年進士。正德元年，公疏諫佚遊，不納。後起雲南僉事，終參議。

張鳴鳳，清平人。〔三〕弘治九年進士，爲永康知縣。有政績，擢御史。後起湖廣僉事，進副使，母憂歸，卒。蔣欽杖死，別有傳。

曹閔，上海人。弘治九年進士，爲沙縣知縣。被徵，民號泣攀留，累日不得去。既與崑等同得罪。後當起官，以養母不出。母終，枕塊，得寒疾卒。

黃昭道，平江人，弘治十二年進士。後起廣西僉事，再遷雲南參政。撫木邦、孟密有功。終左布政使。

王弘，六合人，弘治六年進士。

蕭乾元，萬安人，弘治十二年進士。王蕃、任諸鞫獄時，抵不與知，不足載。

王良臣，陳州人。弘治六年進士。官南京御史。瑾誅，起山東副使，終按察使。

蔣欽，字子修，常熟人。弘治九年進士。授衞輝推官。徵擢南京御史，數有論奏。

正德元年，劉瑾逐大學士劉健、謝遷，欽偕同官薄彥徽等切諫。瑾大怒，逮下詔獄，廷杖爲民。居三日，欽獨具疏曰：「劉瑾，小豎耳。陛下親以腹心，倚以耳目，待以股肱，殊不知瑾悖逆之徒，蠹國之賊也。忝臣等奏留二輔，抑諸權奸，矯旨逮問，予杖削職。然臣思畎畝猶不忘君，況待命衽席，目擊時弊，烏忍不言。昨瑾要索天下三司官賄，人千金，甚有至五千金者。不與則貶斥，與之則遷擢。通國皆寒心，而陛下獨用之於左右，是不知左右有賊，而以賊爲腹心也。給事中劉蒞指陛下闇於用人，昏於行事，而瑾削其秩，撻辱之。矯旨禁諸言官，無得妄生議論。不言則失於坐視，言之則虐以非法。通國皆寒心，而陛下獨用之於前後，是不知前後有賊，而以賊爲耳目股肱也。一賊弄權，萬民失望，愁歎之聲動徹天地。陛下顧懵然不聞，縱之使壞天下事，亂祖宗法。陛下尙何以自立乎？幸聽臣言，急誅瑾以謝天下，然後殺臣以謝瑾。使朝廷一正，萬邪不能入，君心一正，萬欲不能侵，臣之願也。今日之國家，乃祖宗之國家也。陛下苟重祖宗之國家，則聽臣所奏。如其輕之，則任瑾所欺。」疏入，再杖三十，繫獄。

越三日，復具疏曰：「臣與賊瑾勢不兩立。賊瑾蓄惡已非一朝，乘間起釁，乃其本志。陛下日與嬉遊，茫不知悟。內外臣庶，凜如冰淵。臣昨再疏受杖，血肉淋漓，伏枕獄中，終難自默，願借上方劍斬之。朱雲何人，臣肯少讓？陛下試將臣較瑾，瑾忠乎，臣忠乎？忠與不忠，天下皆知之，陛下亦洞然知之，何仇於臣，而信任此逆賊耶？臣骨肉都銷，涕泗交作，七十二歲老父，不顧養矣。臣死何足惜，但陛下覆國喪家之禍起於旦夕，是大可惜也。陛下誠殺瑾梟之午門，使天下知臣欽有敢諫之直，陛下有誅賊之明。陛下不殺此賊，當先殺臣，使臣得與龍逢、比干同遊地下，臣誠不願與此賊並生。」疏入，復杖三十。

方欽屬草時，燈下微聞鬼聲。欽念疏上且掇奇禍，此殆先人之靈欲吾寢此奏耳。因整衣冠立曰：「果先人，盍厲聲以告。」言未已，聲出壁間，益悽愴。欽歎曰：「業已委身，義不得顧私，使緘默負國爲先人羞，不孝孰甚！」復坐，奮筆曰：「死卽死，此稾不可易也！」聲遂止。杖後三日，卒於獄，年四十九。瑾誅，贈光祿少卿。嘉靖中，賜祭葬，錄一子入監。

周璽，字天章，廬州衞人。弘治九年進士。授吏科給事中。三遷禮科都給事中。慷慨好言事。

武宗初卽位，請毁新立寺觀，屛逐法王、眞人，停止醮事，並論前中官齊玄煉丹糜金罪。〔三〕頃之，以久雨，偕同官劾侍郎李溫、太監苗逵。九月，以星變，復劾溫及尙書崔志端、熊翀、賈斌，都御史金澤、徐源等，翀、溫、澤因是罷。帝遣中官韋興守鄖陽，璽力言不可。尋復偕同官言：「邇者聰明日蔽，膏澤未施。講學一暴而十寒，詔令朝更而夕改。冗員方革復留，鎭監撤還更遣。解戶困於交收，鹽政壞於陳乞。厚戚畹而駕帖頻頒，私近習而帑藏不覈。不可不亟爲釐正。」不聽。

正德元年復應詔陳八事，中劾大寮賈斌等十一人，中官李興等三人，勳戚張懋等七人，邊將朱廷、解端、李稽等三人。未幾，言：「陛下卽位以來，鷹犬之好，糜費日甚。如是不已，則酒色游觀，便佞邪僻，凡可以悅耳目蕩心志者，將無所不至。光祿上供，視舊十增七八，新政已爾，何以克終。」御史何天衢等亦以爲言。章下禮部，尙書張昇請從之。帝雖不加譴，不能用也。

明年擢順天府丞。璽論諫深切，率與中官牴牾，劉瑾等積不能堪。至是，命璽與監丞張淮、侍郎張縉、都御史張鸞、錦衣都指揮楊玉勘近縣皇莊。玉，瑾黨，三人皆下之。璽辭色無假，且公移與玉止牒文。玉奏璽侮慢敕使，瑾卽矯旨逮下詔獄，搒掠死。瑾誅，詔復官賜祭，恤其家。嘉靖初，錄一子。

又御史涂禎，新淦人也。弘治十二年進士。初爲江陰知縣。正德初，巡鹽長蘆。瑾縱私人中鹽，又命其黨畢眞託取海物，侵奪商利，禎皆據法裁之。比還朝，遇瑾止長揖。瑾怒，矯旨下詔獄。江陰人在都下者，謀斂錢賂瑾解之，禎不可，喟然曰：「死耳，豈以汙父老哉。」遂杖三十，論戍肅州，創重竟死獄中。瑾怒未已，取其子樸補伍。瑾誅，樸乃還，禎復官賜祭。

湯禮敬，字仁甫，丹徒人。弘治九年進士。授行人，擢刑科給事中。正德初，上言：「陛下踐阼以來，上天屢示災譴。不謹天戒，惟走馬射獵，遊樂無度。頃四月中旬，雷電雨雹，當六陽用事時，陰氣乃與之抗，此倖臣竊權，忠鯁疏遠之應也。」已，又論兩廣鎭監韋經，又偕九卿伏闕請誅「八黨」。劉瑾銜之，尋以其請當審奏囚決之日，有愬冤者屛勿奏，指爲變祖制，謫薊州判官。後列奸黨給事中十六人，禮敬居首，罷歸。未幾卒。瑾惡言官譏切時政多刺己，輒假他事坐之。禮敬得罪後，有王渙、何紹正。

王渙，字時霖，象山人。弘治九年進士。由長樂知縣徵授御史。正德元年，應詔條上應天要道五事，語多斥宦官。明年出視山海諸關，以病謝事未行。盜發其部內，都御史劉宇承瑾指劾渙失報。逮下詔獄，杖之，斥爲民。瑾敗，復官致仕。

何紹正，淳安人。弘治十五年進士。授行人。正德三年擢吏科給事中。中官廖堂鎮河南，奏保方面數人，且擅擬遷調。吏部尙書許進等不能難，紹正劾之。瑾不得已責堂自陳，而心甚銜紹正。及冬，坐頒曆導駕失儀，杖之闕下，謫海州判官。屢遷池州知府，築銅陵五十餘圩以備旱潦。宸濠反，攻安慶，池人震恐，紹正登陴固守。事平，增俸一級，遷江西參政致仕。池人爲立祠，與宋包拯並祀。

許天錫，字啓衷，閩縣人。弘治六年進士。改庶吉士。思親成疾，陳情乞假。孝宗賜傳以行。還朝，授吏科給事中。時言官何天衢、倪天明與天錫並負時望，都人有「臺省三天」之目。

十二年，〔四〕建安書林火。天錫言：「去歲闕里孔廟災，今茲建安又火，古今書版蕩爲灰燼。闕里，道所從出；書林，文章所萃聚也。春秋書宣榭火，說者曰：『榭所以藏樂器也。天意若曰不能行政令，何以禮樂爲？禮樂不行，天故火其藏以戒也。』頃師儒失職，正教不修。上之所尙者浮華，下之所習者枝葉。此番災變，似欲爲儒林一掃積垢。宜因此遣官臨視，刊定經史有益之書。其餘晚宋陳言，如論範、論草、策略、策海、文衡、文髓、主意、講章之類，悉行禁刻。其於培養人才，實非淺鮮。」所司議從其言，就令提學官校勘。

大同失事，天錫往核，具得其狀，巡撫洪漢、中官劉雲、總兵官王璽以下咸獲罪。內使劉雄怒儀眞知縣徐淮廚傳不飭，愬之南京守備中官以聞，逮淮繫詔獄。天錫及御史馮允中論救，卒調淮邊縣。御史文森、張津、曾大有言事下吏，崔志端由道士擢尙書，天錫皆力爭。

十七年五月，天變求言。上疏曰：「外官三年考察，又有撫按監臨，科道糾劾，其法已無可加。惟兩京堂上官例不考覈。而五品以下雖有十年考察之條，居官率限九載，或年勞轉遷，或服除改補，不能及期。今請以六年爲期，通行考察。其大寮曾經彈劾者，悉令自陳而簡去之，用儆有位。古者，災異策免三公，陰霖輒避位。今大臣不引咎，陛下又不行策免，宜且革公孤銜，俟天心旣回，徐還厥職。祖宗御內官，恩不泛施，法不輕貸。內府二十四監局及在外管事者，並有常員。近年諸監局掌印、僉事多至三四十人，他管事無數，留都亦然。憑陵奢暴，蠹蝕民膏，第宅連雲，田園遍野，膏粱厭於輿臺，文繡被乎狗馬。凡若此類，皆足召變。乞敕司禮監會內閣嚴行考察，以定去留。此後，或三年、五年一行，永爲定制。」帝善之。於是令兩京四品以上並自陳聽命，五品下六年考察，遂著爲令。惟大臣削公孤及內官考察，事格不行。尋與御史何深覈牛馬房，〔三〕條上便利十四事，歲省芻豆費五十餘萬。

武宗卽位之七月，因災異上疏，請痛加修省，廣求直言，遷工科左給事中。正德改元，奉使封安南，在道進都給事中。三年春，竣事還朝。見朝事大變，敢言者皆貶斥，而劉瑾肆虐加甚，天錫大憤。六月朔，淸覈內庫，得瑾侵匿數十事。知奏上必罹禍，乃夜具登聞鼓狀，將以尸諫，令家人於身後上之，遂自經。時妻子無從者，一童侍側，匿其狀而遁。或曰瑾懼天錫發其罪，夜令人縊殺之，莫能明也。時有旨令錦衣衞點閱六科給事中，不至者劾之。錦衣帥劾天錫三日不至。訊之，死矣。聞者哀之。

方瑾用事，橫甚，尤惡諫官，懼禍者往往自盡。

海陽周鑰，弘治十五年進士。爲兵科給事中，勘事淮安，與知府趙俊善。俊許貸千金，旣而不與。時奉使還者，瑾皆索重賄。鑰計無所出，舟行至桃源，自刎。從者救之，已不能言，取紙書「趙知府悞我」，遂卒。事聞，繫俊至京，責鑰死狀，竟坐俊罪。

平定郗夔，弘治十五年進士，爲禮科給事中。正德五年，出覈延綏戰功，瑾屬其私人。夔念從之則違國典，不從則得禍，遂自經死。

瓊山馮顒，弘治九年進士。爲御史，嘗以事忤瑾，爲所誣，自經死。顒初爲主事，官軍討叛黎符南蛇久不克，顒歷陳致變之由，請購已革土官子孫，俾召集舊卒，以夷攻夷，有功則復舊職。尙書劉大夏亟稱之，奏行其策。正德初，偕中官高金勘涇王所乞莊地，清還二千七百餘頃。而不得其死，人皆惜之。

瑾誅，天錫、鑰、夔、顒俱復官賜祭，且恤其家。嘉靖中，天錫子春訟冤，復賜祭葬。方瑾敗時，刑部員外郞夾江宿進疏陳六事，言：「忤逆瑾死者，內臣如王岳、范亨，言官如許天錫、周鑰，並宜卹贈。又附瑾大臣，如兵部尙書王敞等及內侍餘黨，俱宜斥。」疏入，帝怒將親鞫之，命張永召閣臣李東陽。東陽語永曰：「後生狂妄，且日暮非見君時，幸少寬之。」永入，少頃執進至午門，杖五十，削籍歸，未幾卒。世宗初，贈光祿少卿。

徐文溥，字可大，開化人。正德六年進士。授南京禮科給事中。劾尙書劉櫻、都御史李士實、侍郞呂獻、大理卿茆欽，而請召還致仕尙書孫交、傅珪。時論以爲當。

寧王宸濠求復護衞，文溥諫曰：「曩因寧藩不靖，英廟革其護衞、屯田。及逆瑾亂政，重賄謀復。瑾旣伏誅，陛下又革之，正欲制以義而安全之耳。乃曰『驅使乏人』。夫晏居深邃，靡征討之勞，安享尊榮，無居守之責，何所用而乏人？且王暴行大彰：剝削商民，挾制官吏，招誘無賴，廣行劫掠，致舟航斷絕，邑里蕭條，萬民莫不切齒。及今止之，猶恐不逮，顧可縱之加恣，假翼於虎乎？貢獻本有定制，乃無故馳驛飛騎，出入都城，伺察動靜。況今海內多故，天變未息，意外之虞實未易料。宜裁以大義，勿徇私情，罪其獻謀之人，逐彼偵事之使，宗社幸甚。」時宸濠奧援甚衆，疏入，人咸危之，帝但責其妄言而已。又請擇建儲貳，不報。

十年四月復偕同官上疏曰：〔六〕「頃因災異，禮部奏請修省。伏讀聖諭，謂『事關朕躬者，皆已知之』。臣惟茲一念之誠，足以孚上帝迓休命矣。雖然，知之非艱，行之維艱。陛下誠能經筵講學，早朝勤政；布寬恤以安人心，躬獻享以重宗廟；孝養慈闈，敬事蒼昊；舍豹房而居大內，遠嬖倖而近儒臣；禁中不爲貿易，皇店不以罔財；還邊兵於故伍，斥番僧於外寺；毋昵俳優，盡屏義子；馬氏已醮之女弗留乎後宮，馬昂梟獍之族立奪其兵柄；停諸路之織造，罷不急之土木；汰倉局門戶之內官，禁水陸舟車之進奉；出留中奏牘以達下情，省傳奉宂員以愼名器；則陛下所謂『事關朕躬』，非徒知之，且一一行之，而不轉禍爲福者，未之有也。」報聞。

初，帝聽中官崔瑤、史宣、劉瑯、于喜誣奏，先後逮知府翟唐，部曹王鑾、王瑞之，御史施儒、張經等，又入中官王堂譖，下僉事韓邦奇獄。文溥言：「朝廷刑威所及，乃在奄侍一言。旗校縲絡於道途，縉紳駢首於狴犴，遠近震駭，上下屏氣。向一瑾亂政於內，今數瑾縱橫於外。乞幷下堂法司，且追治瑤等誣罔罪。」帝不聽，遂引疾去。

世宗卽位，廷臣交薦，起河南參議。未幾，以念母乞歸。撫按請移近地便養，乃改福建。尋遷廣東副使。上言十事，多涉權要，恐貽母憂，復引疾歸。行至玉山卒。

翟唐，字堯佐，長垣人。弘治十二年進士。由壽光知縣召爲御史。正德四年出按湖廣，奏言：「四川賊首劉烈僭號設官，必將爲大患。湖廣、陝西壤地相接，入竹山可抵荊、襄，入漢中可抵秦、隴。今內外壅蔽，奬諭切責，率皆虛文，宜切圖預備之策。」時劉瑾竊柄，以唐言「壅蔽」，尤惡之。兵部尚書王敞希指，言今盪滌宿弊，唐乃云然，宜令指實。會瑾怒稍解，乃切責而宥之。久之，遷知寧波府。市舶中官崔瑤藉貢物擾民，爲唐所裁抑，且杖其黨王臣，臣尋病死。瑤奏唐阻截貢獻，笞殺貢使。帝怒，逮下詔獄。巡按御史趙春等交章救之。給事中范洵亦言唐被逮日，軍民遮道涕泣，請宥令還任。帝不聽，謫雲南嵩明知州。

再遷陝西副使卒。

王鑾，字廷和，大庾人。正德三年進士。授邵武知縣。入爲都水主事，出轄徐沛牐河。十一年，織造中官史宣過其地，索輓夫千人，沛縣知縣胡守約給其半。宣怒，自至縣捕吏，鑾助守約與抗。宣誣奏於朝，逮繫詔獄。以言官論救，守約罷官，鑾輸贖還職。已，分司南旺，又捕誅中官廖堂姪廖鵬之黨。嘉靖初，遷武昌知府。鎮守中官李景儒歲進魚鮓多科率，鑾疏請罷之。楚府征稅，茶商重困。鑾謂稅當歸官，力與爭，王詆爲毀辱親王。鑾遂請終養，不待報竟歸。後吏部坐以擅離職守，奪官。

張士隆，字仲修，安陽人。弘治八年舉鄉試，入太學。與同縣崔銑及寇天敍、馬卿、呂柟輩相砥礪，以學行聞。十八年成進士，授廣信推官。

正德六年入爲御史。巡鹽河東，劾去貪汙運使劉愉。建正學書院，興起文教。九年，乾清宮災，上疏曰：「陛下前有逆瑾之變，後遭薊盜之亂，猶不知警。方且興居無度，狎暱匪人。積戎醜於禁中，戲干戈於臥內。徹旦燕遊，萬幾不理。寵信內侍，濁亂朝綱。致民困盜起，財盡兵疲。禍機潛蓄，恐大命難保。夫哀衣博帶之雅，孰與市井狡儈之羣；廣厦細旃之娛，孰與鞍馬驅馳之險。」不報。

出按鳳陽。織造中官史宣列黃梃二於騶前，號爲「賜棍」，每以抶人，有至死者，自都御史以下莫敢問，士隆劾奏之。又劾錦衣千戶廖鎧奸利事，且曰：「鎧虐陝西，卽其父鵬虐河南故習也。河南以鵬故召亂，鎧又欲亂陝西。乞置鎧父子於法，幷召還廖鑾，以釋陝人之憤。」鑾，鎧所從鎭陝西者也。錢寧素暱鎧，見疏大恨，遂因士隆按薛鳳鳴獄以陷之。鳳鳴者，寶坻人，先爲御史，坐罪削籍，諂事諸佞倖，尤善寧。與從弟鳳翔有隙，嗾緝事者發其私，下吏論死。刑部疑有冤，幷捕鞫鳳鳴。鳳鳴懼，使其妾訴枉，自剄長安門外，詞連寶坻知縣周在及素所讐者數十人，悉逮付法司，而鳳鳴得釋。士隆與御史許完先後按治，復捕鳳鳴對簿，釋在還職。寧怒，令鳳鳴女告士隆、完治獄偏枉。遂下詔獄，謫士隆晉州判官。久之，擢知州。

世宗立，詔復故官，出爲陝西副使。漢中賊王大等匿豪家，結回回爲亂。士隆下令，匿賊者罪及妻孥無赦。賊無所容，遂就擒滅。築堰溉田千頃，民利之。卒於官。

張文明，字應奎，陽曲人。正德六年進士。授行人，擢御史，巡按遼東，尋按陝西。鎭守中官廖堂貪恣，文明捕治其爪牙二十四人，堂大恨。十三年，車駕幸延綏。文明馳疏諫，極陳災異，且言江彬逢惡導非，亟宜行誅，朝臣匡救無聞，亦當罰治。帝不省。既而文明朝行在。諸權倖扈從者，文明裁抑之，所需多不應。司禮太監張忠等譖於帝，言諸生毆旗校，文明縱勿治。帝怒，命械赴京師，下詔獄。明年春，言官交章請宥，不報。比駕旋，命執至豹房，帝將親鞫。文明自謂必死。及見帝，命釋之，謫電白典史。時劉瑾雖誅，佞幸猶熾，中外諫官被禍者不可勝數。文明止於貶謫，人以爲幸。

世宗立，召復故官，尋出爲松江知府。甫抵任，卒。巡按御史馬錄頌其忠，詔贈太常少卿。

陳鼎，字大器，其先宣城人。高祖尙書迪，死惠帝之難，子孫戍登州衞，遂占籍焉。鼎舉弘治十八年進士。正德四年授禮科試給事中。鎭守河南中官廖堂，福建人也，弟鵬之子鎧冒籍中河南鄉試。物議沸騰，畏堂莫敢與難。鼎上章發其事，鎧遂除名，堂、鵬大恨。會流寇起，鼎陳弭盜機宜。堂囑權倖摘其語激帝怒，下詔獄掠治。謂鼎前籍平江伯貲產，附劉瑾增估物價，疑有侵盜。尙書楊一清救之，乃釋爲民。世宗立，復故官，遷河南參議。妖人馬隆等爲亂，鼎督兵誅之。改陝西副使，擢浙江按察使，廉介正直，不通私謁。召爲應天府尹，未任卒。

賀泰，字志同，吳縣人。弘治十二年進士。由衢州府推官入爲御史。武宗收京師無賴及宦官厮養爲義子，一日而賜國姓者百二十七人，泰抗言其非。諸人激帝怒，謫衢州推官。終廣東參議。

張璞，字中善，江夏人。弘治十八年進士。由歸安知縣召授御史。正德八年出按雲南。鎮守中官梁裕貪橫，璞裁抑之。爲所誣，逮赴詔獄，死獄中。世宗嗣位，贈太僕少卿，賜祭葬。

成文，大同山陰人。弘治十五年進士。由知縣擢御史。正德中，阿爾禿厮、亦不剌與小王子戰敗，引所部駐甘肅塞外，時入寇，掠陷堡砦五十有三。巡撫張翼、鎮守太監朱彬等反冒奏首功千九百有餘，以捷奏者十有一。文出巡按，盡發其奸，翼等賄中人傾文。會文劾僉事趙應龍，應龍亦訐文細事，遂逮文，斥爲民。嘉靖中起用，累官右副都御史巡撫遼東，告歸，卒。

李翰臣，大同人。正德三年進士。官御史，巡按山東。吏部主事梁穀誣歸善王當沍謀叛，翰臣劾穀挾私。近倖方欲邀功，責翰臣爲叛人掩飾。逮繫詔獄，謫德州判官。終山東副使。

張經，興州左衞人。正德六年進士。官御史。出按宣府，劾鎮守中官于喜貪肆罪。爲喜所訐，逮繫詔獄，謫雲南河西典史。尋卒。世宗初，贈祭如張璞。

毛思義，陽信人。弘治十五年進士。官永平知府。正德十三年駕幸昌平，民間婦女驚避。思義下令言：「大喪未舉，車駕必不遠出。非有文書，妄稱駕至擾民者，治以法。」鎮守中官郭原與思義有隙，以聞。立逮下詔獄，繫半歲，謫雲南安寧知州。嘉靖中，累遷副都御史、應天巡撫。

胡文璧，耒陽人。弘治十二年進士。正德初，由戶部郎中改御史。出知鳳陽，遷天津副使。中官張忠督直沽皇莊，縱羣小牟利，文璧捕治之。爲所搆，械繫詔獄，謫延安府照磨。嘉靖初，累官四川按察使。

王相，光山人。正德三年進士。官御史。十二年巡按山東。鎮守中官黎鑑假進貢苛斂，相檄郡縣毋輒行。鑑怒，誣奏於朝。逮繫詔獄，謫高郵判官。未幾卒。嘉靖初，贈光祿少卿。

董相，嵩縣人。正德六年進士。官御史，巡視居庸諸關。江彬遣小校米英執人於平谷，恃勢橫甚。相收而杖之，將以聞。彬遽譖於帝，械繫詔獄，謫判徐州。嘉靖初，召復故官。終山東副使。

劉士元，彭縣人。正德六年進士。官御史，巡按畿輔。十三年，帝獵古北口，將招朶顏衞花當、把兒孫等燕勞，士元陳四不可。先是，帝幸河西務，指揮黃勳假供奉擾民，士元按之。勳懼，逃赴行在，因嬖倖譖於帝，云士元聞駕至，令民間盡嫁其女，藏匿婦人。帝怒，命裸縛面訊之。野次無杖，取生柳榦痛笞之四十，幾死，囚檻車馳入京。幷執知縣曹俊等十餘人，同繫詔獄。都御史王璟及科道陳霑、牛天麟等交章論救，不報，謫麟山驛丞。世宗立，復故官，出爲湖州知府，遷湖廣副使。修荒政，積粟百萬餘石。事聞，被旌勞。嘉靖九年屢遷右副都御史，巡撫貴州。居三年罷。

范輅，字以載，桂陽人。正德六年進士。授行人，除南京御史。武宗久無子，輅偕同官請擇宗室賢者育宮中，以宋仁宗爲法，不報。先後劾中官黎安、劉瑯及衞官簡文、王忠罪。又論馬姬有娠，不當入宮。語皆切直。

尋命淸軍江西。寧王宸濠令諸司以朝服見，輅不可。奏言：「高帝定制，王府屬僚稱官，後乃稱臣，其餘文武及京官出使者皆稱官，朝使相見以便服。今天下王府儀注，制未畫。臣以爲尊無二上，凡不稱臣者，皆不宜具朝服，以嚴大防。」章下禮官議。宸濠馳疏爭之，廷議請如輅言。宸濠伶人秦榮僭侈，輅劾治之。又劾鎮守太監畢眞貪虐十五事，疏留不下。眞乃摭他事誣之，遂逮下詔獄。值帝巡幸，淹繫經年。至十四年四月始謫龍州宣撫司經歷。未幾，宸濠及眞謀逆誅，御史謝源、伍希儒等交章薦輅。未及召，世宗立，復故官。遷福建僉事，轉江西副使，致仕歸。又用胡世寧薦，起密雲兵備副使。討礦賊有功，歷江西、福建左、右布政使。卒官。

張欽，字敬之，順天通州人。正德六年進士。由行人授御史，巡視居庸諸關。

十二年七月，帝聽江彬言，將出關幸宣府。欽上疏諫曰：「臣聞明主不惡切直之言以納忠，烈士不憚死亡之誅以極諫。比者，人言紛紛，謂車駕欲度居庸，遠遊邊塞。臣度陛下非漫遊，蓋欲親征北寇也。不知北寇猖獗，但可遣將徂征，豈宜親勞萬乘。英宗不聽大臣言，六師遠駕，遂成己巳之變。且匹夫猶不自輕，陛下奈何以宗廟社稷之身蹈不測之險。今內無親王監國，又無太子臨朝。外之甘肅有土番之患，江右有羣賊之擾，淮南有漕運之艱，巴蜀有採辦之困。京畿諸郡夏麥少收，秋潦爲沴。而陛下不虞禍變，欲縱轡長驅，觀兵絕塞，臣竊危之。」已，聞朝臣切諫皆不納，復疏言：「臣愚以爲乘輿不可出者有三：人心搖動，供億浩繁，一也；遠涉險阻，兩宮懸念，二也；北寇方張，難與之角，三也。臣職居言路，奉詔巡關，分當效死，不敢愛身以負陛下。」疏入，不報。

八月朔，帝微行至昌平，傳報出關甚急。欽命指揮孫璽閉關，納門鑰藏之。分守中官劉嵩欲詣昌平朝謁，欽止之曰：「車駕將出關，是我與君今日死生之會也。關不開，車駕不得出，違天子命，當死。關開，車駕得出，天下事不可知。萬一有如『土木』，我與君亦死。寧坐不開關死，死且不朽。」頃之，帝召璽。璽曰：「御史在，臣不敢擅離。」乃更召嵩。嵩謂欽曰：「吾主上家奴也，敢不赴。」欽因負敕印手劍坐關門下曰：「敢言開關者，斬。」夜草疏曰：「臣聞天子將有親征之事，必先期下詔廷臣集議。其行也，六軍翼衞，百官扈從，而後有車馬之音，羽旄之美。今寂然一不聞，輒云『車駕卽日過關』，此必有假陛下名出邊勾賊者，臣請捕其人，明正典刑。若陛下果欲出關，必兩宮用寶，臣乃敢開，不然萬死不奉詔。」奏未達，使者復來。欽拔劍叱之曰：「此詐也。」使者懼而返，爲帝言「張御史幾殺臣」。帝大怒，顧朱寧：「爲我趣捕殺御史。」會梁儲、蔣冕等追至沙河，請帝歸京師。帝徘徊未決，而欽疏亦至，廷臣又多諫者，帝不得已乃自昌平還，意怏怏未已。又二十餘日，欽巡白羊口。帝微服自德勝門出，夜宿羊房民舍，遂疾馳出關，數問御史安在。欽聞，追之，已不及，欲再疏諫，而帝使中官谷大用守關，禁毋得出一人。欽感憤，西望痛哭。於是京師盛傳張御史閉關三疏云。明年，帝從宣府還。至關，笑曰：「前御史阻我，我今已歸矣」，然亦不之罪也。世宗嗣位，出爲漢中知府。累官太僕卿。嘉靖十七年以右副都御史巡撫四川。召爲工部左侍郎，被論罷。

欽初姓李。既通顯，始復其姓。事父母孝。有不悅，長跪請，至解乃已。

周廣，字克之，崑山人。弘治十八年進士。歷知莆田、吉水二縣。正德中，以治最徵授御史，疏陳四事，略言：

三代以前，未有佛法。況刺麻尤釋教所不齒。耳貫銅環，身衣赭服，殘破禮法，肆爲淫邪。宜投四裔，以禦魑魅，奈何令近君側，爲羣盜興兵口實哉！

昔禹戒舜曰：「毋若丹朱傲，惟慢遊是好。」周公戒成王曰：「毋若商王紂之迷亂，酗於酒德。」今之伶人，助慢遊迷亂者也。唐莊宗與伶官戲狎，一夫夜呼，倉皇出走。臣謂宜遣逐樂工，不復籍之禁內，乃所以放鄭聲也。

陛下承祖宗統緒，而羣小獻媚熒惑，致三宮鎖怨，蘭殿無徵。雖陛下春秋鼎盛，獨不思萬世計乎？中人稍有資產，猶畜妾媵以圖嗣續。未有專養螟蛉，不顧祖宗繼嗣者也。義子錢寧本宦豎蒼頭，濫寵已極，乃復攘敓貨賄，輕蔑王章。甚至投刺於人，自稱皇庶子，僭踰之罪所不忍言。陛下何不愼選宗室之賢者，置諸左右，以待皇嗣之生。諸義兒、養子俱奪其名爵，乃所以遠佞人也。

近兩京言官論大臣禦寇不職者，陛下率優容，卽武將失律亦赦不誅。故兵氣不揚，功成無日，川原白骨，積如丘山。夫出師十萬，日費千金。今海內困憊已骨見而肉消矣，諸統兵大臣如陳金、陸完輩可任其優游玩寇，不加切責哉！請定期責令成功，以贖前罪。

寧見疏大怒，留之不下，傳旨謫廣東懷遠驛丞。主事曹琥救之，亦被謫。寧怒不已，使人遮道刺廣。廣知之，易姓名，變服，潛行四百餘里乃免。武定侯郭勛鎭廣東，承寧風旨以白金試廣，廣拒不受。伺廣謁御史，攝致軍門，箠繫幾死，御史救之始解。越二年，遷建昌知縣，有惠政。寧矯旨再謫竹寨驛丞。

世宗卽位，復故官，歷江西副使，提督學校。嘉靖二年舉治行卓異，擢福建按察使。鎭守中官以百金餽，廣貯之庫，將劾之。中官懼，謝罪，自是不敢撓。六年以右僉都御史巡撫江西，墨吏望風去。將限豪右田，不果。明年拜南京刑部右侍郎。居二年，暴疾卒。嘉靖末，贈右都御史。

廣初以鄉舉入太學，師章懋。在里閈，與魏校友善。平生嚴冷無笑容。居官公强，弗受請託，士類莫不憚之。

曹琥，字瑞卿，巢人。弘治十八年進士。授南京工部主事，改戶部。既抗疏救廣，吏部擬調河南通判。寧欲遠竄，乃改尋甸，再遷廣信同知。寧王暨鎮守中貴託貢獻，頻有徵斂。琥攝府事，堅持不予，士民德之。擢鞏昌知府，未任卒。嘉靖初，贈光祿卿。

石天柱，字季瞻，岳池人。正德三年進士。當除給事中，吏科李憲請如御史例，試職一年，授戶科試給事中。乾淸宮災，上言「今日外列皇店，內張酒館。寵信番僧，從其鬼教。招集邊卒，襲其衣裝。甚者結爲昆弟，無復尊卑。數離深宮，馳驅郊外。章疏置之高閣，視朝月止再三。視老成爲贅疣，待義子以心腹。時享不親，慈闈罕至。不思前星未耀，儲位久虛。既不常御宮中，又弗預選宗室。何以消禍本，計久長哉！」屢遷工科都給事中。

十一年，都督馬昂進其女弟，已有娠，帝嬖之。天柱率同官合詞抗論，未報。又上疏曰：「臣等請出孕婦，未蒙進止。竊疑陛下之意將遂立爲己子歟？秦以呂易嬴而嬴亡，晉以牛易馬而馬滅。彼二君者特出不知，致墮奸計，謂陛下亦爲之耶？天位至尊，神明之胄，尚不易負荷，而況幺麼之子。借使以陛下威力成於一時，異日諸王宗室肯坐視祖宗基業與他人乎？內外大臣肯俛首立於其朝乎？望急遣出，以清宮禁，消天下疑。」卒不報。

泰山有碧霞元君祠，中官黎鑑請收香錢爲修繕費。天柱言祀典惟有東嶽神，無所謂碧霞元君者，淫祀非禮，不可許。十二年四月詔毁西安門外鳴玉、積慶二坊民居，有所營建，天柱等疏請停止。帝皆不省。

是年，帝始巡遊塞外，營鎭國府於宣府，天柱率同官力諫。孝貞純皇后將葬，帝假啓土爲名，欲復巡幸。天柱念帝盤遊無度，廷臣雖諫，帝意不回，思所以感動之者，乃刺血草疏，略曰：「臣竊自念，生臣之身者，臣之親也。成臣之身者，累朝之恩也。感成身之恩欲報之於陛下者，臣之心也。因刺臣血，以寫臣心，明臣愚忠，冀陛下憐察。數年以來，星變地震，大水奇荒，災異不可勝數，而陛下不悟，禍延太皇太后。天之意，欲陛下居衰絰中，悔過自新，以保大業也。尙或不悟，天意或幾乎息矣。喪禮大事，人子所當自盡。陛下於太皇太后未能盡孝，則羣臣於陛下必不能盡忠。不忠，將無所不至，猝有變故，人心瓦解矣。夫大位者，奸之窺也。昔太康田於洛、汭，煬帝行幸江都，皆以致敗，可不鑒哉！方今朝廷空，城市空，倉廩空，邊鄙空，天下皆知危亡之禍，獨陛下不知耳。治亂安危，在此行止。此臣所痛心爲陛下惜，復昧死爲陛下言也。」凡數千言。當天柱刺血時，恐爲家人所阻，避居密室，雖妻子不知。既上，卽易服待罪。聞者皆感愴，而帝不悟也。

踰月，兵部尚書王瓊欲因哈密事殺都御史彭澤。廷臣集議，瓊盛氣以待，衆不敢發言。天柱與同官王爌力明澤無罪，乃得罷爲民。瓊怒，取中旨出兩人於外，天柱得臨安推官。世宗卽位，召復舊職。遷大理丞，未幾卒。久之，子請恤，特予祭。

贊曰：諫臣之職，在糾慝弼違。諸臣戒盤遊，斥權倖，引義力爭，無忝厥職矣。武宗主德雖荒，然文明止於遠竄，入關不罪張欽，其天姿固非殘暴酷烈者比。而義兒、閹豎，煬竈爲奸。桁楊交錯於闕庭，忠直負痛於狴犴。批鱗者尚獲生全，投鼠者必陷死地。元氣日削，朝野震驚，祚以不延，統幾中絕。風愆之訓，垂戒不亦切乎。

校勘記

〔一〕弘治九年進士　九年，原作「三年」，據明史稿傳六八趙佑傳附陳琳傳及明進士題名碑錄丙辰科改。

〔二〕清平人　明史稿傳六八陸崑傳附張鳴鳳傳作「上海人」，明進士題名碑錄丙辰科作「直隸松江府上海縣民籍」。

〔三〕並論前中官齊玄煉丹糜金罪　此繫於九月以前，按武宗實錄卷七弘治十八年十一月辛丑條作「十一月」。

〔四〕十二年　原作「十三年」，據本書卷二九五行志、明史稿傳六八許天錫傳、孝宗實錄卷一五七弘治十二年十二月己巳條改。

〔五〕尋與御史何深覈牛馬房　何深，孝宗實錄卷二一八弘治十八年十一月辛卯條作「何琛」。

〔六〕十年四月復偕同官上疏曰　武宗實錄卷一三六繫此事於十一年四月癸酉。

明史卷一百八十九

列傳第七十七

李文祥 孫磐 徐珪 胡爟 周時從 王雄 羅僑

葉釗 劉天麒 戴冠 黃鞏 陸震

夏良勝 萬潮等 何遵 劉校等

李文祥，字天瑞，麻城人。祖正芳，山西布政使。父猊，陝西參政。文祥自幼俊異。弱冠舉於鄉，成化末登進士。萬安當國，重其才。以孫弘璧與同榜，款於家，文祥意弗慊也。屬題畫鳩，語含刺，安深銜之。未幾，孝宗嗣位，卽上封事，略曰：

祖宗設內閣、六部，贊萬幾，理庶務，職至重也。頃者，在位多匪人，權移內侍。賞罰任其喜怒，禍福聽其轉移。讐視言官，公行賄賂。阿之則交引驟遷，忤之則巧讒遠竄。朝野寒心，道路側目。望陛下密察渠魁，明彰國憲，擇謹厚者供使令。更博選大臣，諮諏治理，推心委任，不復嫌疑，然後體統正而近習不得肆也。

祖宗定律，輕重適宜。頃法司專徇己私，不恤國典。豪强者雖重必寬，貧弱者雖輕必罪。惠及奸宄，養成玩俗。兼之風尚奢麗，禮制蕩然。豪民僭王者之居，富室擬公侯之服。奇技淫巧，上下同流。望陛下申明舊章，俾法曹遵律令，臣庶各守等威，然後禮法明而人心不敢玩也。

然國無其人，誰與共理？致仕尚書王恕、王竑，孤忠自許，齒力未衰；南京主事林俊、思南通判王純，剛方植躬，才品兼茂。望陛下起列朝端，資其議論，必有裨益，可翊明時。且賢才難得，自古爲然。習俗移人，豪杰不免。惟茲臣庶，不盡庸愚。能知自愧，卽屬名流；樂其危菑，乃爲猥品。願陛下明察羣倫，罷其罔上營私違天蠹物者，餘則勉以自新。旣開改過之路，必多遷善之人。

臣見登極詔書，不許風聞言事。古聖王懸鼓設木，自求誹謗。言之縱非其情，聽者亦足爲戒，何害於國，遽欲罪之。昔李林甫持此以禍唐，王安石持此以禍宋。遠近驟聞，莫不驚駭。願陛下再頒明詔，廣求直言，庶不墮奸謀，足彰聖德。大率君子之言決非小人之利，諮問倘及，必肆中傷。如有所疑，請試面對。

疏奏，宦官及執政萬安、劉吉、尹直等咸惡之，數日不下。忽詔詣左順門，以疏內有「中興再造」語，傳旨詰責。文祥從容辨析而出。謫授陝西咸寧丞。南京主事夏崇文論救，不納。工部主事莆田林沂復請召文祥及湯鼐，納崇文言，且召陳獻章、謝鐸等。時安已去，吉、直激帝怒，嚴旨切責之。廷臣多薦文祥，率爲吉、直所沮。

弘治二年以王恕薦召爲兵部主事，監司以下餽贐皆不納。到官未踰月，復以吉人事下獄，貶貴州興隆衞經歷。都御史鄧廷瓚征苗，咨以兵事，大奇之，欲薦爲監司。文祥曰：「昔以言事出，今以軍功進，不可。」固辭不得，乃請齎表入都，固乞告歸。疏再上，不許。還經商城，渡冰陷，死焉，年僅三十。

孫磐，遼陽人。弘治九年進士。觀政在部時，刑部典吏徐珪以滿倉兒事劾中官楊鵬得罪，磐上疏曰：「近諫官以言爲諱，而排寵倖觸權奸者乃在胥吏，臣竊羞之。請定建言者爲四等。最上不避患害，抗彈權貴者。其次揚清激濁，能補闕拾遺。又其次，建白時政，有裨軍國。皆分別擢敍。而粉飾文具、循默不言者，則罷黜之。庶言官知警，不至曠瘝。」時不見用。

徐珪者，應城人。先是，千戶吳能以女滿倉兒付媒者鬻於樂婦張，紿曰：「周皇親家也。」後轉鬻樂工袁璘所。能歿，妻聶訪得之。女怨母鬻己，詭言非己母。聶與子劫女歸。璘訟於刑部，郎中丁哲、員外郎王爵訊得情。璘語不遜，哲笞璘，數日死。御史陳玉、主事孔琦驗璘屍，瘞之。東廠中官楊鵬從子嘗與女淫，教璘妻訴冤於鵬而令張指女爲妹，又令賈校尉屬女亦如張言。媒者遂言聶女前鬻周皇親矣。奏下鎭撫司，坐哲、爵等罪。復下法司、錦衣衞讞，索女皇親周彧家，無有。復命府部大臣及給事、御史廷訊，張與女始吐實。都察院奏，哲因公杖人死，罪當徒。爵、玉、琦及聶母女當杖。獄上，珪憤懣，抗疏曰：「聶女之獄，哲斷之審矣。鵬拷聶使誣服，鎭撫司共相蔽欺。陛下令法司、錦衣會問，懼東廠莫敢明，至鞫之朝堂乃不能隱。夫女誣母僅擬杖，哲等無罪反加以徒，輕重倒置如此，皆東廠威劫所致也。臣在刑部三年，見鞫問盜賊，多東廠鎭撫司緝獲，有稱校尉誣陷者，有稱校尉爲人報讐者，有稱校尉受首惡贓而以爲從、令傍人抵罪者。刑官洞見其情，無敢擅更一字。上干天和，災異迭見。臣願陛下革去東廠，戮鵬叔姪並賈校尉及此女於市，謫戍鎭撫司官極邊，進哲、爵、琦、玉各一階，以洗其冤，則天意可回，太平可致。如不罷東廠，亦當推選謹厚中官如陳寬、韋泰者居之，仍簡一大臣與共理。鎭撫司理刑亦不宜專用錦衣官。乞推選在京各衞一二人及刑部主事一人，共莅其事。或三年、六年一更，則巡捕官校，當無有作奸擅刑，誣及無辜者矣。臣一介微軀，左右前後皆東廠鎭撫司之人，禍必不免。願與其死於此輩，孰若死於朝廷。願斬臣頭，以行臣言，給臣妻子送骸骨歸，臣雖死無恨。」帝怒，下都察院考訊。都御史閔珪等抵以奏事不實，贖徒還役。帝責其狀，皆上疏引罪，奪俸有差。珪贖徒畢，發爲民。既而給事中龐泮等言哲等獄詞覆奏已踰三月，繫獄者凡三十八人，乞早爲省釋。乃杖滿倉兒，送浣衣局；哲給璘埋葬貲，發爲民。爵及琦、玉俱贖杖還職。時弘治九年十二月也。

磐尋擢吏部主事。正德元年，宦官漸用事，磐復上疏曰：「今日弊政，莫甚於內臣典兵。夫臣以內稱，外事皆不當預，矧可使握兵柄哉。前代盛時，未嘗有此。唐、宋季世始置監軍，而其國遂以不永。今九邊鎭守、監槍諸內臣，恃勢專恣，侵尅百端。有警則擁精卒自衞，克敵則縱部下攘功。武弁藉以夤緣，憲司莫敢訐問。所攜家人頭目，率惡少無賴。呑噬爭攫，勢同狼虎，致三軍喪氣，百職灰心。乞盡撤還京，專以邊務責將帥，此今日修攘要務也。」不從。及劉瑾得志，斥磐爲奸黨，勒之歸。瑾誅，起河南僉事，坐累罷。

珪以刑部主事陳鳳梧薦，授桐鄉丞。正德中，歷贛州通判。招降盜魁何積玉。已，復叛，下珪獄，尋釋之。後以平盜功擢知州。

胡爟，字仲光，蕪湖人。弘治六年進士。改庶吉士，授戶部主事。十年三月，災異求言。爟應詔，疏言「中官李廣、楊鵬引左道劉良輔輩惑亂聖聰，濫設齋醮，耗蠹國儲。而不肖士大夫方昏暮乞憐於其門，交通請託。陰盛陽微，災何由弭」。因極陳戚畹、方士、傳奉冗員之害。疏留中。未幾，廣死，故爟得無罪。

當成化時，宦官用事。孝宗嗣位，雖間有罷黜，而勢積重不能驟返。忤之者必結黨排陷，不勝不止。前後庶僚以忤璫被陷者，如弘治元年戶部員外郎周時從疏請置先朝遺奸汪直、錢能、蔡用輩於重典，而察核兩京及四方鎮守中官。諸宦官摘其奏中「宗社」字不越格，命法司逮治。已而釋之。

十三年秋，大同有警，命保國公朱暉禦之。行人永清王雄極言暉不足任，且請罷中官監督，以重將權。苗逵方督暉軍，謂雄阻軍，乃下詔獄，謫雲南浪穹丞。

羅僑，字維升，吉水人。性純靜，寡嗜慾。受業張元禎，講學里中。舉弘治十二年進士，除新會知縣，有惠愛。

正德初，入爲大理右評事。五年四月，京師旱霾，上疏曰：「臣聞人道理則陰陽和，政事失則災沴作。頃因京師久旱，陛下特沛德音，釋逋戍之囚，弛株連之禁，而齋禱經旬，雨澤尚滯。臣竊以爲天心仁愛未已也。陛下視朝，或至日昃，狎侮羣小，號呶達旦，其何以承天心基大業乎！文網日密，誅求峻急，盜賊白晝殺人，百姓流移載道，元氣索然。科道知之而不敢言，內閣言之而不敢盡，此壅蔽之大患也。古者進退大臣，必有體貌，黥劓之罪不上大夫。邇來公卿去不以禮。先朝忠藎如劉大夏者，謫戍窮邊，已及三載，陛下置之不問，非所以待耆舊、敬大臣也。本朝律例，參酌古今，足以懲奸而蔽罪。近者法司承望風旨，巧中善類。傳曰：『賞僭則及淫人，刑濫則及善人。不幸而過，寧僭無濫。』今之刑罰，濫孰甚焉。願陛下愼逸游，屏玩好，放棄小人，召還舊德，與在廷臣工，宵旰圖治，幷敕法司愼守成律。卽有律輕情重者，亦必奏請裁決，毋擅有輕重。庶可上弭天變，下收人心。」時朝士久以言爲諱。僑疏上，自揣必死，輿櫬待命。劉瑾大怒，矯中旨詰責數百言，令廷臣議罪。大學士李東陽力救，得改原籍教職。其秋，瑾敗，僑尋召復官，引病去。宸濠反，王守仁起兵吉安，僑首赴義。

世宗卽位，卽家授台州知府。建忠節祠，祀方孝孺。延布衣張尺，詢民間疾苦。歲時循行阡陌，課農桑，講明冠婚喪祭禮，境內大治。嘉靖二年舉行卓異。都御史姚鏌上書訟僑曰：「人臣犯顏進諫，自古爲難。曩『八黨』弄權，逆瑾亂政，廷臣結舌，全軀自保。而給事中劉茝、評事羅僑殉國忘身，發摘時弊，幸存餘息。遭遇聖朝，謂宜顯加獎擢，用厲具臣。乃僑知台州，茝知長沙，使懷忠竭節之士淹於常調，臣竊爲朝廷惜之。」帝納其言，擢僑廣東左參政，僑辭。部牒敦趣，不得已之官。踰年，遂謝病歸。

僑敦行誼，動則古人。羅洪先居喪，不廢講學，僑以爲非禮，遺書責之。其峭直如此。

葉釗，字時勉，豐城人。弘治十五年進士。除南京刑部主事。獄囚久淹，悉按法出之。守備中官侵蘆洲，判歸之民。應天諸府災，上荒政四事。尋進員外郎。

武宗立，應詔陳八事，中言：「宣、大被寇，殺卒幾千人。監督中官苗逵妄報首功，宜召還候勘。宦官典兵，於古未見。唐始用之，而宗社丘墟，我正統朝用之，而鑾輿北狩。自今軍務勿遣監督，鎮守者亦宜撤還。且國初宦官悉隸禮部，秩不過四品，職不過掃除。今請仍隸之部，易置司禮，俾供雜役。罷革東廠，移爲他署。斯左右不得擅權，而後天下可安也。」又乞召還劉大夏，宥諫官戴銑等。劉瑾怒，坐斷獄詿誤，逮下詔獄，削籍歸。講學西江。瑾誅，起禮部員外郎，未聞命卒。學者祀之石鼓書院。

時又有工部主事劉天麒者，臨桂人，釗同年進士。分司呂梁。奄人過者不爲禮，愬之瑾，逮下詔獄，謫貴州安莊驛丞卒。嘉靖初，復官予祭。

戴冠，信陽人。正德三年進士。爲戶部主事。見寵倖日多，廩祿多耗，乃上疏極諫，略曰：「古人理財，務去冗食。近京師勢要家子弟僮奴苟竊爵賞，錦衣官屬數至萬餘，次者繫籍勇士，投充監局匠役，不可數計，皆國家蠹也。歲漕四百萬，宿有贏餘。近緣水旱，所入不及前，而歲支反過之，計爲此輩耗三之一。陛下何忍以赤子膏血，養無用之蠹乎！兵貴精，不貴多。邊軍生長邊土，習戰陣，足以守禦。今遇警輒發京軍，而宣府調入京操之軍，累經臣下論列，堅不遣還。不知陛下何樂於邊軍，而不爲關塞慮也。天子藏富天下，務鳩聚爲帑藏，是匹夫商賈計也。逆瑾既敗，所籍財產不歸有司，而貯之豹房，遂創新庫。夫供御之物，內有監局，外有部司，此庫何所用之。」疏入，帝大怒，貶廣東烏石驛丞。嘉靖初，起官，歷山東提學副使，以清介聞。

黃鞏，字仲固，〔一〕莆田人。弘治十八年進士。正德中，由德安推官入爲刑部主事，掌諸司奏牘。歷職方武選郎中。十四年三月，有詔南巡，鞏上疏曰：

陛下臨御以來，祖宗之綱紀法度一壞於逆瑾，再壞於佞倖，又再壞於邊帥，蓋蕩然無餘矣。天下知有權臣，不知有天子，亂本已成，禍變將起。試舉當今最急者陳之。

一，崇正學。臣聞聖人主靜，君子愼動。陛下盤遊無度，流連忘反，動亦過矣。臣願陛下高拱九重，凝神定慮，屛紛華，斥異端，遠佞人，延故老，訪忠良，可以涵養氣質，薰陶德性，而聖學維新，聖政自舉。

二，通言路。言路者，國家之命脈也。古者，明王導人以言，用其言而顯其身。今則不然。臣僚言及時政者，左右匿不以聞。或事關權臣，則留中不出，而中傷以他事。使其不以言獲罪，而以他事獲罪。由是，雖有安民長策，謀國至計，無因自達。雖必亂之事，不軌之臣，陛下亦何由知。臣願廣開言路，勿罪其出位，勿責其沽名，將忠言日進，聰明日廣，亂臣賊子亦有所畏而不敢肆矣。

三，正名號。陛下無故降稱大將軍太師鎭國公，遠近傳聞，莫不驚嘆。如此，則誰爲天子者？天下不以天子事陛下，而以將軍事陛下，天下皆爲將軍之臣矣。今不削去諸名號，昭上下之分，則體統不正，朝廷不尊。古之天子亦有號稱獨夫，求爲匹夫而不得者，竊爲陛下懼焉。

四，戒遊幸。陛下始時遊戲，不出大庭，馳逐止於南內，論者猶謂不可。旣而幸宣府矣，幸大同矣，幸太原、楡林矣，所至費財動衆，郡縣騷然，至使民間夫婦不相保。陛下爲民父母，何忍使至此極也。近復有南巡之命。南方之民爭先挈妻子避去，流離奔踣，怨讟煩興。今江、淮大饑，父子兄弟相食。天時人事如此，陛下又重蹙之，幾何不流爲盜賊也。奸雄窺伺，待時而發。變生在內，則欲歸無路；變生在外，則望救無及。陛下斯時，悔之晚矣。彼居位大臣，用事中官，親暱羣小，夫豈有毫髮愛陛下之心哉？皆欲陛下遠出，而後得以擅權自恣，乘機爲利也。其不然，則亦袖手旁觀，如秦、越人不相休戚也。陛下宜翻然悔悟，下哀痛罪己之詔。罷南巡，撤宣府離宮，示不復出。發內帑以振江、淮，散邊軍以歸卒伍。雪已往之謬舉，收旣失之人心。如是，則尙可爲也。

五，去小人。自古未有小人用事，不亡國喪身者也。今之小人簸弄威權、貪溺富貴者，實繁有徒。至於首開邊事，以兵爲戲，使陛下勞天下之力，竭四海之財，傷百姓之心者，則江彬之爲也。彬，行伍庸流，兇狠傲誕，無人臣禮。臣但見其有可誅之罪，不聞其有可賞之功。今乃賜以國姓，封以伯爵，託以心腹，付以京營重寄，使其外持兵柄，內蓄逆謀，以成騎虎之勢，此必亂之道也。天下切齒怒罵，皆欲食彬之肉。陛下亦何惜一彬，不以謝天下哉！

六，建儲貳。陛下春秋漸高，前星未耀，祖宗社稷之託搖搖無所寄。方且遠事觀遊，屢犯不測，收養義子，布滿左右，獨不能豫建親賢以承大業，臣以爲陛下殆倒置也。伏望上告宗廟，請命太后，旁諏大臣，擇宗室親賢者一人養於宮中，以繫四海之望。他日誕生皇子，仍俾出藩，實宗社無疆之福也。

員外郎陸震草疏將諫，見鞏疏稱歎，因毀己稾，與鞏連署以進。帝怒甚，下二人詔獄，復跪午門。衆謂天子且出，鞏曰：「天子出，吾當牽裾死之。」跪五日，期滿，仍繫獄。越二十餘日，廷杖五十，斥爲民。彬使人沿途刺鞏，有治洪主事知而匿之，間行得脫。

既歸，潛心著述。或米盡，日中未爨，晏如也。嘗歎曰：「人生至公卿富貴矣，然不過三四十年。惟立身行道，千載不朽。世人顧往往以此易彼，何也？」

世宗立，召爲南京大理丞。疏請稽古正學，敬天勤民，取則堯、舜，保全君子，辨別小人。明年入賀，卒於京師。行人張岳訟其直節，贈大理少卿，賜祭葬。天啓初，追謚忠裕。

陸震，字汝亨，蘭谿人。受業同縣章懋，以學行知名。正德三年進士。除泰和知縣。時劉瑾擅政。以逋鹽課責縣民償者連數百人，震力白之上官，得免。鎮守中官歲徵貢綈，爲減其額。增築學舍居諸生，毀淫祠祀忠節。浮糧累民，稽賦籍，得詭寄隱匿者萬五千石以補之。建倉縣左，儲穀待振。親行鄉落，勸課農桑。立保伍法，使民備盜。甃城七里，外爲土城十里周之。時發狼兵討賊，所至擾民。震言於總督，令毋聽檥舟，官具糧糗，以次續食，〔二〕兵行肅然。督捕永豐、新淦賊，以功受賞。撫按交薦，徵爲兵部主事。泰和人生祠之。

在部，主諸司章奏，與中人忤，改巡紫荆諸關。又以論都御史彭澤、副使胡世寧無罪，忤尚書王瓊、陸完。

孝貞皇后崩，武宗至自宣府。既發喪數日，復欲北出。震抗疏曰：「日者，昊天不弔，威降大戚。車駕在狩，羣情惶惶。陛下單騎衝雪還宮，百官有司莫不感愴，以爲陛下前蔽而今明也。乃者梓宮在殯，遽擬遊巡，臣知陛下之心必有感然不安者。且陛下即位十有二年矣，十者干之終，十有二者支之終。當氣運周會，正修德更新時，顧乃營宣府以爲居，縱騎射以爲樂，此臣所深懼也。古人君車馬遊畋之好，雖或有之，至若以外爲主，以家爲客，挈天下大器、賞罰大柄付之於人，漠然不關意念，此古今所絕無者。伏望勉終喪制，深戒盤遊。」不報。

進武選員外郞。已，偕黃鞏諫南巡，遂下詔獄。獄中與鞏講易九卦，明憂患之道。同繫者卒處分後事，震獨無一言。旣杖，創甚，作書與諸子，「吾雖死，汝等當勉爲忠孝。吾筆亂，神不亂也」，遂卒。世宗立，贈太常少卿，予祭。

方震等繫獄，江彬必欲致之死，絕其飮食。震季子體仁，年十五，變服爲他囚親屬，職納橐饘焉。後有詔錄一子官，諸兄讓體仁，爲漳州通判，有政聲。孫可教，由進士歷南京禮部侍郞。

夏良勝，字于中，南城人。少爲督學副使蔡淸所知，曰「子異日必爲良臣，當無有勝子者」，遂名良勝。正德二年舉鄕試第一。明年，成進士，授刑部主事，調吏部，進考功員外郞。

南巡詔下，良勝具疏，與禮部主事萬潮、太常博士陳九川連署以進，言：「方今東南之禍，不獨江、淮；西北之憂，近在輦轂。廟祀之鬯位，不可以久虛；聖母之孝養，不可以恒曠。宮壼之孕祥，尚可以早圖；機務之繁重，未可以盡委。『鎭國』之號，傳聞海內，恐生覬覦之階；邊將之屬，納於禁近，詎忘肘腋之患。巡遊不已，臣等將不知死所矣。」

時舒芬、黃鞏、陸震疏已前入。吏部郎中張衍瑞等十四人、刑部郎中陸俸等五十三人繼之，禮部郎中姜龍等十六人、兵部郎中孫鳳等十六人又繼之。而醫士徐鏊亦以其術諫，略言：「養身之道，猶置燭然，室閉之則堅，風暴之則淚。陛下輕萬乘，習嬉娛，躍馬操弓，捕魚玩獸。邇復不憚遠遊，冒寒暑，涉關河，饍飲不調，餚蔌無擇，誠非養生道也。況南方卑濕，尤易致病。乞念宗廟社稷之重，勿事鞍馬，勿過醉飽，喜無傷心，怒無傷肝，慾無傷腎，勞無傷脾，就密室之安，違暴風之禍。臣不勝至願。」

諸疏既入，帝與諸倖臣皆大怒，遂下良勝、潮、九川、鞏、震、鏊詔獄，芬及衍瑞等百有七人罰跪午門外五日。而大理寺正周敍等十人，行人司副余廷瓚等二十人，工部主事林大輅、何遵、蔣山卿連名疏相繼上。帝益怒，並下詔獄。俄令敍、廷瓚、大輅等，與良勝等六人，俱跪闕下五日，加梏拲焉。至晚，仍繫獄。諸臣晨入暮出，纍纍若重囚，道途觀者無不泣下。而廷臣自大學士楊廷和、戶部尚書石玠疏救外，莫有言者。士民咸憤，爭擲瓦礫詬詈之。諸大臣皆恐，入朝不待辨色，請下詔禁言事者，通政司遂格不受疏。

是時，天連曀晝晦，禁苑南海子水涌四尺餘，橋下七鐵柱皆折如斬。金吾衞都指揮僉事張英曰：「此變徵也，駕出必不利。」乃肉袒戟刃於胸，囊土數升，持諫疏當蹕道跪哭，卽自刺其胸，血流滿地。衞士奪其刃，縛送詔獄。問囊土何爲？曰：「恐汚帝廷，灑土掩血耳。」詔杖之八十，遂死。

芬等百有七人，跪旣畢，杖各三十。以芬、衍瑞、俸、龍、鳳爲倡首，謫於外，餘奪俸半歲。良勝等六人及敍、廷瓚、大輅各杖五十，餘三十人四十。鞏、震、良勝、潮、九川除名，他貶黜有差，鏊戍邊。而車駕亦不復出矣。

良勝旣歸，講授生徒。世宗立，召復故官。尚書喬宇賢之，奏爲文選郎中，公廉多所振拔。「大禮」議起，數偕僚長力爭。及席書、張璁、桂萼、方獻夫用中旨超擢，又執不可。由是爲議禮者所切齒。以久次遷南京太常少卿，未赴，外轉。給事中陳洸上書，傅會張璁等議，斥良勝與尚書宇等羣結朋黨，任情擠排，遂謫良勝茶陵知州。及明倫大典成，詔責前郎中良勝脅持庶官，釀禍特深，黜爲民。初，良勝輯其部中章奏，名曰銓司存稾，凡議禮諸疏具在。爲讐家所發，再下獄。論杖當贖，特旨謫戍遼東三萬衞。踰五年，卒於戍所。穆宗立，贈太常卿。舒芬等自有傳。

萬潮，字汝信，進賢人。正德六年進士。由寧國推官入爲儀制主事，與芬、良勝、九川稱「江西四諫」。世宗立，起故官，歷浙江提學副使。久之遷參政，以忤權貴調廣西。屢遷陝西左布政使、右副都御史巡撫延綏，所至著聲。

陳九川，字惟濬，臨川人。正德九年進士。從王守仁遊。尋授太常博士。既削籍，復從守仁卒業。世宗嗣位，召復故官，再遷主客郎中。正貢獻名物，節貢使犒賞費數萬。會天方國貢玉石，九川簡去其不堪者，所求蟒衣，不爲奏覆，復怒罵通事胡士紳等。士紳恚，假番人詞訐九川及會同館主事陳邦偁。帝怒，下二人詔獄。而是時張璁、桂萼欲傾費宏奪其位，乃屬士紳再訐九川盜貢玉饋宏製帶，詞連兵部郎中張䆲、錦衣指揮張潮等。帝益怒，并下䆲等詔獄。指揮駱安請攝士紳質訊，給事中解一貫等亦以爲言，帝不許。獄成，九川戍鎮海衞，邦偁等削籍有差。久之，遇赦放還，卒。

張衍瑞，字元承，汲人。弘治十八年進士。爲清豐知縣。以執法忤劉瑾，逮下詔獄，幾死。瑾誅，得釋，官吏部文選郎中。既杖，謫平陽同知。嘉靖初，召還，擢太常少卿。尋卒，贈太僕卿。

姜龍，太倉人，見父昂傳。孫鳳，洛陽人。陸俸，吳縣人。周敍，九谿衞人。林大輅，莆田人。蔣山卿，儀眞人。皆由進士。山卿遊顧璘門，以詩名於時。既杖，鳳、俸並謫府同知，敍縣丞，大輅州判官，山卿前府都事。世宗立，悉召復故官。鳳終副使，俸知府，敍工部尚書，大輅右副都御史巡撫湖廣，山卿廣西參政。

徐鏊，嘉定人，本高氏子。少孤，依舅京師，冒徐姓，從其業爲醫，供事內殿。旣杖，謫戍烏撒。世宗卽位，召還，尋擢御醫。鏊性耿介，時朝士多新貴，不知鏊，鏊亦不言前事，一官垂三十年不調。年七十，求致仕。值同縣徐學謨爲禮部郎中，引見尚書吳山。山閱牘，有諫南巡事，瞿然曰：「此武廟時徐先生耶？何淹也。」兩侍郎嫌其老，學謨抗聲曰：「鏊雖老，然少與舒狀元同患難，爲可敬耳。」又久之，始遷院判。自引歸，卒年八十三。

時同受杖者，吏部則姚繼巖，行人則陶滋、巴思明、李錫、顧可久、鄧顯麒、熊榮、楊秦、〔三〕王懋、黃國用、李儼、潘鋭、劉澂、張岳，大理寺則寺正金罍，寺副孟庭柯、張士鎬、郝鳳升、傅尙文、郭五常，評事姚如皐、蔡時，並謫官。世宗立，召還。張英亦得贈官予祭，授弟雄都指揮僉事。

姚繼巖，南通州人，張衍瑞同年生也。當遷文選郎中，讓衍瑞。嘉靖初，歷太常少卿，伏闕爭「大禮」。甘貧約，遠權勢。及卒，不能成喪。

何遵，字孟循，江寧人。家貧，父命之賈，不願也，去爲儒。舉正德九年進士。吏部尚書陸完聞其名，使子弟從學。及選臺諫，遵引疾曰：「不可因人進也。」授工部主事，榷木荆州。下令稅自百金以下減三之一，風濤敗貲者勿算。入算者手實其數自識之，藏於郡帑，數日一會所入。比去，不私一錢。

帝將南巡，以進香東嶽爲詞。遵抗言：「淫祠無福。萬一宗藩中藉口奉迎，潛懷不軌，則福未降而禍已隨。」蓋指宸濠也。諸權倖見疏，遏勿進。時黃鞏等已得罪，遵復與同官林大輅、蔣山卿上疏乞罷南巡，極言江彬怙權倡亂，鞏等無罪，願特寬宥，毋使後世有殺諫臣名。帝怒，下詔獄，廷杖四十。創甚，肢體俱裂，越二日遂卒，年三十四。家貧，僚友助而殮之。

當遵草疏時，家僮前，抱持哭曰：「主縱不自計，獨不念老親幼子乎？」遵執筆從容曰：「爲我謝大人，兒子勿令廢學足矣。」死之日，其父方與家人祭墓歸，有鳥悲鳴，心異之。或傳工部有以言獲罪者，父長號曰：「遵死矣！」已而果然。

時先遵受杖死者，刑部主事鄖城劉校、照磨汲人劉珏。與遵同死杖下者，陸震而外，大理評事長樂林公黼，行人司副鄱陽余廷瓚，行人盱眙李紹賢、澤州孟陽、玉山詹軾、安陸劉槪、祥符李惠。

劉校，字宗道。性至孝。母胡教子嚴，偶不悅，輒長跪請罪，母悅乃起。正德六年與詹軾、劉槪同舉進士，授刑部主事。迎父就養，卒於途。校奔赴，抱屍痛哭幾絕。面有塵，以舌舐而拭之。及起故官，帝將南巡，刑曹諫疏，校所草也。杖將死，大呼曰：「校無恨，恨不見老母耳！」子元妻，年十一，哭於旁。校曰：「爾讀書不多，獨不識事君致身義乎？善事祖母及母，毋媿而父。」遂絕。劉玨，由貢士。

林公黼，字質夫。父母喪，三年蔬粥，不入內。正德十二年與李紹賢、李惠同舉進士。諸曹諫南巡者，皆罰跪闕前，諸奸又日以危言恫喝，聞者惴惴。以故，戶曹不敢出疏，工曹諫者止三人。獨大理闔署諫，故帝怒加甚。公黼夜草疏，時聞暗中泣歎聲，不顧。比入獄，黃鞏與語，歎曰：「吾取友徧天下，乃近遺質夫。古人謂入險不驚，殆斯人乎！」公黼體羸，竟不勝杖而卒。

余廷瓚，字伯獻。與孟陽皆正德九年進士。當禮、兵二曹之進諫也，廷瓚亦率其僚陳巡遊十不可，通政司獨留之。居數日，諸曹已罰跪，疏始上。帝愈怒，掠治尤嚴。

李紹賢，字崇德。嘗頒詔至徐州，監倉中使席班首，紹賢立命撤其席，中使愕然去。比逮繫，見中官猶奴視之。

孟陽，字子乾。吏部侍郎春之子。爲行人，久不遷，或諷之見當路，陽不可。及是，語諸僚：「此舉繫社稷安危，一命之士皆與有憂，豈必言官乃當効死。」父春，前巡撫宣府，有軍功，忤中官張永罷歸。聞子死諫，哭之以詩，語甚悲壯，人爭傳之。

詹軾，字敬之。爲人開爽磊落，善談論。從父瀚，字汝約，與公黼同舉進士。時方爲刑部主事，亦以諫受杖。軾死，爲經紀其喪以歸。嘉靖中，瀚爭「大禮」，再受杖。每陰雨創痛，曰：「吾無媿敬之地下，足矣。」積官刑部侍郎。

劉槪，字平甫。李惠，字德卿，尙書鉞之子。世宗立，贈遵、校尙寶卿，珏刑部主事，公黼、廷瓚太常丞，紹賢御史。各賜祭，錄一子入國學

其以創死稍後者，禮部員外郞慈谿馮涇，驗封郞中吳江王鑾，行人昌黎王瀚。

馮涇，字伯淸，與瀚皆正德九年進士。涇以孝友稱。旣卒，家貧不能還喪。世宗立，吏部以狀聞，賜米二十斛，命有司厚恤其家。

王鑾，字汝和。正德六年進士。試政吏部，爲尙書楊一淸所知，擢文選主事。朝夕扃戶，人罕得見。再遷驗封郞中。被創，踰年卒。王瀚亦前卒。世宗立，贈御史，賜祭。

當諸曹連章迭諫，江彬怒甚。陰屬典詔獄者重其杖，以故諸臣多死。哭聲徹禁掖，帝

亦爲感動，竟罷南巡，諸臣之力也。

嘉靖初，主事仵瑜上疏曰：「正德間，給事、御史挾勢凌人，趨權擇便，凡朝廷大闕失，羣臣大奸惡，緘口不言。一時犯顏敢諍，視死如歸，或拷死闕廷，或流竄邊塞，皆郎中、員外、主事、評事、行人、照磨、庶吉士，非有言責者。張英本一武夫，抗言就死，行道悲傷。今幸聖皇御極，褒恤忠良，諸給事、御史更何顏復立淸明之朝。請加黜罰，以示創懲。」章下吏部。瑜後以爭「大禮」杖死，自有傳。

贊曰：李文祥、孫磐甫釋褐觀政，未列庶位；胡爟以下率諸曹尙書郎，或宂散卑末。非司風憲，當言路，以諫諍爲盡職也。抗言極論，竄謫接踵，而來者愈多；死相枕籍，而赴蹈恐後。其抵觸權倖，指斥乘輿，皆切於安危之至計。若張英陷胸以悟主，徐鏊託術以諷諭，誠心出於忠愛，抑尤人所難能者矣。

校勘記

〔一〕字仲固　明史稿傳六九黃鞏傳、國朝獻徵錄卷六九黃公鞏傳都作「字伯固」。

〔二〕以次續食　續食，原作「績食」，據明史稿卷六九陸震傳改。

〔三〕楊秦　武宗實錄卷一七三正德十四年四月戊寅條作「楊泰」。